B2

2e ÉDITION

LE DELF

100% RÉUSSITE

JUNIOR ET SCOLAIRE

Dorothée Dupleix
Experte associée auprès de France Éducation international

Bruno Girardeau
Formateur et concepteur d'épreuves DELF – DALF

Marie Rabin
Responsable de projets au département Évaluation et Certifications
France Éducation international

Français Langue Étrangère

Conception maquette intérieure et couverture : Primo & Primo
Mise en page : Gudrun Challe
Édition : Karin Albert
Iconographie : Aurélia Galicher
Illustrations : Lupé Granité - p. 8 : Céline Penot
Cheffe de studio : Morgane Tachot
Enregistrements : Eurodvd, Quali'sons

Dans votre navigateur, saisissez didierfle.app et flashez les pages de votre livre pour un accès direct aux audios avec votre smartphone ou votre tablette !

© Didier FLE, une marque des éditions Hatier, Paris 2023
ISBN : 978-2-278-10859-6 – Dépôt légal : 10859/01
Achevé d'imprimer en Espagne en juillet 2023 par Macrolibros (Valladolid)

PAPIER À BASE DE
FIBRES CERTIFIÉES

éditions Didier s'engagent pour l'environnement en réduisant l'empreinte carbone de leurs livres. Celle de cet exemplaire est de : 1,1 kg éq. CO_2
Rendez-vous sur www.editionsdidier-durable.fr

AVANT-PROPOS

— Qu'est-ce que le DELF ?

Le DELF, diplôme d'études en langue française, est une certification officielle en français langue étrangère du ministère de l'Éducation nationale. C'est un diplôme internationalement reconnu qui permet de valider votre niveau de français auprès d'université ou d'écoles, d'employeurs ou d'administrations dans le monde.

— Quels sont les niveaux du DELF ?

Le DELF est constitué des diplômes suivants : Prim, junior / scolaire et tout public.

Ils correspondent aux niveaux du *Cadre européen commun de référence pour les langues* (CECRL) : DELF A1.1 (DELF Prim), DELF A1, DELF A2, DELF B1 et DELF B2.

Chaque diplôme évalue les quatre compétences : compréhension et production orales, compréhension et production écrites. L'obtention de la moyenne (50 points sur 100) à l'ensemble des épreuves permet la délivrance du diplôme correspondant.

— Où passer le DELF ?

Vous pouvez passer le DELF dans 175 pays. Vous devez vous inscrire dans un des 1 200 centres d'examen agréés par France Éducation international. Pour trouver un centre et connaître les dates des examens, consultez le site Internet de France Éducation international : www.france-education-internal.fr

COMMENT SE PRÉPARER ?

Ce livre peut être utilisé en autonomie ou en classe avec un(e) enseignant(e). Il est réparti en quatre compétences comme l'examen.

Nous vous proposons une démarche en quatre étapes :

▸ **Comprendre :** une double-page qui présente l'épreuve par compétence, les savoir-faire, les exercices et les documents, la consigne générale et des exemples en question / réponse.

▸ **Se préparer :** des activités pour acquérir les savoir-faire indispensables pour réussir.

▸ **S'entraîner :** des activités proches de l'examen avec des conseils méthodologiques.

▸ **Prêt pour l'examen !** mémoriser l'essentiel : vocabulaire, grammaire, conseils, etc.

Alors, prêt(e) pour l'examen ?

SOMMAIRE

1 Compréhension de l'oral

Le picto [PISTE 2] *vous indique le numéro de la piste à écouter en flashant la page avec l'application Didierfle.app.*

Les audios sont également téléchargeables sur http://didierfle-delfreussite.fr

2 Compréhension des écrits

S'INFORMER SUR LE DELF

_ L'examen du DELF, comment ça se passe ?

Il y a des épreuves collectives pour les compétences de compréhension de l'oral, des écrits et la production écrite. Cette partie de l'examen dure 2 heures 30.
Il y a aussi une épreuve individuelle de production orale, elle dure environ 20 minutes.

▸ Vous allez passer les **3 épreuves collectives** dans l'ordre suivant :

1. La compréhension de l'oral : écouter et compléter les questionnaires ;

2. La compréhension des écrits : lire des documents et compléter les questionnaires ;

3. La production écrite : écrire un texte d'expression personnelle.

▸ Vous allez passer **l'épreuve individuelle, la production orale,** en quatre temps :

1. Préparation : après avoir tiré au sort deux sujets, vous avez 30 minutes pour préparer le monologue suivi.

2. Le monologue suivi : présenter son point de vue à partir d'un court article ;

3. Le débat : défendre son point de vue en réagissant aux arguments de son interlocuteur.

Entraînez-vous dans les conditions réelles de l'examen avec deux épreuves blanches complètes, l'une à la fin de l'ouvrage (p. 154), l'autre sous forme interactive en ligne : http://didierfle-delfreussite.fr

QU'EST-CE QUE LE NIVEAU B2 ?

Le *Cadre européen commun de référence pour les langues* définit le niveau B2 comme celui d'un utilisateur indépendant. Cet utilisateur peut :

● comprendre des **conférences** et des **discours** assez longs et même suivre une **argumentation complexe** si le sujet est relativement familier ;

● comprendre la plupart des **émissions de télévision** sur l'actualité et la plupart des **films** en langue standard ;

● lire des **articles** et des **rapports** sur des questions contemporaines ;

● **communiquer** avec un degré de **spontanéité** et d'**aisance** avec un locuteur natif ;

● développer un **point de vue** sur un sujet d'actualité ;

● écrire **un essai** ou **un rapport** en transmettant une information ou **en exposant des raisons** pour ou contre une opinion donnée.

DELF B2

Niveau B2 du *Cadre européen commun de référence pour les langues*

Les **nouvelles épreuves officielles** du DELF B2 :

Les épreuves de compréhension
- Des questions à choix multiple pour la compréhension de l'oral et la compréhension des écrits (plus de questions ouvertes ni de justifications)
- Nombre de tâches : cinq documents audio (trois exercices) et cinq documents écrits (trois exercices)
- Durée de l'épreuve de compréhension des écrits : 1 heure

La **nature des épreuves** :

1. Les épreuves collectives

Nature des épreuves	Durée	Note sur
Compréhension de l'oral Réponse à des questionnaires de compréhension portant sur plusieurs documents enregistrés : – deux documents de type radiophonique (deux écoutes) – trois documents variés (une seule écoute) *Durée maximale des documents : 15 minutes*	**30 minutes environ**	…/25
Compréhension des écrits Réponse à des questionnaires de compréhension portant sur plusieurs documents écrits : – texte à caractère informatif concernant la France ou l'espace francophone ; – texte argumentatif ; – points de vue.	**1 heure**	…/25
Production écrite Prise de position personnelle argumentée (contribution à un débat, lettre formelle, article critique…).	**1 heure**	…/25

Durée totale des épreuves collectives : **2 heures 30 minutes**

2. L'épreuve individuelle

Nature des épreuves	Durée	Note sur
Production orale Présentation et défense d'un point de vue à partir d'un court document déclencheur.	**50 minutes environ Préparation : 30 minutes**	…/25
	NOTE TOTALE	…/100

Seuil de réussite pour obtenir le diplôme : **50/100**
Note minimale requise par épreuve : **5/25**

LES 2 JOURS D'EXAMEN

_ Jour 1 : les épreuves collectives

_ Jour 2 : l'épreuve individuelle

Compréhension

de l'oral

COMPRENDRE

L'ÉPREUVE

La compréhension de l'oral est la première épreuve collective de l'examen du DELF B2.

Nombre d'exercices
3 exercices

Compréhension de l'oral
Nombre de documents à écouter : 5
– 2 exercices avec 1 document à écouter 2 fois
– 1 exercice avec 3 documents à écouter 1 seule fois

Durée totale des enregistrements : 8 à 10 minutes

30 minutes environ

.../25

Nombre de points

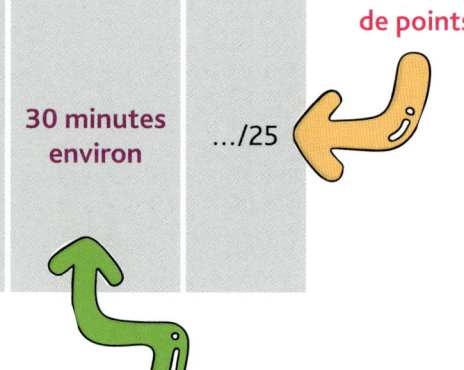

Objectifs des exercices
1. Comprendre des émissions de radio et des enregistrements
2. Comprendre une interaction entre locuteurs natifs

Durée de l'épreuve

LES SAVOIR-FAIRE

Il faut principalement être capable de :

Identifier le thème du document
▸Quels sont les mots-clés ?

Percevoir le point de vue du locuteur
▸Que pense la locutrice ?

Repérer des informations précises
▸Quelles actions l'autrice présente-t-elle ?

Dégager la structure du discours
▸Quels sont les connecteurs logiques ?

– Pour répondre d'abord à votre question, la **littérature de jeunesse** a surtout une **fonction** de distraction et de partage de connaissances du monde.

– Mais pour moi, le plus important en tant qu'autrice, c'est le plaisir que je peux transmettre aux jeunes lecteurs. Alors j'espère que mes livres de littérature jeunesse vont leur permettre de pouvoir commencer à mieux comprendre le réel à travers l'imaginaire. Et ça, c'est quelque chose qui est formidable pour leur future vie d'adulte.

– Par ailleurs, mes personnages parfois vivent des choses qui ne sont pas toujours faciles. Par exemple, je dessine un ado en situation de handicap ou j'écris l'histoire d'un enfant diabétique, et très souvent dans les écoles où je viens présenter mes livres les élèves me disent merci !

– C'est pourquoi je suis persuadée des bienfaits de la littérature pour les jeunes même si, il faut le dire, les livres jeunesse les accompagnent bien mieux avec l'aide des parents.

LES EXERCICES ET LES DOCUMENTS

	Supports possibles	Type d'exercice	Nombre de points
Exercice 1 **Comprendre en tant qu'auditeur** DOMAINE PUBLIC OU PERSONNEL	▶ Document de type radiophonique : bulletin d'information, interview, prise de position sur un thème de société, chronique, extrait de débat	Un questionnaire (7 QCM)	9 points
Exercice 2 **Comprendre en tant qu'auditeur** DOMAINE ÉDUCATIONNEL	▶ Document de type radiophonique : bulletin d'information, interview, prise de position sur un thème de société, chronique, extrait de débat	Un questionnaire (7 QCM)	9 points
Exercice 3 **Comprendre une interaction entre locuteurs natifs** **Comprendre des annonces et instructions orales** DOMAINE AU CHOIX	▶ Courts documents variés (radio et hors radio) : monologue, discussion informelle, prise de position, interview, présentation d'un débat, introduction d'un cours, d'une conférence ou d'une réunion publique…	Trois questionnaires (6 QCM au total)	7 points

LA CONSIGNE

À lire quand ?

Avant l'écoute de chaque exercice

C'est quoi ?

La consigne générale est toujours écrite au début du questionnaire et entendue dans le document sonore. Vous la lisez et l'écoutez avant le document sonore.

Quand répondre aux questions ?

Après l'écoute des exercices 1 et 2, vous avez 3 minutes pour commencer à répondre aux questions, puis après la seconde écoute, vous avez encore 5 minutes pour compléter et relire. Pour le troisième exercice et ses trois documents sonores courts, il n'y a qu'une seule écoute et vous avez 3 minutes pour répondre.

Pour faire quoi ?

Elle explique ce qu'il faut faire :
Vous lisez, vous écoutez, vous répondez.

LES QUESTIONS ET LES RÉPONSES

Les questions se présentent sous une seule forme : **les questions à choix multiples (QCM)**. Vous sélectionnez la bonne réponse parmi trois propositions. Il n'y a qu'une seule réponse correcte.
Sur l'épreuve vous pouvez lire : *Pour répondre aux questions, cochez ☑ la bonne réponse.*

CONSEILS

- Prévoir une feuille de brouillon pour prendre des notes.
- Lire attentivement les questions avant l'écoute.
- Écrire sous forme de notes ou d'abréviations les mots ou informations qui vous semblent essentiels.
- Être attentif aux informations reformulées ou répétées.
- Utiliser le contexte pour surmonter les difficultés de compréhension.
- Repérer les mots-clés, les interlocuteurs et les connecteurs logiques pour dégager les idées.
- Dans les deux premiers exercices, répondre aux questions les plus évidentes à la première écoute.

1 Comprendre globalement un document sonore

━ Saisir le genre des documents

Activité 1

Écoutez les extraits radiophoniques. Identifiez le genre du document entendu et notez le numéro de l'extrait correspondant à côté du genre indiqué. Vous devez justifier votre réponse.

Document	Extrait	Justification
Une chronique littéraire	n°	
Un éditorial	n°	
Une discussion	n°	
Un micro-trottoir	n°	
Une analyse d'un fait culturel	n°	
Un reportage	n°	

▬ Identifier le domaine

PISTES
3-6

Activité 2

Écoutez les extraits radiophoniques. Identifiez le domaine relatif à chaque extrait et notez le numéro de l'extrait correspondant à côté du domaine indiqué. Vous devez justifier votre réponse en retrouvant le lexique relatif à ce domaine.

Domaine	Extrait	Lexique
Sport	n°	....
Politique	n°	....
Environnement	n°	....
Météorologie	n°	....

PISTES
7-11

Activité 3

Écoutez les extraits radiophoniques. Identifiez le domaine relatif à chaque extrait et notez le numéro de l'extrait correspondant à côté du domaine indiqué. Vous devez justifier votre réponse en retrouvant le lexique relatif à ce domaine.

Domaine	Extrait	Lexique
Culture	n°	....

Domaine	Extrait	Lexique
Éducation	n°	....
Consommation	n°	....
Santé	n°	....
Psychologie	n°	....

— Dégager le thème principal

Activité 4

Écoutez l'extrait radiophonique. Identifiez le thème et le contenu abordés dans cet extrait.

Thème : ....

Contenu : ....

Activité 5

Écoutez l'extrait radiophonique. Identifiez le thème principal de la discussion avec Matthieu Tordeur et les exemples mentionnés dans cet extrait.

Thème : ....

Exemple 1 : ....

Exemple 2 : ....

Exemple 3 : ....

2 Saisir les informations relatives aux locuteurs

Repérer les différents locuteurs

Activité 6

Écoutez l'extrait sur les transports en milieu urbain et notez l'activité des trois intervenants. Reliez chaque intervenant avec une phrase de reformulation de sa pensée.

1. Olivier, journaliste dans un quotidien national, ... •

    • **a.** est favorable à un outil de mesure pour comparer les conséquences environnementales des transports utilisés.

2. Camille, directrice de l'association « Des vélos en ville », ... •

    • **b.** participe à de nombreux débats pour commenter les différents points de vue et enrichir les réflexions des citoyens.

3. Aurélien, chercheur sur la transition énergétique des transports, ... •

    • **c.** s'engage à défendre la place d'un moyen de transport comparé à tous les autres et alerte les pouvoirs publics.

Identifier la fonction des locuteurs

Activité 7

Écoutez ce début de réunion et notez la fonction que chaque invité occupe. Dans la colonne de droite, notez les expressions ou mots qui vous semblent justifier la fonction de chacune des personnes.

Intervenants	Fonction au lycée	Propositions qui justifient leur fonction
Le proviseur	Proviseur du lycée	*Proposer un tour de table des participants pour se présenter*
Mathéo		
Morgane		
Lou-Anne		
Kylian		

3 Percevoir les nuances du discours

— Identifier le ton

Activité 8

Écoutez ces trois extraits sur le thème du livre en format papier.

Identifiez le ton utilisé par les trois interlocuteurs et relevez quelques expressions qui justifient votre choix.

Ton utilisé	Extrait	Justifications
Ironique	n°	
Didactique	n°	
Polémique	n°	

Activité 9

Écoutez cet extrait et répondez aux questions.

1 - Quel est le ton de la personne qui répond à la journaliste ?
a. ☐ Didactique.
b. ☐ Ironique.
c. ☐ Polémique.

2 - Notez les expressions qui caractérisent le ton employé.

....

....

....

— Identifier les points de vue

PISTE 20

Activité 10

Extrait 1

1 - Écoutez l'extrait et identifiez les points de vue exprimés.

	Point de vue négatif	Point de vue nuancé	Point de vue positif	Justifications
Intervenants adultes et journalistes	☐	☐	☐	....
Professeur	☐	☐	☐	....

Extrait 2

2 - Quel constat Yara fait-elle dans sa présentation ?
a. ☐ Elle a un regard critique...
b. ☐ Elle a un regard neutre...   ... sur la consommation des écrans.
c. ☐ Elle a un regard optimiste...

3 - Quelle est la principale remarque de Yara concernant l'usage des écrans ?
Les écrans...
a. ☐ aident à faire découvrir le monde.
b. ☐ empêchent de se confronter à la réalité.
c. ☐ améliorent nos besoins de consommation.

Extrait 3

4 - D'après Yara, quel est l'effet des réseaux sociaux sur les consommateurs ?
a. ☐ Dangereux.   **b.** ☐ Décevant.   **c.** ☐ Dissuasif.

5 - En conclusion, Yara voit dans l'usage des outils numériques...
a. ☐ un risque pour la vie en famille.
b. ☐ une perte de confiance en soi.
c. ☐ une absence de l'envie de sortir.

Activité 11
PISTE 21

Écoutez l'extrait radiophonique et répondez aux questions.

1re écoute

1 - Le reportage des jeunes a pour objectif de...
a. ☐ connaître les débouchés dans le secteur du jeu vidéo.
b. ☐ découvrir le musée dédié aux nouveaux jeux vidéo.
c. ☐ rencontrer des amateurs passionnés de jeux vidéo.

2 - Patrick Baudin coordonne un espace à la Cité des sciences et de l'industrie de Paris qui présente le développement des jeux vidéo et ses conséquences sur…
a. ☐ les métiers de demain.
b. ☐ le comportement des jeunes.
c. ☐ les formations professionnelles.

2e écoute

3 - Les jeunes entendus dans le document…
a. ☐ interrogent le réalisateur du reportage.
b. ☐ réagissent en écoutant le reportage.
c. ☐ sont les concepteurs du reportage.

4 - Quel est le sentiment de Patrick Baudin face au développement technologique des jeux vidéo ?
a. ☐ Enthousiaste.   **b.** ☐ Réservé.   **c.** ☐ Inquiet.

Justifiez votre réponse en reprenant une phrase clé de son commentaire.

PISTE 22

Activité 12

Écoutez l'extrait radiophonique et répondez aux questions.

1 - D'après les élèves, on parle moins du football féminin que du football masculin dans les médias…
a. ☐ parce qu'il n'y a pas de public qui regarde.
b. ☐ parce que les clubs n'invitent pas les médias.
c. ☐ parce que le jeu féminin est moins spectaculaire.

2 - D'après les jeunes filles, quelle pourrait être la conséquence de diffuser plus de matchs de football féminin à la télé ?
a. ☐ Enrichir les clubs de football féminin.
b. ☐ Changer le regard du public sur ce sport.
c. ☐ Donner le goût aux filles de jouer au foot.

3 - Carole Gomez présente une étude d'il y a une dizaine d'années…

- sur quel sujet ? ....

- dans quel but ? ....

4 - Pour Carole Gomez, l'augmentation du nombre de matchs féminins diffusés dans les médias est-elle suffisante « pour qu'on parle du football féminin » ? Reformulez son point de vue.

....

....

4 Prendre des notes

— Identifier les informations essentielles

Activité 13

Écoutez les deux extraits deux fois et dégagez la structure des interviews en complétant le tableau ci-dessous à partir de vos notes.

	Extrait 1	Extrait 2
Contexte du document		
Arguments		
Informations chiffrées		
Conclusion		

— Saisir la logique du discours

Activité 14

1 - Écoutez l'extrait et prenez des notes en complétant les connecteurs logiques.

On a beau être pilote de ligne, conduire un avion humanitaire n'est pas donné à tout le monde.

D'ailleurs, ...

Mais tout cela ....

parce que ....

Maintenant, ...

Ainsi ....

2 - Reliez chacun des connecteurs de l'extrait à sa signification.

d'ailleurs •   • pour exprimer une cause

mais •   • pour marquer une conclusion

parce que •   • pour indiquer le temps

maintenant •   • pour ajouter une conséquence logique

ainsi •   • pour expliquer l'opposition

3 - Quelle phrase représente le mieux pour vous l'intention de l'intervenant ?
a. ☐ Étendre la flotte des avions humanitaires.
b. ☐ Encourager les filles aux carrières humanitaires.
c. ☐ Recruter des pilotes pour l'aviation humanitaire.

QUELQUES SYMBOLES ET ABRÉVIATIONS COURANTS

ajd	aujourd'hui		co	comme
↗	augmenter		csq	conséquence
↘	diminuer		dc	donc
≠	différent de		ex.	exemple
≈	environ		ms	mais
→	conséquence, conclusion		par ♥	par cœur
–	moins		pcq	parce que
+	plus		§	paragraphe
<	inférieur à		qd	quand
>	supérieur à		q	-que (ex. : typiq)
♀	femme		qq	quelques
♂	homme		svt	souvent
avt	avant		tt	tout
bcp	beaucoup		T	-té (ex. : qualiT)
càd	c'est-à-dire		∅	rien, aucun

5 Expliciter les informations importantes

— Identifier la reformulation d'une idée

PISTE 26

Activité 15

Écoutez l'extrait et cochez la phrase qui reformule le mieux la conclusion de l'étude britannique évoquée.

a. ☐ Les scientifiques ont démontré que la possibilité d'exprimer des jurons permettait de diminuer la douleur car le cerveau se concentre sur les jurons formulés et détourne notre attention de la douleur.

b. ☐ Diminuer la douleur grâce au fait de pouvoir exprimer des jurons proviendrait du fait que notre corps en colère libère des substances telles que l'adrénaline qui réduisent largement la douleur.

c. ☐ Différentes études n'ont pas totalement prouvé que pouvoir exprimer des jurons quand on se fait mal permettrait au corps de bloquer la sensation de douleur.

— Reformuler brièvement un discours

PISTE 27

Activité 16

Écoutez l'extrait et répondez aux questions.

1 - D'après Christophe Lécullée, les enfants aiment les bandes dessinées parce qu'ils considèrent que les images...
a. ☐ évitent de lire un texte.
b. ☐ sont plus fidèles à la réalité.
c. ☐ les éloignent de leur quotidien.

2 - Pour Christophe Lécullée, un des éléments déterminants pour les enfants lecteurs dans les bandes dessinées est...
a. ☐ la rêverie.
b. ☐ la fantaisie.
c. ☐ la plaisanterie.

3 - Le journaliste donne un argument avec lequel Christophe Lécullée est en désaccord. Lequel ?
a. ☐ La BD est une bonne préparation à la littérature.
b. ☐ La BD est un genre littéraire à part entière.
c. ☐ La BD est un support destiné aux enfants.

4 - Reformulez brièvement quelle image de la bande dessinée Christophe Lécullée conteste.

....

....

6 Extraire des informations factuelles

▬ Repérer des dates et des sigles

Activité 17

PISTE
28

Écoutez l'extrait et répondez aux questions.

1 - Notez la définition des deux sigles entendus.

WWF : ....

ONU : ....

2 - Le parcours de Marion Cotillard est illustré par 5 indications de dates. Retrouvez-les et notez les événements correspondants.

Date	Événement
....	....
....	....
....	....
....	....
....	....

— **Repérer des informations précises et détaillées**

PISTE 29

Activité 18

Écoutez l'extrait et répondez aux questions. Elles portent sur des informations précises.

1 - L'invitée Elodia Mottot exerce le métier de chansigneure. Elle…
a. ☐ chante avec des gestes pour les personnes sourdes et muettes.
b. ☐ met en chanson les gestes des personnes sourdes et muettes.
c. ☐ traduit en gestes les chansons pour les personnes sourdes et muettes.

2 - Elodia Mottot prépare un concert avec le rappeur Erremsi…
a. ☐ en dansant les chansons à côté du rappeur.
b. ☐ en enseignant la langue des signes au rappeur.
c. ☐ en accordant les textes du rappeur avec ses gestes.

3 - Elodia Mottot, enfant, …
a. ☐ avait des amis sourds.
b. ☐ avait des parents sourds.
c. ☐ était elle-même sourde.

4 - La journaliste explique qu'Elodia Motto exerce son métier depuis…
a. ☐ 2 ans.   **b.** ☐ 12 ans.   **c.** ☐ 22 ans.

5 - Le rappeur Erremsi pense que la qualité principale d'Elodia Mottot est…
a. ☐ sa générosité.
b. ☐ son engagement.
c. ☐ son professionnalisme.

PISTE 30

Activité 19

Écoutez l'extrait et répondez aux questions.

1 - Le travail de Sinatou Saka, journaliste à France Médias Monde, s'engage pour…
a. ☐ l'élaboration d'un site Internet dédié aux différentes langues africaines.
b. ☐ l'enrichissement des sites Internet par l'intégration de langues africaines.
c. ☐ la rédaction de sites Internet exclusivement dans les grandes langues africaines.

2 - La bonne nouvelle pour Sinatou Saka est que Google Traduction a fait entrer dans son système plusieurs langues africaines, mais la mauvaise nouvelle est que…
a. ☐ le choix des langues africaines est inadapté.
b. ☐ l'accès au système informatique est complexe.
c. ☐ la qualité de traduction des langues choisies est inégale.

3 - D'après Sinatou Saka, la sélection des langues africaines par le moteur de recherche est motivée par…
a. ☐ le poids de ces langues dans les institutions.
b. ☐ le niveau d'éducation des locuteurs de ces langues.
c. ☐ le poids économique des usagers parlant ces langues.

1 Comprendre des émissions de radio et des enregistrements

PISTE 31

Exercice 1

9 points

▸ Lire attentivement les questions avant l'écoute pour dégager le sens global du document.

▸ Prendre des notes dès la première écoute afin de favoriser la compréhension et la mémorisation.

▸ Identifier les mots-clés, le thème, le domaine et les locuteurs du document.

▸ Repérer les connecteurs logiques en vue de saisir la logique du discours et des interactions.

▸ Répondre aux questions qui suivent l'ordre des informations entendues.

▸ Cocher une seule réponse par question.

Vous écoutez une émission à la radio. Lisez les questions.
Écoutez une première fois l'enregistrement. Répondez aux questions.
Écoutez une deuxième fois le document et complétez vos réponses.

1 - Le principe de l'émission « Le vrai du faux junior » est de… **1 point**
a. ☐ proposer un stage à la radio…
b. ☑ mieux faire analyser l'actualité…   … à des collégiens.
c. ☐ confier un travail d'enquête journalistique…

▸ Cette question de compréhension porte sur l'objectif de l'émission. La question b. est la bonne réponse car le résultat de l'expérience rapporte que les élèves ont changé leur façon de « lire et analyser l'actualité ».

2 - Pour cette émission, le journaliste Antoine Deiana… **1,5 point**
a. ☐ lance une expérience avec une nouvelle classe de collège.
b. ☑ fait le bilan d'une expérience menée par une classe de collège.
c. ☐ explique aux élèves, aux parents et aux profs l'objectif de l'émission.

▸ Cela correspond à la présentation par la journaliste d'Antoine Deiana. Les mots-clés sont « rencontre des élèves », « participé », « l'année dernière » donc réponse b.

3 - La première partie de l'échange avec le journaliste Antoine Diana porte sur… **1,5 point**
a. ☑ la démarche des activités des élèves.
b. ☐ les raisons de l'engagement des élèves.
c. ☐ les résultats du travail des élèves.

▸ Pour commencer l'échange, le journaliste invite les élèves à raconter ce qu'ils ont fait avec les mots clés « expliquer » et « concrètement ». Il veut entendre les procédures que les élèves ont suivies.

4 - Les collégiennes racontent le travail qu'elles ont fait à partir... `1 point`
a. ☐ de l'actualité choisie par le professeur.
b. ☑ des informations entendues dans la semaine.
c. ☐ du thème que le groupe classe a décidé d'aborder.

▶ Les trois élèves parlent des phases de leur travail personnel : elles font un choix d'informations – « les plus intéressantes » – dans l'actualité, puis des recherches – « se renseigner dessus » – pour en parler plus tard en classe.

5 - Grâce au contact que les élèves ont avec les journalistes de l'émission `1,5 point`
« Le vrai du faux junior », ils peuvent...
a. ☐ construire leur propre journal d'informations.
b. ☐ rédiger un article sur l'actualité qu'ils ont choisie.
c. ☑ développer un esprit critique sur la vérité de l'info.

▶ La réponse globale ici est bien que les élèves soient amenés à développer leur capacité à « vérifier » toute information sélectionnée et donc de mettre en doute toute information donnée.

6 - Grâce aux échanges avec les journalistes, les élèves... `1 point`
a. ☑ apprennent des techniques de recherche...
b. ☐ créent leur propre outil informatique...   ... pour savoir si les informations sont vraies.
c. ☐ publient des commentaires sur Internet...

▶ Pour cette question, attention aux mots des réponses proposées par Ludmila et Elise : elles parlent bien « d'outils » et de « commentaires » pour vérifier l'info mais ce sont les journalistes qui « partagent » leur savoir-faire comme le dit Antoine Deiana dans sa question préalable.

7 - Le plus marquant pour la mère de Ludmila est que sa fille... `1,5 point`
a. ☐ lui parle de l'actualité qui l'intéresse.
b. ☐ l'invite maintenant à discuter de l'actualité.
c. ☑ lui donne des conseils pour mieux lire l'actualité.

▶ Cette dernière question porte sur la dernière intervention du document. Les trois propositions sont possibles mais la mère met l'accent en conclusion sur les astuces, conseils ou « tips » que la fille donne désormais à sa mère. Elle trouve cela vraiment « intéressant et rigolo ».

JE RETIENS

▶ **Anticiper le contenu du document** en fonction des mots clés des questions.

▶ **Prendre des notes** sur un papier libre à la première écoute.

▶ **Ne pas se laisser déstabiliser** par les mots inconnus.

▶ **Compléter la prise de notes** à la seconde écoute sur le même papier libre.

▶ **Se référer au contexte** et aux échanges quand un passage du discours reste incompris.

▶ **Se concentrer** seulement sur les passages que les questions interrogent.

PISTE
32

Exercice 2

9 points

Vous écoutez une émission à la radio. Lisez les questions.
Écoutez une première fois l'enregistrement. Répondez aux questions.
Écoutez une deuxième fois le document et complétez vos réponses.

1 - Le message de l'agence Santé publique France insiste sur la nécessité…   [1,5 point]
a. ☐ d'obliger les ados à prendre soin de leur santé.
b. ☐ de pratiquer une activité sportive pour tous les ados.
c. ☐ d'encourager tous les ados à faire une activité sportive.

2 - Pour recueillir des témoignages, la journaliste est allée interroger…   [1,5 point]
a. ☐ des élèves de primaire.
b. ☐ des enfants de clubs sportifs.
c. ☐ des adolescents en milieu scolaire.

3 - Le dernier conseil que Ianis Mellerin, médecin à la Fédération Française   [1 point]
du Sport Santé, donne à Gabriel est de….
a. ☐ penser à rester en forme par le sport.
b. ☐ continuer à faire du sport toute sa vie.
c. ☐ promouvoir le sport auprès de ses amis.

4 - D'après Ianis Mellerin, médecin, les enfants doivent pratiquer…   [1 point]
a. ☐ moins d'…
b. ☐ plus d'…   … une heure de sport intense par jour.
c. ☐ au plus…

5 - Pour Ianis Mellerin, faire du sport a des conséquences positives sur…   [1 point]
a. ☐ le travail scolaire.
b. ☐ les compétences sociales.
c. ☐ les performances physiques.

6 - Ianis Mellerin pense qu'à l'âge adulte, on a tendance à…   [1,5 point]
a. ☐ croire que la pratique sportive reste une affaire personnelle.
b. ☐ oublier que la pratique sportive est indispensable à la santé.
c. ☐ penser que l'activité sportive est réservée aux plus jeunes.

7 - Selon Ianis Mellerin, la différence d'activité physique entre un adulte   [1,5 point]
et un enfant repose sur…
a. ☐ la diversité des activités pratiquées.
b. ☐ l'intensité quotidienne de sa pratique.
c. ☐ le rythme hebdomadaire de sa pratique.

PISTE
33

Exercice 3   9 points

Vous écoutez une émission à la radio. Lisez les questions.
Écoutez une première fois l'enregistrement. Répondez aux questions.
Écoutez une deuxième fois le document et complétez vos réponses.

1 – L'émission culinaire a invitée Laurence, cheffe cuisinière, pour parler…   1,5 point
a. ☐ de nouvelles recettes régionales.
b. ☐ d'un projet gastronomique innovant.
c. ☐ de ses nombreuses activités en restauration.

2 – Laurence constate que les membres du mouvement Slow Food…   1 point
a. ☐ ont des approches divergentes sur la question de la production alimentaire.
b. ☐ partagent le même objectif quant au développement de l'alimentation.
c. ☐ s'engagent activement pour une nouvelle agriculture régionale.

3 – Pour Laurence, le changement de consommation est particulièrement   1 point
encouragé par…
a. ☐ les clients.   **b.** ☐ les producteurs.   **c.** ☐ les restaurateurs.

4 – D'après Laurence, les consommateurs d'aujourd'hui…   1,5 point
a. ☐ s'emparent des nouvelles offres alimentaires.
b. ☐ conservent leurs anciens réflexes alimentaires.
c. ☐ ont du mal à changer leurs habitudes alimentaires.

5 – D'après Laurence, la possibilité de se nourrir sainement aujourd'hui…   1,5 point
a. ☐ dépend de son pouvoir d'achat.
b. ☐ concerne tous les lieux de vente.
c. ☐ est due à la baisse du coût des produits.

6 – Laurence évoque son nouveau restaurant qui produira à son ouverture…   1 point
a. ☐ zéro déchet.
b. ☐ des plats à partir des déchets.
c. ☐ le moins de déchets possibles.

7 – La réussite de son nouveau restaurant passera par…   1,5 point
a. ☐ la participation des clients à la préparation des menus.
b. ☐ des recettes intégrant une démarche écoresponsable.
c. ☐ l'exclusivité de produits bio dans la fabrication des plats.

PISTE
34

Exercice 4   9 points

Vous écoutez une émission à la radio. Lisez les questions.
Écoutez une première fois l'enregistrement et répondez aux questions.
Écoutez une deuxième fois le document et complétez vos réponses.

1 – Quel est le thème de l'émission présentée par le journaliste ?   1 point
a. ☐ Le succès des filles dans les filières professionnelles.
b. ☐ Le rôle de l'entreprise dans l'apprentissage des élèves.
c. ☐ L'engagement des salariés dans l'accueil des apprentis.

2 – Quelle tendance évoque le journaliste ?   1,5 point
a. ☐ L'évolution des stages pour tous les élèves.
b. ☐ La montée en compétences des élèves en lycée pro.
c. ☐ La diversité des cursus dans les lycées professionnels.

3 – L'invitée de l'émission, élève au lycée professionnel, présente   1,5 point
son parcours scolaire actuel.
a. ☐ Elle s'est inscrite au certificat des métiers du bois.
b. ☐ Elle prépare un diplôme de design en ameublement.
c. ☐ Elle suit une formation dans la filière des métiers de l'art.

4 – D'après l'invitée, son stage en entreprise lui permet de…   1,5 point
a. ☐ comprendre le monde de l'entreprise.
b. ☐ passer avec succès son examen pratique.
c. ☐ découvrir qu'elle peut apprendre autrement.

5 – Pour l'invitée, qui a joué un rôle déterminant dans le choix de son futur métier ?   1 point
a. ☐ Ses contacts personnels.
b. ☐ Les salariés de l'entreprise.
c. ☐ Les enseignants de son lycée.

6 – L'invitée pense que sa situation est particulière parce que ses camarades…   1,5 point
a. ☐ ont déjà trouvé un emploi.
b. ☐ cherchent encore un stage.
c. ☐ ignorent le métier de leur rêve.

7 – Le journaliste pense que, pour les autres jeunes, le témoignage de l'invitée   1 point
peut avoir un effet…
a. ☐ modéré.
b. ☐ démotivant.
c. ☐ encourageant.

PISTE 35

Exercice 5 `9 points`

Vous écoutez une émission à la radio. Lisez les questions.
Écoutez une première fois l'enregistrement et répondez aux questions.
Écoutez une deuxième fois le document et complétez vos réponses.

1 – L'agence française de la transition écologique, l'ADEME, organise `1 point`
chaque année une semaine de campagne pour…
a. ☐ débattre entre pays européens…
b. ☐ faire réfléchir la population européenne…   …autour de la question des déchets.
c. ☐ organiser des actions pratiques en Europe…

2 – La dernière édition de la semaine européenne de l'ADEME concerne `1,5 point`
l'industrie de la mode car…
a. ☐ sa pollution rattrape bientôt celle du secteur du pétrole.
b. ☐ elle est devenue aussi polluante que le secteur du pétrole.
c. ☐ elle pollue aujourd'hui davantage que le secteur du pétrole.

3 – D'après les intervenants, l'industrie de la mode connaît un développement… `1 point`
a. ☐ inégal.   **b.** ☐ rassurant.   **c.** ☐ alarmant.

4 – Les intervenants constatent que les problèmes de pollution du secteur `1 point`
de la mode concernent…
a. ☐ les industriels.   **b.** ☐ tout le monde.   **c.** ☐ les consommateurs.

5 – La semaine de réduction des déchets du secteur de la mode permet… `1,5 point`
a. ☐ d'installer dans les rues des bacs de recyclage de déchets.
b. ☐ de faire connaître les actions qui luttent contre les déchets.
c. ☐ de mettre en place des règlements pour baisser la quantité de déchets.

6 – La semaine d'action pour la réduction des déchets met aussi l'accent sur… `1,5 point`
a. ☐ l'impact des transports de produits.
b. ☐ la pollution produite par l'agriculture.
c. ☐ le problème des nombreux emballages.

7 – Le dernier point abordé qui porte sur l'industrie de la mode concerne… `1,5 point`
a. ☐ la pollution des eaux.
b. ☐ le gaspillage des vêtements.
c. ☐ les mauvaises conditions de travail.

JE RETIENS

▸ **Prendre son temps** pour répondre aux questions : deux écoutes sont prévues.
▸ **Repérer les idées principales** à l'aide des mots-clés.
▸ **Déterminer les passages redondants** et les formules répétées.
▸ **Noter** seulement les mots, les expressions entendues dans l'ordre d'écoute.

2 Comprendre une interaction entre locuteurs natifs

PISTE 36

Exercice 6

7 points

▶ Lire attentivement les questions avant la seule écoute du document.

▶ Répondre directement à certaines questions qui semblent plus faciles pendant l'écoute.

▶ Suivre l'ordre des informations qui correspond à l'ordre des questions.

▶ Prendre en note les informations essentielles que vous entendez pour cette seule écoute.

Lisez les questions. Écoutez les documents une fois puis répondez.

DOCUMENT 1

1 – Dans la discussion pour savoir quel spectacle de fin d'année les élèves pourraient proposer, les intervenants...   **1 point**
a. ☑ ont des avis opposés.
b. ☐ doutent de son intérêt.
c. ☐ partagent la même idée de spectacle.

▶ C'est une question de compréhension qui invite à bien distinguer les prises de position d'une personne qui dit « Je verrais bien cette année un spectacle où chaque classe pourrait monter sur scène » et l'autre qui répond « Non, on recommence avec 2 heures environ où des scènes s'enchaînent sans lien logique évident ».

2 – Pour les élèves, l'intérêt d'un spectacle en fin d'année est de...   **1,5 point**
a. ☐ faire monter sur scène tous les élèves de l'école.
b. ☑ associer les membres du collège qui le souhaitent.
c. ☐ jouer une pièce de théâtre devant toute l'école.

▶ La fin du document met en valeur le fait de « motiver tous les élèves volontaires » et aussi de faire intervenir des professeurs et « tous ceux qui le veulent ».

DOCUMENT 2

3 – Pour la journaliste, l'image des maths pourrait s'améliorer grâce...   **1 point**
a. ☐ à la promotion de la discipline à l'école.
b. ☑ au discours pour parler des mathématiques.
c. ☐ au résultat visuel des formes mathématiques.

▶ La question porte sur le commentaire au début de l'entretien. La journaliste insiste sur la manière dont l'invité parle des maths, à savoir « la façon dont on en parle ». Et l'invité répond « oui ».

4 – L'invité démontre que l'intérêt pour les maths pourra être compris si... `1 point`
a. ☑ on s'exerce davantage à cette discipline.
b. ☐ on médiatise autant les maths que le sport.
c. ☐ on comprend les similitudes entre foot et maths.

▶ La réaction de l'invité est qu'il fait un parallèle entre la manière dont on comprend mieux un sport en le pratiquant et les mathématiques. Il faudrait en « faire un peu plus à l'école ».

DOCUMENT 3

5 – D'après l'intervenant, en quoi son association pour l'environnement a-t-elle changé ? `1 point`
a. ☐ Elle aide les familles à restaurer leurs vieux meubles.
b. ☑ Elle aide les jeunes qui souhaitent consommer à bas prix.
c. ☐ Elle a réorienté son activité vers le recyclage de vêtements.

▶ Les mots clés qui montrent que le but de l'association a changé sont : les jeunes « n'ont pas encore les moyens financiers » pour récupérer de nouveaux meubles ou vêtements et « une plateforme de vente d'objets usagés » a été mise en place.

6 – L'intervenante pense que son association est désormais devenue une organisation... `1,5 point`
a. ☐ caritative et non rentable.
b. ☐ à but exclusivement commercial.
c. ☑ économique, sociale et solidaire.

▶ La fin de l'intervention précise que l'association « revend à bas prix », a « un but social » et garde « son argument écologique ». Elle est rentable mais vise l'écologie et la solidarité.

> **JE RETIENS**
>
> ▶ **Bien lire les questions** pour essayer de deviner le contenu du document.
> ▶ **Se préparer** à prendre en notes l'essentiel des informations.
> ▶ **Être attentif** aux interactions et au ton employé.

PISTE 37

Exercice 7 `7 points`

Lisez les questions. Écoutez les documents une fois puis répondez.

DOCUMENT 1

1 – D'après la journaliste, comment la physicienne Jess Wade agit-elle pour l'égalité des femmes et des hommes en sciences ? `1 point`
a. ☐ Elle attribue des prix à de grandes femmes scientifiques.
b. ☐ Elle rend publique la carrière de grandes femmes scientifiques.
c. ☐ Elle présente des émissions en l'honneur de femmes scientifiques.

2 – La journaliste raconte que Jess Wade s'est engagée pour l'égalité des femmes et des hommes en sciences à cause de... `1,5 point`
a. ☐ ses amies.   **b.** ☐ ses parents.   **c.** ☐ ses collègues.

DOCUMENT 2

3 – La rencontre avec Andreas se déroule… [1 point]
a. ☐ dans une ferme ancienne de la région.
b. ☐ dans l'environnement d'un lycée agricole.
c. ☐ sur un terrain pour l'agriculture biologique.

4 – L'espoir d'Andreas est que sa future activité d'agriculteur… [1 point]
a. ☐ permettra de créer une ferme collective.
b. ☐ dépendra de l'essor du commerce de proximité.
c. ☐ sera la réponse aux nouvelles façons de se nourrir.

DOCUMENT 3

5 – De quelle action les deux journalistes discutent-ils concernant [1 point]
le projet urbain appelé « La rue commune » ?
a. ☐ De la collecte des avis de la population…
b. ☐ De la mise en ligne des décisions locales…   … sur ce projet.
c. ☐ De la sélection de propositions innovantes…

6 – D'après Alexis, l'Agence de la transition écologique soutient le projet [1,5 point]
« La rue commune » parce que…
a. ☐ les transports ont modifié l'espace des villes.
b. ☐ les spécialistes créent l'urbanisme de demain.
c. ☐ les habitants souhaitent un autre espace urbain.

PISTE 38

Exercice 8 [7 points]

Lisez les questions. Écoutez les documents une fois puis répondez.

DOCUMENT 1

1 – L'intervenant propose aux élèves du collège… [1 point]
a. ☐ de leur acheter un vélo.   **b.** ☐ de venir à l'école à vélo.   **c.** ☐ d'apprendre à faire du vélo.

2 – Pour l'intervenant, circuler à vélo en ville sera bientôt… [1,5 point]
a. ☐ un danger.   **b.** ☐ un bénéfice.   **c.** ☐ une obligation.

DOCUMENT 2

3 – Pour quelle raison Scott Fahlmann, professeur américain d'informatique, [1 point]
a-t-il mis au point un symbole d'humeur pour ses étudiants ?
a. ☐ Les travaux des étudiants étaient accompagnés de cette note.
b. ☐ Les étudiants absents recevaient ce symbole sur leur ordinateur.
c. ☐ L'université avait besoin d'un nouveau signe de communication.

4 – D'après l'interlocuteur, ce symbole est devenu mondialement connu parce que… [1,5 point]
a. ☐ les échanges planétaires nécessitent une langue commune.
b. ☐ l'université a désormais des partenaires dans le monde entier.
c. ☐ les messages très courts sont nécessaires aux réseaux sociaux.

DOCUMENT 3

5 – Pour quelle raison Théo Curin, champion de natation handisport, est-il invité à cette émission ? `1 point`
a. ☐ Pour la sortie de son livre.
b. ☐ Pour ses performances sportives.
c. ☐ Pour les causes de son handicap.

6 – D'après la journaliste, l'invité veut prouver que… `1 point`
a. ☐ la natation est le meilleur sport pour les handicapés.
b. ☐ le handicap peut être considéré comme un avantage.
c. ☐ les réseaux sociaux sont encourageants pour le handicap.

PISTE 39

Exercice 9 `7 points`

Lisez les questions. Écoutez les documents une fois puis répondez.

DOCUMENT 1

1 – Julia est invitée pour parler de… `1,5 point`
a. ☐ ses prix prestigieux en cuisine.
b. ☐ son dévouement à la cuisine.
c. ☐ son parcours exemplaire de cheffe.

2 – Julia affirme que faire de sa passion un métier nécessite d'avoir… `1 point`
a. ☐ beaucoup de chance.
b. ☐ beaucoup de relations.
c. ☐ beaucoup de volonté.

DOCUMENT 2

3 – Les deux journalistes s'intéressent à la société Mondelez France car… `1 point`
a. ☐ elle distribue les biscuits LU à travers le monde.
b. ☐ elle conserve encore son statut d'entreprise familiale.
c. ☐ elle occupe la première place dans le secteur des biscuits.

4 – Les deux journalistes racontent que la spécificité des biscuits LU est… `1 point`
a. ☐ qu'ils ont toujours la même recette d'origine anglaise.
b. ☐ qu'ils sont plus gras que les anciens biscuits traditionnels.
c. ☐ qu'ils entretiennent une image positive grâce à leur publicité.

DOCUMENT 3

5 – Quelle réaction l'invitée Emmanuelle Frémont a-t-elle face à la fin de la présence des animaux dans les cirques ? `1 point`
a. ☐ Elle regrette la disparition des cirques traditionnels.
b. ☐ Elle se réjouit de leur suppression dans les spectacles.
c. ☐ Elle doute de l'évolution des arts du cirque sans animaux.

6 – L'invitée Emmanuelle Frémont affirme que le cirque… [1,5 point]

a. ☐ se transforme en théâtre de rue.

b. ☐ se transporte dans tous les lieux artistiques.

c. ☐ devient une scène pour les arts du spectacle.

JE RETIENS

▶ **Pour les trois exercices**, je lis d'abord les questions avant l'écoute du document sonore.

▶ **Avant l'écoute**, je peux commencer à faire des hypothèses sur les interventions et les échanges d'informations.

▶ **Pendant l'écoute**, je prends des notes sur un papier de brouillon.

▶ **Après la première écoute** des exercices 1 et 2, je réponds aux questions pour lesquelles les réponses sont claires. J'attends la seconde écoute pour confirmer ou compléter mon questionnaire.

▶ **Si je corrige une réponse**, je barre clairement la croix de la mauvaise réponse et je trace une nouvelle croix visible sur ma nouvelle bonne réponse.

▶ **Pour l'exercice 3** à une seule écoute, je me concentre essentiellement sur les deux questions posées.

Prêt pour l'examen !

Communication

- Développer un thème
- Échanger des informations
- Exprimer son point de vue ou ses émotions
- Exprimer son accord / désaccord
- Raconter
- Réagir à un point de vue
- Rapporter des propos

Socioculturel

Identifier les différents types de documents sonores :

- Bulletin d'informations
- Interview
- Annonce publique
- Reportage
- Débat
- Micro-trottoir

Grammaire

Le temps des verbes

Le conditionnel présent et l'expression de l'hypothèse

L'expression du subjonctif

Les formes impersonnelles

Le discours direct / indirect

Les connecteurs temporels et logiques

Les phrases complexes

Les conjonctions + indicatif ou subjonctif

Les constructions verbales et nominales + préposition

Vocabulaire

- Consommation
- Culture
- Écologie / Environnement
- Éducation
- Études
- Événements
- Histoire
- Mode
- Profession
- Santé
- Sport

STRATÉGIES

1. Je lis les questions, je repère les questions simples et complexes.

2. Je mémorise les questions avant écoute pour orienter mon écoute.

3. Je note les expressions clés sur un papier de brouillon.

4. J'organise ma prise de notes : sur mon brouillon, je note les numéros des questions repérées et j'emploie les abréviations et les mots-clés en face des numéros.

POUR COMPRENDRE

Exprimer son opinion
• À mon avis... / Selon moi...
• De mon point de vue... / D'après moi...
• Il me semble que... (+ indicatif)
• Personnellement, je pense que...

Exprimer son accord / son désaccord
• C'est sûr que...
• Je suis de ton avis.
• J'approuve complètement ce que tu dis.
• Non, je ne trouve pas que... (+ subjonctif)
• Ce n'est pas bien de... (+ infinitif)
• Sans doute
• Sans aucun doute / Sans nul doute
• Ce n'est pas tout à fait vrai...
• Je (ne) partage (pas) ton analyse.
• Tu as raison. / Tu as tort.

Concéder / Émettre des réserves
• Certes / Cependant / Toutefois...
• Je ne nie pas que... mais...
• C'est en partie vrai.

• Ce n'est pas si évident... (que ça).
• Je reconnais que... mais...
• Je suppose que oui..., cependant...
• Je n'en suis pas si sûr(e).

Affirmer / Protester
• Je sais que...
• Je suis informé(e) que... (+ indicatif)
• Je suis informé(e) de... (+ nom)
• Je m'y connais (en...).
• J'en ai entendu parler.
• Je m'oppose à ce que...
• Tu ne peux pas dire ça.

Exprimer la certitude / l'incertitude
• Je suis complètement persuadé(e) que...
• C'est évident.
• Je n'en doute pas un instant.
• J'ai la conviction que...
• Je ne suis pas (trop) sûr(e) que...
• Je me demande si...
• Cela me laisse perplexe / désemparé(e).

Introduire et développer un thème
• Ce que je voudrais dire, c'est que...
• Et si on parlait de... ?
• On s'accorde à penser que...
• Voici le thème que je voudrais aborder : ...
• Il serait utile de considérer cette question.
• J'insiste sur le fait que...
• Cela nous amène / nous conduit à... (+ nom / + infinitif)
• J'en viens à... (+ nom)

Exprimer la cause / la conséquence
• Étant donné que...
• Comme / Puisque...
• Si bien que...
• C'est pourquoi...
• Par conséquent / En conséquence...

Conclure
• Finalement
• Je terminerai par... (+ nom)
• En un mot...
• En bref...
• En définitive...
• Pour conclure / En conclusion...
• Si je résume, je dirais alors...

Je suis prêt(e) ?

Les 4 questions à se poser

Je relis les rubriques « Je retiens » et je choisis les 4 conseils les plus importants pour moi :

1. ......

2. ......

3. ......

4. ......

Prêt pour l'examen !

avant l'examen

À faire

- ☐ **Choisir** **une radio ou un podcast francophone, sélectionner une courte émission** de 3 à 5 minutes, puis prendre en notes sur une feuille de brouillon les 3 informations essentielles

- ☐ **Assister** **à une conférence ou un exposé en langue française**, prendre des notes et reformuler de manière synthétique l'essentiel des propos entendus

- ☐ **Revoir** **les connecteurs logiques et les expressions argumentatives** que l'on peut entendre dans différents extraits sonores

le jour de l'examen

- ☐ Arriver 15 minutes minimum avant l'horaire des épreuves.

- ☐ Prendre un document d'identité, la convocation à l'examen et un second stylo noir.

- ☐ Laisser son téléphone portable et ses affaires à l'entrée de la salle d'examen.

- ☐ Se concentrer sur les documents et les questionnaires et répondre avec soin aux questions correspondant à la réponse exacte.

- ☐ Bien gérer son temps entre lecture des questions, écoute des documents audio et rédaction des réponses.

Compréhension des écrits

COMPRENDRE

L'ÉPREUVE

La compréhension des écrits est la deuxième épreuve collective de l'examen du DELF B2.

Nombre d'exercices

3 exercices pour le niveau B2

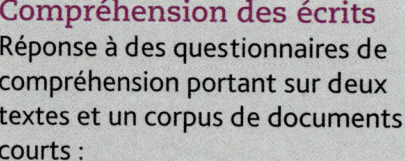

Compréhension des écrits
Réponse à des questionnaires de compréhension portant sur deux textes et un corpus de documents courts :
– un texte informatif
– un texte argumentatif
– un corpus de 3 textes courts

1 heure

.../25

Nombre de points

Objectifs des exercices
1. Lire pour s'informer
2. Lire un texte argumentatif
3. Comprendre le point de vue d'un lecteur francophone

Durée de l'épreuve

LES SAVOIR-FAIRE

Il faut principalement être capable de :

Identifier rapidement un type de texte

▶**Exemple :** Lisez l'article suivant et identifiez la position du journaliste.

▶**Exemple :** Cet article porte sur...
a. ☐ l'écologie.
b. ☐ le commerce équitable.
c. ☐ le développement durable.

Identifier le but d'un texte

▶**Exemple :** Quel est le but de ce texte ?
a. ☐ Raconter un événement.
b. ☐ Informer d'une situation.
c. ☐ Exprimer une pensée.

Identifier la structure du texte

▶**Exemple :** Que pense l'auteur du tri sélectif ?

▶**Exemple :** Quels articulateurs le journaliste utilise-t-il pour marquer une opposition ?

Faire des hypothèses

▶**Exemple :** Pourquoi l'auteur utilise-t-il des expressions imagées ?

▶**Exemple :** Quelle est la position du journaliste à propos des dernières mesures prises par le gouvernement ?

Identifier un argument

▶**Exemple :** Pour l'auteur, quel avantage et quel inconvénient présente la décision prise dans l'entreprise dont il est question dans le texte ?

LES EXERCICES ET LES DOCUMENTS

	Supports possibles	Type d'exercice	Nombre de points
Exercice 1 Lire pour s'informer	Un article de journal à caractère informatif	Un questionnaire composé de QCM	9 points
Exercice 2 Lire un texte argumentatif	Un article de journal, de blog, à caractère argumentatif		9 points
Exercice 3 Identifier des points de vue	Des textes exprimant des opinions	Des QCM	7 points

LA CONSIGNE

La consigne est importante ?

Oui, elle donne la situation générale et dit quoi faire.
▸ Exemple :
« Vous lisez cet article dans un journal français. Répondez aux questions. »

C'est quoi ?

C'est une phrase générale au début de l'épreuve. Elle explique ce qu'il faut faire.
▸ Exemple :
« Pour répondre aux questions, cochez (X) la bonne réponse ou écrivez l'information demandée. »

Quand lire les consignes ?

Avant de lire les documents.

Quand répondre aux questions ?

Une première fois avant de lire le texte : cela va vous servir à mieux comprendre le texte. Puis une seconde fois après la lecture du texte.

LES QUESTIONS ET LES RÉPONSES

Les questions sont toujours dans l'ordre du document.
Elles se présentent sous forme de **QCM (questions à choix multiple)** : il s'agit de sélectionner la bonne réponse parmi trois choix. Il n'y a qu'une seule réponse correcte.

CONSEILS

- Lire la presse francophone et consulter les sites d'opinion.
- S'entraîner à repérer les éléments qui entourent le texte.
- Bien connaître les connecteurs logiques et les modalisateurs.
- S'entraîner à la méthodologie du questionnaire (consigne, questions...).

▌ 1 Lire efficacement un texte

— Identifier rapidement un texte

Activité 1

Lisez le texte « en diagonale » puis répondez aux questions en cochant la bonne réponse.

La Cravate Solidaire, pour faciliter l'embauche !

C'est à la Défense, à Paris, que germe cette idée dans la tête de trois étudiants. Le constat est simple : les étudiants et les personnes en insertion professionnelle n'ont pas forcément les moyens de s'offrir une tenue pour assister à un entretien, ou tout simplement pour travailler... L'idée de la Cravate Solidaire était née.

Une réussite sociale...

« On y croit, on sait que ça marche », déclare Laurence Laplace, co-fondatrice de La Cravate Solidaire à Pau. Et elle a raison. Depuis sa création en janvier 2017, ce sont plus de 300 candidats qui ont été aidés, suivis et coachés par l'antenne paloise. L'association enregistre plus de 70 % de réussite, grâce à un emploi ou une formation décrochée plus de deux fois sur trois.

Ce qui fait de La Cravate Solidaire une si belle aventure, c'est d'abord son concept. « Les gens arrivent stressés et perdent leurs moyens en entretien d'embauche. L'idée de l'association, c'est vraiment de les entraîner pour réussir cet exercice, et être le plus opérationnel possible », déclare Brigitte Loriette, présidente de l'antenne de Pau.

Mais le second atout majeur de l'association, c'est la convivialité. Pas de salle d'attente, ni d'accueil. Le rendez-vous avec un bénévole se déroule sur un canapé, avec un bon café et de la musique en fond sonore.

En ce qui concerne la tenue, ce n'est pas simplement un essayage de vêtements. Les différents acteurs s'assureront de trouver la tenue idéale en fonction des goûts du candidat et du poste à pourvoir.

C'est donc une aide complète, depuis l'arrivée du candidat jusqu'à sa présentation lors d'un rendez-vous, en passant par un entretien blanc, et des discussions riches de conseils utiles pour se distinguer et favoriser l'obtention d'un contrat.

Comment puis-je à mon tour soutenir La Cravate Solidaire ?

La Cravate Solidaire appelle les entreprises privées, aussi bien les grands comptes que les PME*, à soutenir leur action par la voie du mécénat, en autorisant à organiser des collectes de vêtements en entreprise, ou en prenant en charge des accompagnements de bénéficiaires dans le cadre de leur politique RSE (Responsabilité Sociétale d'Entreprise). « Plusieurs entreprises participent activement à notre activité en mettant des membres de leur personnel à notre disposition pour réaliser des simulations d'entretiens d'embauche

*PME : petites et moyennes entreprises

ou des conseils en image, d'autres choisissent de prendre en charge des frais incombant à notre association, qu'il s'agisse de frais généraux, ou frais d'accompagnement individuel pour un demandeur d'emploi », déclare la présidente.

« Nous souhaitons que nos prescripteurs nous adressent les demandeurs d'emploi en fin d'accompagnement comme ils le font actuellement. Pôle emploi* pourrait sans doute être un acteur majeur de nos futurs prescripteurs », continue-t-elle.

Les défis qui attendent La Cravate Solidaire sont importants, à l'image de la crise économique à laquelle elle va faire face, comme tant d'autres. C'est grâce à des bénévoles fiables et solides, connectés au territoire, et aux enjeux des entreprises, que l'initiative fonctionne.

presslib.com, 22 mai 2020.

*Pôle emploi : institution française qui s'occupe des personnes à la recherche de travail

1 - Lisez la source. Où peut-on trouver ce texte ?

a. ☐ Dans un journal.   **b.** ☐ Dans un magazine.   **c.** ☐ Sur un site Internet.

2 - Lisez le titre. Quel est le domaine de cet article ?

a. ☐ Public.   **b.** ☐ Personnel.   **c.** ☐ Professionnel.

3 - D'après le titre, à quoi peut servir ce service ?

a. ☐ Trouver un emploi.   **b.** ☐ Gagner plus d'argent   **c.** ☐ Obtenir une augmentation.

4 - Quel est l'objectif de l'auteur ?

a. ☐ Faire appel à des donateurs.
b. ☐ Trouver de nouveaux partenaires.
c. ☐ Recruter des demandeurs d'emploi.

Activité 2

Lisez les titres d'articles issus de la presse. Trouvez le thème de chaque article et cochez la rubrique qui lui correspond.

	Éducation	Consommation	Agriculture	Climat	Technologie	Société
1. Le cinéma s'introduit sur les chemins de l'école.	☐	☐	☐	☐	☐	☐
2. Courses, achats : les nouveaux moyens de consommation rendent-ils les Français feignants ?	☐	☐	☐	☐	☐	☐
3. Les pays du Nord contraints de stopper la production de tomates en hiver.	☐	☐	☐	☐	☐	☐
4. Par temps de pluie ou par beau temps, les bottes de pluie par tous les temps.	☐	☐	☐	☐	☐	☐

	Éduca-tion	Consom-mation	Agricul-ture	Climat	Techno-logie	Société
5. Réforme de l'enseignement professionnel : une méthode qui ne fonctionne pas comme prévu par le gouvernement	☐	☐	☐	☐	☐	☐
6. Le paysage publicitaire est modifié par les nouveaux acteurs numériques.	☐	☐	☐	☐	☐	☐
7. La nouvelle organisation du système de santé démarrera dès la rentrée.	☐	☐	☐	☐	☐	☐

Activité 3

Lisez les sources suivantes et remplissez le tableau. Attention, certaines cases resteront vides.

Source 1

Tribune collective publiée le 30 septembre 2022 à 16 h 30,
mis à jour le 30 septembre 2022 à 16 h 30.
www.lemonde.fr

Source 2

Olivia Edouard, *L'Express*, 3 octobre 2022.

Source 3

Élise Rangot, *Sciences et vie junior*, octobre 2022.

	Source 1	Source 2	Source 3
Il s'agit - d'un journal quotidien - d'un magazine - d'une page Internet			
Le texte est - généraliste - spécialisé			
L'article a été écrit par - une personne - plusieurs personnes			

— Dégager le thème principal et la problématique

Activité 4

Lisez les trois extraits d'articles suivants. Pour chacun, déterminez le thème principal et formulez la problématique développée par l'auteur.

Extrait 1

Qu'est-ce que la biodiversité ?

La biodiversité est un terme qui a été inventé par le biologiste Walter G. Rosen en 1986 pour évoquer la diversité de la nature.
Elle désigne l'ensemble des êtres vivants, leurs relations entre eux et avec leurs habitats.
Elle implique une notion de durabilité.
Cette diversité est présente à différents niveaux d'organisation :
- génétique (les gènes)
- spécifique (les espèces)
- écologique (les écosystèmes).

Publié dans *Cosinus* n° 250, juillet-août 2022, une revue Faton Jeunesse.

1 - Lisez le titre. Quel est le thème du document ?

a. ☐ La définition de la biodiversité   **b.** ☐ La biodiversité en danger

2 - Lisez l'extrait et relevez les mots permettant de comprendre le sens général.

....

....

3 - Quelle est la problématique développée ?

....

Extrait 2

Si j'étais président... « Je changerais l'école »

Depuis tout petit, Gabriel, 14 ans, aime parler de politique. Il rêve d'une école à l'écoute des ados, plus interactive et bienveillante.
« J'aimerais mettre en place un système sans notes, où les élèves seraient plus détendus et sans pression. La pression, la compétition, ce n'est pas bon pour les enfants et pour les adolescents, alors qu'ils sont en pleine construction. » Gabriel ne mâche pas ses mots. Ce qui manque aussi au système éducatif, c'est le dialogue entre les profs et les élèves. « Souvent, je me retrouve à apprendre des cours par cœur. Pour le contrôle, on doit énumérer tout ce qu'on sait et, l'année suivante, on a déjà tout oublié. »

Bourrage de crâne

La solution selon lui ? Des cours plus interactifs, avec des débats entre profs et élèves. « Le bourrage de crâne, ça ne marche pas, si on nous dit juste "Apprends ça !", on n'en voit pas l'intérêt. » Gabriel a presque parfois le sentiment d'être dégoûté par certaines matières « parce qu'on m'a obligé à m'y intéresser ! Les ados, comme les enfants, et les adultes, ont besoin d'apprendre en s'amusant, sinon on ne retient pas. »

Le Monde des ados, n° 487, 5 janvier 2022 – Fleurus Presse.

1 - Lisez le titre. Quel est le thème du document ?
a. ☐ Les solutions pour améliorer le système éducatif.
b. ☐ Les bénéfices du jeu pour fixer les connaissances.

2 - Lisez l'extrait et relevez les mots permettant de comprendre le sens général.

....

....

3 - Quelle est la problématique développée ?

....

Extrait 3

Lise Meitner

Lise Meitner a été l'une des premières femmes physiciennes reconnues dans un univers jusqu'alors très masculin. Elle a découvert la fission nucléaire, un phénomène aujourd'hui exploité dans les centrales nucléaires pour produire de l'électricité, tout en refusant de participer au développement de la première bombe atomique. Découvrez le parcours de cette scientifique incroyable, injustement oubliée par le comité Nobel !

Yves Noat et Clémence de Giry, publié dans *Cosinus* n° 252, octobre 2022, une revue Faton Jeunesse.

1 - Lisez le titre. Quel est le thème du document ?
a. ☐ La place inappropriée des femmes dans le monde scientifique.
b. ☐ Le parcours exceptionnel d'une scientifique non reconnue.

2 - Lisez l'extrait et relevez les mots permettant de comprendre le sens général.

....

....

3 - Quelle est la problématique développée ?

....

— Repérer les connecteurs logiques

Activité 5

Lisez cet extrait d'article concernant une formation professionnelle. Certains mots sont manquants. Complétez le texte à l'aide de la liste suivante afin de reconstituer un texte cohérent.

mais (2 x) – ensuite – désormais – même – puis – durant – au début – aujourd'hui – en plus de

Pour commencer une formation certifiante en maçonnerie début février, j'ai fait le choix de ne pas attendre la rentrée suivante, prévue plusieurs mois plus tard ! ...., je me rends tous les jours au centre de formation, et je touche .... un petit salaire. Je suis la seule sur le plateau, car la maçonnerie est un milieu très masculin. ...., j'étais un peu réservée, mais .... je rigole bien avec eux. Ils font souvent des blagues sur les femmes, ... ils n'ont jamais un comportement ou un geste déplacé. Je ne me suis pas trompée : il y une super ambiance en maçonnerie ! Au début de la formation, nous avons eu quelques cours théoriques mais, contrairement à ceux du collège, ils ne m'ont pas dérangée ; c'était pour apprendre les bases avant d'attaquer la pratique. .... la première semaine, je n'ai d'ailleurs jamais autant révisé. Aujourd'hui, nous n'avons plus de cours : nous sommes toujours dehors, sur les chantiers du centre de formation, en train de bosser, bosser, bosser ! .... savoir monter un mur, je gère aussi les coffrages (qui consistent à couler du béton pour former un mur ou toute autre structure) et j'apprends à poser du crépi. Je termine ma formation dans quelques mois. ...., je chercherai du travail, d'abord en tant que salariée, ... je compte reprendre une formation pour devenir cheffe de chantier. Il y a très peu de femmes qui exercent ce métier, ... je compte bien tenter ma chance.

Camille Jourdan, phosphore.com, 17/10/2022.

Activité 6

Lisez les phrases suivantes. Puis classez les mots en gras dans le tableau selon l'intention exprimée.

1 - Les enseignants sont très motivés par cette expérience avec leurs élèves. Aujourd'hui, ils sont **d'autant plus** heureux **que** tous les jeunes se sont inscrits au tournoi sportif.

2 - Au lieu de s'acheter des vêtements tout neufs, beaucoup de jeunes préfèrent aujourd'hui s'acheter des vêtements de seconde main. Un bon moyen de faire des économies et de préserver la planète.

3 - Étant donné le bouleversement entraîné par les jeux vidéo dans notre vie quotidienne, il est essentiel de réfléchir aux risques que cela peut causer.

4 - Les jeunes sportifs sont conscients de leur niveau mais restent confiants : **il est peu probable** qu'ils gagnent ce match mais cela reste possible.

5 - Certes ces étudiants ont fait des efforts mais ils n'ont pas appliqué les bonnes méthodes de travail. **Aussi** leurs notes ne sont pas aussi bonnes qu'ils l'espéraient.

6 - Les achats en ligne sont très à la mode. **Il est fort probable** qu'un certain nombre de commerces traditionnels vont disparaître dans les années à venir.

7 - Les jeux virtuels sont appréciés par les jeunes. **Toutefois**, les jeux de société sur plateau plaisent toujours autant et sont encore très utilisés dans les soirées entre amis.

	Cause	Opposition	Concession	Insistance	Certitude	Doute
D'autant plus que	☐	☐	☐	☐	☐	☐
Au lieu de	☐	☐	☐	☐	☐	☐
Étant donné	☐	☐	☐	☐	☐	☐
Il est peu probable	☐	☐	☐	☐	☐	☐
Certes aussi	☐	☐	☐	☐	☐	☐
Il est fort probable que	☐	☐	☐	☐	☐	☐
Toutefois	☐	☐	☐	☐	☐	☐

Activité 7

Complétez les phrases suivantes en cochant la proposition qui respecte l'intention exprimée.

1 - Grâce aux drones et aux tracteurs autonomes…
a. ☐ l'agriculture française n'est pas prête à disparaître.
b. ☐ l'agriculture française n'est pas assez concurrentielle.

2 - Les vignerons ont dû s'adapter au réchauffement climatique **afin de**…
a. ☐ poursuivre leur production.
b. ☐ diminuer leur production.

3 - Les transports « actifs », à pied ou à vélo, **bien que**…
a. ☐ bons pour la planète, la santé et l'économie, peinent à trouver à s'imposer dans certaines villes.
b. ☐ meilleurs pour la santé, rencontrent un succès important.

4 - Le travail manuel a été dévalorisé pendant des années. **Si bien que**…
a. ☐ de plus en plus de jeunes s'y intéressent.
b. ☐ les jeunes, peu motivés, quittent leur formation.

5 - Les aimants sont des objets dangereux. **Malgré** les mises en garde…
a. ☐ les accidents domestiques diminuent notablement.
b. ☐ des accidents domestiques peuvent toujours arriver.

2 Analyser les prises de position

─ Identifier le ton

Activité 8

Lisez les titres de presse suivants sur la place des zoos dans notre société. Indiquez pour chacun si le ton est neutre (article informatif) ou engagé (article argumentatif) et justifiez votre choix.

	Ton neutre	Ton engagé	Justification
1. Les animaux vivant dans les zoos : condamnés à passer une vie dans une cage ?	☐	☐	
2. Les zoos ont-ils vraiment leur place dans les grandes villes ?	☐	☐	
3. Faut-il fermer les zoos ? Les spécialistes du bien-être animal nous répondent.	☐	☐	
4. Les zoos n'ont plus leur place dans nos sociétés.	☐	☐	
5. Le zoo reste-t-il encore un espace protégé par la loi contre la maltraitance animale ?	☐	☐	

Activité 9

Lisez les extraits suivants sur le thème du vélo électrique. Indiquez le ton employé pour chaque extrait.

> **Le ton**
> • optimiste = positif, favorable → lexique et termes positifs
> • sceptique = peu convaincu, perplexe, interrogatif → lexique péjoratif, interrogation directe
> • polémique = sujet au débat, à la contestation → expressions et arguments, articulateurs logiques, critiques ouvertes
> • neutre = lexique neutre (pas d'expression d'un sentiment), texte descriptif et factuel

	Optimiste	Sceptique	Polémique	Neutre
1. Les vélos électriques sont-ils dangereux ? Les vélos électriques sont fortement critiqués car ils ont entraîné de très graves accidents de circulation. Le débat s'est installé en Europe. En effet, la question de la vitesse de ces vélos fait débat notamment car ils sont plus lourds et donc plus dangereux en cas de collision. La France est en train de réfléchir à des moyens de contrôle.	☐	☐	☐	☐
2. Pour ou contre le vélo électrique ? Est-ce que l'achat d'un vélo à assistance électrique est un bon investissement ? La réponse est : oui, bien sûr ! Effectivement, il existe de nombreux avantages à ce moyen de transport.	☐	☐	☐	☐
3. La Maison du Vélo ! La Maison du Vélo à Lyon a réouvert ! De nombreuses activités sont proposées comme chaque année : vélo-école des particuliers, vélo-écoles sociales, formations en entreprises. Cette année une nouvelle pratique est offerte : les balades encadrées pour les séniors.	☐	☐	☐	☐
4. Pourquoi le vélo électrique est-il critiqué ? Quand on pratique le vélo à assistance électrique, peut-on vraiment dire qu'on utilise un moyen de mobilité douce ? Les pro-vélos critiquent vivement les utilisateurs des vélos électriques en se moquant d'eux. Peut-on dire que le vélo électrique constitue une alternative pour les personnes qui souhaitent pédaler malgré des soucis de santé ?	☐	☐	☐	☐

▬ Identifier les points de vue

Activité 10

Soulignez dans chaque phrase les mots exprimant un jugement. Cochez le(s) procédé(s) utilisé(s) et indiquez si le jugement est positif (P) ou négatif (N).

Jugement	Verbe	Groupe nominal	Adjectif	Adverbe	Exclamation	Interrogation	Affirmation	Positif P Neutre N
1. Aisément disqualifiés en climatosceptiques ou en ennemis de la planète, des auteurs pondèrent les propos alarmistes portant, en particulier, sur l'urgence climatique. Propagande, rétorquent certains spécialistes !	☐	☐	☐	☐	☐	☐	☐	......
2. « Ce qui est choquant dans le discours de la première ministre, c'est la non-prise en compte des difficultés du quotidien, notamment pour ceux qui vivent dans des passoires thermiques », explique le président du groupe GDR à l'Assemblée nationale, André Chassaigne.	☐	☐	☐	☐	☐	☐	☐	......
3. Les conditions de production des animaux élevés pour la consommation alimentaire des humains constituent un important sujet de controverse dans la société. Certains demandent l'arrêt de tout élevage quand d'autres revendiquent la satisfaction d'aspirations alimentaires qu'ils jugent légitimes.	☐	☐	☐	☐	☐	☐	☐	......
4. Crise de l'énergie : après l'électricité, des coupures de téléphonie envisagées cet hiver. Les opérateurs de téléphonie s'inquiètent d'éventuelles pannes de réseau cet hiver si des coupures d'électricité sont nécessaires. Tous les pays européens ne sont pas logés à la même enseigne.	☐	☐	☐	☐	☐	☐	☐	......
5. Santé. « Il n'y a pas de déserts médicaux dans la Manche ! » : les explications des élus Vendredi 30 septembre 2022, à Lessay (Manche), le congrès s'est achevé avec une table ronde sur les déserts médicaux. Chiffres à l'appui, les élus expliquent qu'il n'y en a pas.	☐	☐	☐	☐	☐	☐	☐	......
6. Tous unis contre le plastique : et si on réduisait nos déchets ? […] on te présente « Plastic Attack », la réponse originale à l'abus d'emballages, barquettes en polystyrène, films et autres sacs (cauchemars des océans), et une manière de prendre pleinement conscience des déchets que l'on produit.	☐	☐	☐	☐	☐	☐	☐	......

Activité 11

Lisez les phrases suivantes. Choisissez, parmi les deux propositions, celle qui correspond à l'intention exprimée dans les mots en gras.

Document 1

> **C'est l'événement scientifique le plus important** qui se soit produit en Europe depuis la fin de la guerre, nous déclare M. Leprince-Ringuet.

L'intention de l'auteur est d'exprimer…
a. □ sa satisfaction d'un événement.
b. □ son ressentiment par rapport à un acte.

Document 2

> Je finis par trouver le projet qui, **selon moi**, me fera vibrer : lancer une ferme florale. Passionnée de jardinage, je trouve qu'il y a quelque chose à faire dans le secteur des plantes écoresponsables.

L'intention de l'auteure est…
a. □ de donner son point de vue personnel concernant un de ses centres d'intérêt.
b. □ d'exprimer un sentiment négatif à l'égard d'un passe-temps.

Document 3

> Le gouvernement part également du constat que la France est très endettée. Or, il s'est engagé à ne pas augmenter les impôts, **c'est pourquoi** il souhaite financer par la réforme des retraites d'autres dépenses : la dépendance, l'école, la santé. Là encore, les experts sont partagés.

L'intention de l'auteur est…
a. □ de donner une explication.
b. □ de critiquer une décision.

Document 4

> ### La biodiversité en 5 questions
> **Alors que** l'on assiste à un déclin massif de la biodiversité, il est important de rappeler ce qu'elle nous procure. Source de plaisir et de bien-être, elle est essentielle à notre alimentation et au maintien de la vie sur Terre. Cet été, essayons de comprendre la biodiversité pour mieux la préserver !

L'intention de l'auteur est…
a. □ de critiquer un phénomène écologique.
b. □ d'alerter les lecteurs sur un phénomène.

Document 5

> Je crois que cette transition énergétique se réussira avec le mix énergétique. On ne peut pas avoir 100 % d'énergie renouvelable. **Il en va aussi** d'une question de souveraineté en termes d'énergie et c'est pourquoi je crois beaucoup aussi au nucléaire.

L'intention de l'auteur est…
a. □ de montrer au lecteur l'importance de prendre en compte plusieurs paramètres.
b. □ de mettre en garde le lecteur contre les méfaits d'un changement climatique.

Activité 12

Lisez les phrases. Indiquez le mode (indicatif, impératif, conditionnel, subjonctif) et le temps de conjugaison des verbes soulignés. Cochez l'intention exprimée.

	Volonté	Désir	Nécessité	Conseil	Incertitude	Regret
1. Pour faire des économies d'énergie importantes, <u>il faut</u> se concentrer sur les éléments de la transition énergétique : austérité, efficacité et énergies renouvelables. Mode / temps : *indicatif présent*	☐	☐	☐	☐	☐	☐
2. Quand <u>je serai</u> élu délégué, j'organiserai beaucoup de compétitions sportives. Mode / temps :	☐	☐	☐	☐	☐	☐
3. <u>Les salariés</u> de cette petite entreprise <u>aimeraient</u> que leur patron leur accorde plus d'avantages. Mode / temps :	☐	☐	☐	☐	☐	☐
4. <u>Il vaut</u> mieux éteindre les appareils électriques en quittant son logement. C'est mieux pour la planète et pour la facture d'électricité. Mode / temps :	☐	☐	☐	☐	☐	☐
5. Les collégiens <u>aimeraient</u> participer aux activités municipales. Mode / temps :	☐	☐	☐	☐	☐	☐
6. Vu la situation précaire, il n'est pas certain que <u>les spécialistes arrivent</u> à résoudre ce problème. Mode / temps :	☐	☐	☐	☐	☐	☐
7. <u>Les écologistes regrettent</u> vraiment de ne pas avoir participé aux débats. Mode / temps :	☐	☐	☐	☐	☐	☐

3 Rechercher l'information pertinente

— **Identifier rapidement le contenu et la pertinence d'une information**

Activité 13

Lisez l'extrait suivant.

En haute mer, ni règles ni frontières ?

Il est temps maintenant de sortir des zones économiques exclusives pour arriver en haute mer, dans les eaux internationales qui, rappelons-le, représentent environ deux tiers des eaux de notre planète, et qui n'appartiennent à personne… ou plutôt à tout le monde ! Même un pays sans côte peut y accéder, pour y pêcher par exemple. Dans ces eaux, c'est la liberté pour tous : liberté de naviguer, de survoler, de pêcher, de mener des recherches scientifiques…

Les fonds marins, au cœur de l'actualité

L'avenir des grands fonds marins, ces zones situées à plus de 200 m de profondeur, fait partie des grands enjeux mondiaux actuels. Pour l'instant, le droit international n'a pas beaucoup légiféré sur ces espaces encore peu explorés. Mais les protecteurs de l'océan, craignant une ruée industrielle, demandent des règles claires. Une alliance pour un moratoire sur l'exploitation des abysses s'est même constituée.

Ruée vers l'or sous-marin

Cela ne fait pas longtemps que l'on s'intéresse aux minerais des fonds marins, et notamment à ce que l'on appelle les nodules polymétalliques. Semblables à des sortes de grosses pommes de terre qui reposent sur le plancher océanique, ils sont composés de métaux précieux comme le nickel, le cuivre et le cobalt. Ces ressources sont convoitées aujourd'hui, pour fabriquer nos téléphones, les batteries des voitures électriques ou encore les éoliennes… Selon la plupart des scientifiques, y en a largement assez sur terre, ce qui n'empêche pas certains industriels d'aller en chercher en mer.

Histoire Junior, hors-série n°22, septembre 2022, Éditions Faton.

1 - Déterminez le thème de cet extrait parmi ces trois propositions :
a. ☐ La protection de l'environnement maritime.
b. ☐ Les dangers liés à la pollution des mers et océans.
c. ☐ La nécessité d'avoir des règles protégeant la mer.

2 - Entourez les mots-clés dans le texte et classez-les dans le tableau ci-dessous. Répartissez-les en 3 groupes. Pour chaque groupe, écrivez une phrase pour exprimer la problématique soulevée.

Groupe 1 = MER Problématique 1	Groupe 2 = REGLES Problématique 2	Groupe 3 = RESSOURCES Problématique 3
....	....	....
....	....	....
....	....	....
....	....	....
....	....	....
....	....	....
....	....	....
....	....	....
....	....	....
....	....	....

3 - Dites si les idées suivantes sont essentielles ou non.

	Idée essentielle	Idée non essentielle
1. Les eaux internationales représentent environ deux tiers des eaux de notre planète.	☐	☐
2. Une grande partie des océans est déclarée libre pour tous et n'appartient à personne.	☐	☐
3. Les défenseurs de l'océan ont peur que les industriels abîment les espaces maritimes inconnus.	☐	☐
4. Pour l'instant, le droit international n'a pas beaucoup légiféré sur ces espaces encore peu explorés.	☐	☐
5. Une alliance pour un moratoire sur l'exploitation des abysses s'est même constituée.	☐	☐
6. Les nodules sous-marins sont convoités pour fabriquer nos téléphones et autres appareils.	☐	☐
7. Selon la plupart des scientifiques, certains industriels seraient intéressés par des matériaux sous-marins.	☐	☐

— **Extraire des informations précises**

Activité 14

Lisez l'extrait suivant.

Le bénévolat, une expérience à valoriser dans le CV

Plus de 13 millions de Français sont bénévoles dans une association. Un peu plus de 20 % d'entre eux sont âgés de moins de 35 ans, preuve que les jeunes se montrent particulièrement actifs et impliqués. Toutefois, ils sont peu nombreux à mettre en avant leurs expériences bénévoles dans leur CV. À tort !

De nombreuses raisons poussent les jeunes (et les moins jeunes) à faire du bénévolat. Parmi elles, le besoin d'être utile à la société, d'agir de façon concrète, de donner du sens à son quotidien, d'acquérir et de développer des compétences. […]

Le bénévolat pour mûrir professionnellement

Les bienfaits du bénévolat sont nombreux. S'engager permet d'acquérir certaines qualités telles que la maturité, la confiance en soi ou encore la prise de responsabilités. Mais pas seulement. Les bénévoles développent également leur capacité à travailler en équipe, leur ouverture d'esprit, leur réactivité, leur sens de l'écoute et de l'adaptation. Des compétences comportementales qui parleront fortement au recruteur.

Le bénévolat est aussi l'occasion de développer son réseau de contacts. Durant leurs différentes missions, les bénévoles rencontrent et échangent avec de nombreuses personnes (en poste ou non) issues de domaines très variés. […]

Une expérience à mettre en avant dans un CV ?

Si la majorité des bénévoles mentionne cette activité dans leur CV, beaucoup de jeunes ne savent pas la mettre en valeur. Listez toutes les missions réalisées (gestion d'un budget, animation d'un groupe, élaboration de comptes-rendus, gestion des réseaux sociaux…) et les qualités développées durant cette expérience avant de sélectionner uniquement celles qui vous semblent pertinentes par rapport au poste visé. […]

Entre expérience humaine et apport professionnel, nul doute que l'ajout de votre expérience bénévole, dans la case « Divers » ou dans la rubrique « Expériences » de votre CV, ne peut généralement être que bénéfique. […]

Rachida Soussi, studyrama.com, 12 mars 2022.

1 - Quel est le sujet abordé dans cet extrait d'article ?
a. ☐ Le bénévolat : avantages et inconvénients
b. ☐ L'expérience positive du bénévolat dans un CV
c. ☐ Les bienfaits du bénévolat sur le bien-être des jeunes

2 - Listez les 9 éléments positifs relatifs au bénévolat.

....

....

3 - Pour quelle raison une expérience bénévole peut-elle être négative dans un CV ?

....

....

4 - Pourquoi une expérience bénévole peut-elle plaire à un recruteur ?
a. ☐ Elle démontre l'investissement humain du candidat dans une démarche professionnelle.
b. ☐ Elle permet de découvrir des compétences personnelles différentes de celles du poste visé.

▬ Relever des indices contextuels

Activité 15

Extrait 1

Forêts : pourquoi elles brûlent

Cet été en France, l'équivalent d'environ 86 000 terrains de foot sont partis en fumée. La faute, en partie, au réchauffement climatique.

Que se passe-t-il ? – Plus de 60 000 hectares de forêts ont déjà brûlé cette année en France. […]

D'où viennent ces feux ? – Neuf incendies sur dix sont d'origine humaine, volontaire (pyromane) ou involontaire (cigarette, barbecue, incident électrique…). Les autres sont d'origine naturelle (éclair d'orage).

Pourquoi se propagent-ils ? – Les vagues de chaleur avec des pics de température à plus de 40°C et le manque de pluie ont provoqué une sécheresse exceptionnelle. Celle-ci assèche la végétation (herbes, arbustes, arbres…) et la rend plus inflammable. « Cette sécheresse est due au réchauffement climatique », constate le climatologue Jean Jouzel. « Pour limiter son effet, il faudrait qu'en 2050 on n'émette pas plus de gaz à effet de serre que la planète est capable d'en absorber. Or, on en est loin. »

Que peut-on faire ? – Depuis 1995, la construction d'habitations à proximité des forêts et des zones rurales est mieux encadrée afin de limiter les feux d'origine humaine. La loi prévoit aussi un meilleur entretien des forêts, qui n'est pas toujours respecté : 75 % appartiennent à des propriétaires privés qui n'ont pas forcément les moyens de les entretenir. Autre nécessité : il faut planter des espèces d'arbres plus variées, en favorisant celles qui s'adaptent mieux à la sécheresse. Enfin, à titre individuel, il faut être plus vigilant(e) : ne pas allumer un feu ou un barbecue si c'est interdit par la préfecture, ne pas jeter de cigarettes au sol, camper uniquement dans les lieux autorisés, débroussailler son jardin… […]

Nos experts : Merci à Serge Rambal, chercheur émérite au CNRS, Jean-Baptiste Filippi, chargé de recherche au CNRS prévision feux de forêts, et Jean Jouzel, climatologue.

Alexandra Da Rocha, *Le Monde des ados*, 24 août 2022 – Fleurus Presse.

1 - Quelle est la problématique exposée dans ce texte ?
a. ☐ Le réchauffement climatique.   **b.** ☐ Le développement durable.   **c.** ☐ La pollution.

2 - Que veut nous faire comprendre l'auteure en utilisant l'expression « la faute, en partie au réchauffement climatique » :
a. ☐ Le réchauffement climatique ne peut pas provoquer d'incendies.
b. ☐ Il existe d'autres causes aux incendies.

3 - Cet extrait expose...
a. ☐ des points de vue du journaliste.   **b.** ☐ des éléments factuels de scientifiques.

4 - Relevez le procédé qui indique que les effets du réchauffement climatique ne sont pas suffisamment maîtrisés.

....

5 - Quelle est l'intention de l'auteure dans le dernier paragraphe ?
a. ☐ Donner son point de vue.   **b.** ☐ Sensibiliser les lecteurs.   **c.** ☐ Expliquer un phénomène.

6 - Que dénonce la journaliste concernant la loi relative à l'entretien des forêts ?

....

7 - Sur quels éléments empiriques s'est appuyée la journaliste ?

....

Extrait 2

La neutralité carbone

Qu'est-ce que la neutralité carbone ?—Maîtriser les gaz émis par les activités humaines est indispensable. L'idéal est qu'on en émette moins. À l'occasion de la Journée du climat, le 8 décembre, faisons le point.

Que désigne cette expression ? — La neutralité carbone désigne un équilibre : c'est quand les émissions de CO_2 générées par

l'homme (chauffage, industrie, transports…) sont inférieures ou égales à celles absorbées sur le long terme par les milieux naturels que gère l'homme (forêts, terres agricoles, etc.).

Pourquoi vouloir réduire les émissions de CO_2 ? Parce que c'est lui qui absorbe les rayons du soleil, provoquant un effet de serre réchauffant la planète.

D'où vient-elle ? – Elle a été utilisée pour la première fois dans l'Accord de Paris, adopté en 2015 (à l'issue des négociations de la COP21). Ce traité international sur le climat prévoit d'atteindre la neutralité carbone en 2050 ou en 2075 : on limiterait ainsi le réchauffement à 1,5 °C à la fin du 21e siècle si la neutralité carbone est atteinte en 2050 et à 2 °C en 2075. Si on ne change rien, il sera de 2,7 °C à 3,1 °C.

Que doit-on faire pour atteindre cet objectif ? – L'Agence internationale de l'énergie préconise ces axes :

· Investir dans les énergies renouvelables (solaire, éolienne, déchets alimentaires…), qui doivent être de 67 % en 2050 contre 12 % aujourd'hui.
· Limiter à 8 % contre 29 % aujourd'hui les énergies pétrolières.
· Augmenter l'énergie nucléaire de 5 à 10 %, puisqu'elle n'émet pas de CO_2.

Que fait la France pour y arriver ? – Depuis la loi climat de 2019, la France veut diviser par 6 les émissions de CO_2 d'ici 2050. Elle incite à construire des bâtiments moins énergivores, à préserver les sols des villes, etc.

Alexandra Da Rocha, *Le Monde des ados*, 6 décembre 2021 – Fleurus Presse.

1 - Quel est le ton de cet article ?
a. ☐ optimiste   **b.** ☐ neutre   **c.** ☐ pessimiste

2 - Quel est le type de texte ?
a. ☐ explicatif   **b.** ☐ illustratif   **c.** ☐ polémique

3 - Quels moyens utilise la journaliste pour étayer ses propos ?

....

4 - Quel est le risque présenté par la journaliste ?

....

5 - Que préconise la journaliste en présentant des exemples chiffrés dans le paragraphe « D'où vient-elle ? » ?

....

6 - Pourquoi l'Agence internationale de l'énergie promeut-elle l'énergie nucléaire ?

....

7 - D'après la journaliste, que fait la France en matière de lutte contre le réchauffement climatique ?
a. ☐ Elle construit des bâtiments adaptés.
b. ☐ Elle encourage certains projets.
c. ☐ Elle investit dans les énergies.

1 Comprendre un texte informatif

Exercice 1

9 points

Lisez cet article.

Quels sont les avantages et inconvénients des jeux vidéo ?

Désormais ancrés dans le quotidien de nombreux Français, les jeux vidéo ne cessent d'attiser les débats concernant les méfaits qu'ils peuvent causer sur les jeunes générations.

Pourtant, les jeux vidéo ont plus d'avantages que d'inconvénients, et ces derniers sont souvent le résultat d'une pratique extrême.

Les jeux vidéo permettent de stimuler la mémoire, la vision, la synchronisation entre les yeux et les mains, tout en favorisant l'apprentissage. À haute dose, les jeux vidéo peuvent également provoquer des troubles du sommeil, de la motivation, voire de la personnalité.

Si les jeux vidéo sont bénéfiques dans certaines mesures, une trop grande consommation non maîtrisée peut également s'avérer être nocive, bien que cela soit le cas pour beaucoup de choses. Dans cet article nous détaillerons les avantages et les inconvénients liés à la pratique des jeux vidéo !

Pour pouvoir définir une liste objective concernant les bienfaits et les méfaits liés à la pratique des jeux vidéo, il a fallu que je m'appuie sur différentes études réalisées par des chercheurs. […]

En prenant du recul, on peut se rendre compte que les jeux vidéo, comme beaucoup d'activités liées aux écrans, peuvent avoir un réel impact négatif sur notre santé. Pourtant, nombreux de mes compères de jeux ne sont ni gros, ni agressifs, ni en mauvaise santé.

La raison est simple : le contexte est important pour comprendre ce genre d'études. En effet, courir est bénéfique pour la santé, mais courir pendant 3 minutes, à pieds nus sur le macadam risque de ne pas vous rendre service.

Les neuropsychologues pensent que les jeux vidéo stimulent l'hippocampe, une partie du cerveau qui est responsable de la perte de mémoire chez les personnes âgées.

Les jeux vidéo pourraient donc avoir un impact sur le déclin de la mémoire, et pourraient servir de traitement à l'avenir. […]

Une autre étude, menée par les chercheurs de l'université de Colombia, aux États-Unis, a été réalisée sur 3 195 enfants, âgés de 6 à 11 ans. Sur l'ensemble des participants, 20 % des enfants jouaient plus de 5 heures par semaine aux jeux vidéo. L'étude révéla que les enfants pratiquant régulièrement avaient 1,75 fois plus de chances de développer des capacités intellectuelles élevées, et 1,88 fois plus de chances de développer leurs aptitudes scolaires. De plus, ces enfants souffrent moins de problèmes relationnels que les enfants ne jouant pas aux jeux vidéo. […] Pourtant la pratique intensive non encadrée peut également avoir des effets néfastes sur la santé. C'est ce que nous allons découvrir dans la suite de l'article.

Quels sont les inconvénients des jeux vidéo ?

Carence en vitamine D, insomnies, agressivité, perte de motivation, les effets néfastes reprochés à la pratique intensive des jeux vidéo sont nombreux et légitimes.

Une question d'équilibre

Comme toute activité, la pratique intensive des jeux vidéo doit être contrôlée, accompagnée d'activités transverses, de pauses régulières.

Elle doit être pratiquée par plaisir, et non par nécessité, et peut s'avérer être un allié de poids pour développer certaines compétences intellectuelles.

Personnellement, j'ai écrit cet article dans le but de sensibiliser sur la pratique des jeux vidéo, car j'ai trop souvent été confronté à la diabolisation de ma passion.

Cette diabolisation est due, comme souvent, à un manque d'information, et ne se base que rarement sur des arguments fondés. Cet article a donc pour but de prouver via des études sérieuses que l'équilibre est la clef, et que les mondes virtuels ont beaucoup à offrir !

Gaming, 23 décembre 2022.

1 - Quel est le sujet principal de l'article ? `1,5 point`
a. ☑ Les avantages et inconvénients des jeux vidéo.
b. ☐ Les effets négatifs des jeux sur santé mentale.
c. ☐ Les dernières études sur les jeux vidéo.

▶ Cette question porte sur la compréhension globale du texte. Ici, la bonne réponse est donnée dans le premier paragraphe du texte : « Pourtant, les jeux vidéo ont plus d'avantages que d'inconvénients. »

2 - Que peuvent faire les jeux vidéo ? `1 point`
a. ☐ Accroître la vision.
b. ☑ Stimuler la mémoire.
c. ☐ Améliorer le sommeil.

▶ Cette question porte sur une information spécifique. La réponse se trouve dans le deuxième paragraphe : « Les jeux vidéo permettent de stimuler la mémoire, la vision, la synchronisation entre les yeux et les mains, tout en favorisant l'apprentissage… » Vous pouvez répondre à cette question en vous aidant du repérage des mots clés : *permettent, stimuler, mémoire*.

3 - D'après le journaliste, que peuvent provoquer les jeux vidéo ? `1,5 point`
a. ☐ Une perte d'appétit.
b. ☐ Un regain de motivation.
c. ☑ Des troubles psychologiques.

▶ Cette question porte sur une information spécifique. La réponse se trouve dans le deuxième paragraphe. Il faut comprendre l'expression « à haute dose » pour trouver la réponse et identifier les mots clés qui peuvent vous aider : *provoquer, troubles*.

4 - Pourquoi est-il important de prendre du recul pour comprendre les études sur les effets des jeux vidéo ? `1 point`

a. ☐ Parce que l'on ne peut plus se passer des jeux vidéo à notre époque.

b. ☐ Pour bien jouer aux jeux vidéo, il est nécessaire de suivre une formation.

c. ☑ Comme tout loisir, les jeux vidéo doivent être utilisés dans certaines conditions.

▸ Cette question porte sur une information spécifique (prendre du recul). La réponse se trouve dans le quatrième paragraphe.

5 - Pourquoi les neuropsychologues s'intéressent-ils aux jeux vidéo ? `1,5 point`

a. ☑ Ils pourraient avoir un impact sur les personnes ayant des troubles de la mémoire.

b. ☐ Ils permettent une diminution des troubles chez les personnes anxieuses.

c. ☐ Ils entraînent un ralentissement du vieillissement chez les personnes âgées.

▸ Cette question porte sur une information spécifique. La réponse se trouve dans le cinquième paragraphe.

6 - Comment peut-on tirer bénéfice des jeux vidéo selon l'auteur ? `1,5 point`

a. ☑ En contrôlant leur pratique.

b. ☐ En mettant en place des formations.

c. ☐ En proposant des entraînements spécifiques.

▸ Cette question porte sur une information spécifique. La réponse se trouve dans le huitième paragraphe. Il faut identifier les mots-clés suivants : *pratique intensive, contrôlée, pauses régulières*.

7 - Quel est le but de l'article selon l'auteur ? `1 point`

a. ☐ Démontrer que les jeux vidéo seront toujours néfastes.

b. ☑ Prouver que l'équilibre est la clé pour utiliser les jeux vidéo.

c. ☐ Convaincre les réfractaires que les jeux vidéo peuvent avoir des bienfaits.

▸ Cette question porte sur l'ensemble du texte. Vous devez y répondre en ayant lu le texte et complété les précédentes réponses. Cette question est la synthèse du texte.

JE RETIENS

▸ **Lire rapidement** le questionnaire.

▸ **Déterminer** le thème du texte grâce aux mots-clés du titre et du premier paragraphe.

▸ **Lire le texte** sans chercher à tout comprendre.

▸ **Commencer à répondre** aux questions.

▸ **Répondre** à la fin aux questions qui paraissent plus difficiles.

Exercice 2

Lisez le texte.

9 points

La biodiversité en 5 questions

Un équilibre fragile

La biodiversité se définit non seulement par la richesse des organismes présents sur Terre, mais aussi par leurs liens au sein d'un écosystème. Ainsi, tout est connecté et forme un équilibre. Déplacer un élément, c'est prendre le risque de déstabiliser l'ensemble. Ces écosystèmes peuvent être terrestres, marins ou aquatiques. La biodiversité des sols, par exemple, est très importante et complexe

car elle héberge la plupart des organismes terrestres. Cela signifie que la majorité des organismes vit sous terre et non au-dessus. On y trouve des insectes, des champignons, mais aussi des bactéries. Chaque organisme a un rôle particulier : certains drainent, labourent, aèrent la terre, tandis que d'autres décomposent la matière organique et libèrent des nutriments. Leurs interactions sont donc essentielles au bon fonctionnement du sol ! Environ 35 % de la production agricole mondiale en dépend ! En plus de cela, le sol assure des fonctions d'épuration des déchets et des polluants et stocke du carbone.

Diversité du vivant

La biodiversité peut aussi inclure les races domestiques et les variétés cultivées. On appelle cela l'agro-biodiversité. En France, certaines races de vaches ont régressé depuis quelques décennies. Quelques citoyens militent pour conserver cette variété génétique qui constitue notre patrimoine régional ou national. L'intérêt de la diversité est d'avoir des races aux qualités et aux capacités d'adaptation différentes. L'exploitation commerciale tend à détruire cette diversité en favorisant quelques races, au détriment des autres. Aujourd'hui, la Prim'Holstein (la fameuse vache noire et blanche que vous connaissez) produit la quasi-totalité du lait que nous consommons.

L'importance des écosystèmes marins

Près des trois quarts de la planète sont recouverts par les mers et les océans. Cette partie produit la moitié de notre oxygène. Les écosystèmes marins sont divers : littoraux, fonds marins, mangroves… La France a beau être le deuxième domaine maritime mondial, la vie côtière, marine et sous-marine n'est pas encore parfaitement comprise. Ce gigantesque milieu abrite de nombreux secrets. Ainsi, on a découvert, il y a à peine quelques années, que les grandes profondeurs marines contenaient de la vie. Entre 8 000 et 11 000 mètres sous l'eau, dans le noir complet, des organismes très lents attendent que la matière organique tombe jusqu'à eux pour pouvoir se nourrir. Alors que le plancher océanique (sol de l'océan) reste mystérieux, des missions d'exploitation sont envisagées par certains États au risque de mettre en péril une biodiversité encore largement méconnue.

Publié dans *Cosinus* n° 250, juillet-août 2022, une revue Faton Jeunesse.

Répondez aux questions en cochant la bonne réponse.

1 - D'après le journaliste, qu'est-ce qui est très important dans la biodiversité ? `1 point`
a. ☐ Les milieux de vie des animaux.
b. ☐ Les interactions entre les êtres vivants.
c. ☐ Les nombreux animaux qui peuplent un milieu.

2 - Quelle peut être la conséquence d'une modification de la biodiversité ? `1 point`
a. ☐ La disparition d'une espèce.
b. ☐ La fragilisation d'un écosystème.
c. ☐ Le développement d'une variété.

3 - Pour quelle raison les interactions des organismes vivant sous terre sont-elles essentielles ? `1,5 point`
a. ☐ Les cultures agricoles dépendent de ces liens.
b. ☐ Les êtres vivants produisent de l'oxygène.
c. ☐ Les mouvements sous terre drainent le sol.

4 - Pour quelle raison certains citoyens militent-ils ? `1,5 point`
a. ☐ Pour conserver un patrimoine local.
b. ☐ Pour produire davantage de nourriture.
c. ☐ Pour empêcher la disparation des espèces.

5 - D'après le texte, qu'est-ce qui est responsable de la destruction de la biodiversité aujourd'hui ? `1 point`
a. ☐ L'élevage intensif.
b. ☐ L'exploitation commerciale.
c. ☐ L'utilisation de certaines substances.

6 - Quelle est la raison principale de préserver les écosystèmes marins ? `1,5 point`
a. ☐ Ils sont nécessaires à notre respiration.
b. ☐ Ils sont primordiaux pour notre alimentation.
c. ☐ Ils sont intéressants pour la production d'énergie.

7 - Pourquoi faut-il rester prudent en organisant des missions sous-marines ? `1,5 point`
a. ☐ Elles sont dangereuses pour les écosystèmes.
b. ☐ Elles peuvent provoquer des séismes.
c. ☐ Elles engendrent de la pollution.

JE RETIENS

▶ **Je lis** rapidement le questionnaire pour déterminer le thème général et les éléments de la problématique (en repérant les mots-clés). Dans un premier temps, je ne cherche pas à comprendre chaque proposition de réponse dans le détail.

▶ **Je lis** le texte, je ne cherche pas à tout comprendre mais je m'appuie sur les connecteurs logiques pour en saisir l'articulation.

▶ **J'identifie** l'intention de l'auteur(e) à travers le ton employé et le choix du lexique (positif ou négatif).

JE RETIENS

▸ **J'identifie** les questions portant sur la compréhension globale (en général, une par questionnaire), sur un passage précis, sur un mot ou une expression spécifique du texte.

▸ **Je cherche** les éléments de réponse dans le texte en cohérence avec la progression du questionnaire (début, milieu, fin).

▸ **Je trouve** directement la proposition correcte, ou j'élimine celles qui ne correspondent pas aux idées exprimées dans le texte.

▸ **Je gère** mon temps et réponds à la fin aux questions qui me paraissent plus difficiles.

▸ **Je m'aide** du contexte s'il y a un mot que je ne comprends pas.

Exercice 3   **9 points**

Lisez le texte.

HelloWork, la plateforme qui vous aide à trouver un job

Les terminales sont en train de passer le Bac, les étudiants ont terminé leur année et sont en vacances. Si certains se la coulent douce, d'autres préfèrent travailler et gagner un peu d'argent. Alors si vous êtes à la recherche d'un job d'été ou saisonnier, on vous donne rendez-vous sur la nouvelle plateforme dédiée à l'emploi HelloWork […].

Quel est l'intérêt pour un lycéen ou un étudiant de se rendre sur hellowork.com ? Je suis étudiant ou lycéen, puis-je utiliser la plateforme ? Que l'on soit actif, en recherche d'emploi, étudiant ou lycéen, tout le monde a la possibilité d'utiliser la plateforme HelloWork. Si vous êtes toujours en plein dans votre cursus scolaire, vous pourrez y trouver des stages dans des secteurs variés, à l'exemple de la communication ou des ressources humaines. Une occasion rêvée de gagner en compétences et en expérience, pour plus tard le faire valoir dans votre CV. Qui sait, peut-être aurez-vous une belle opportunité à la clé ? D'autre part, sachez qu'en envoyant votre candidature via le site hellowork.com, vous serez certain ou certaine d'avoir un suivi. HelloWork s'efforce en effet de faire bouger les codes du recrutement, en replaçant les candidats au centre du processus. Vous saurez donc si votre dossier a été consulté, s'il a passé le premier cap de sélection ou, au contraire, s'il n'a pas été retenu. Vous aurez également accès à certaines informations importantes comme le salaire ou sur l'environnement dans lequel vous évoluerez si vous êtes embauché. Et pour celles et ceux qui hésiteraient encore entre plusieurs écoles ou formations, sachez que le groupe HelloWork aborde aussi la question de l'orientation et de la formation. HelloWork Group, c'est aussi l'orientation et la formation. Si HelloWork Group est aujourd'hui le leader digital de l'emploi, du recrutement et de la formation, c'est notamment en raison des acquisitions qui ont été menées par la société depuis sa création, il y a 22 ans. […]

En conclusion :

Que vous commenciez à chercher un stage dans l'optique ou que vous n'ayez pas encore trouvé votre alternance, HelloWork est la plateforme sur laquelle vous trouverez potentiellement votre bonheur. Au total, plus de 600 000 offres sont accessibles tous les mois, sachant que la plateforme compte plus de 4 millions de visiteurs mensuels. Afin d'accompagner son développement, HelloWork Group continue de renforcer ses équipes, notamment techniques et commerciales. Ainsi, sur les 150 postes créés en début d'année, 100 ont déjà trouvé preneur. Rien ne vous empêche d'ailleurs de consulter les fiches de poste. Peut-être que vous pourrez débuter votre carrière professionnelle aux côtés d'HelloWork Group.

phosphore.com, 24/06/2022

Pour répondre aux questions, cochez la bonne réponse.

1 - Ce texte s'adresse aux personnes… `1 point`
a. ☐ qui recrutent.　　　　**b.** ☐ qui ont un emploi.　　　　**c.** ☐ qui cherchent un stage.

2 - D'après le texte, quel est l'intérêt de faire un stage en entreprise ? `1,5 point`
a. ☐ Se faire un réseau de collaborateurs.
b. ☐ Acquérir de l'expérience professionnelle.
c. ☐ Obtenir des certifications complémentaires.

3 - Quel est l'avantage principal de la plateforme ? `1 point`
a. ☐ Elle est gratuite.
b. ☐ Elle garantit l'embauche.
c. ☐ Elle propose un encadrement.

4 - Pour quelle raison les résultats de la plateforme sont-ils satisfaisants ? `1,5 point`
a. ☐ Vous êtes placé au cœur du dispositif.
b. ☐ Vous choisissez les annonces qui vous plaisent.
c. ☐ Vous trouvez des postes avec des salaires attractifs.

5 - Que peut-on également trouver sur la plateforme ? `1,5 point`
a. ☐ Des conseils pour réussir ses courriers.
b. ☐ Des informations sur les formations.
c. ☐ Des adresses de coachs emploi.

6 - Pourquoi la plateforme permet-elle de trouver réellement un emploi ? `1,5 point`
a. ☐ Elle propose un grand nombre d'annonces.
b. ☐ Elle est accessible pour tous les demandeurs.
c. ☐ Elle est appréciée par les recruteurs.

7 - Comment vérifier que vous pouvez travailler pour la plateforme ? `1 point`
a. ☐ En envoyant une candidature spontanée.
b. ☐ En consultant les fiches de postes sur le site.
c. ☐ En étant contacté par un des responsables du site.

2 Comprendre un texte argumentatif

Lisez le texte.

Pourquoi certains ados ne souhaitent pas être sur les réseaux sociaux ?

Il n'existe pas de profil type d'ado déconnecté-e même si cela s'avère plus facile dans une famille elle-même peu connectée. En outre, certains n'ont pas choisi de ne pas être connecté-e-s et le sont par la force des choses soit parce que leurs parents refusent qu'ils/elles aient un smartphone et/ou soient sur un réseau social, soit parce qu'ils n'ont pas les moyens financiers de leur payer un smartphone ou un ordinateur. Pour ceux ou celles qui l'ont choisi, les raisons de leur absence des réseaux sociaux sont multiples.

Raison n° 1 : La protection de la vie privée

Certains craignent que leurs données personnelles (nom, adresse, photo...) ou leurs goûts, croyances ou encore idées politiques ne soient divulgués et ne souhaitent pas pouvoir être géolocalisés. C'est un moyen aussi pour certains d'échapper au contrôle parental.
D'autres refusent d'être soumis à la pression induite par les réseaux sociaux : être aimé »,
se montrer sous son meilleur jour pour récolter des likes (course aux likes qui peut pousser dans certains cas à des comportements extrêmes, dangereux, juste pour être vu, reconnu), faire défiler les photos retouchées et idéalisées de stars ou même de proches qui ne reflètent pas la réalité et mènent à se comparer à eux et à se dévaloriser.

Raison n° 2 : La violence, les moqueries voire le harcèlement sur le web

Des ados se déconnectent suite à une mauvaise expérience sur les réseaux sociaux : la violence verbale de certains, les moqueries, voire le cyberharcèlement.
Certains (surtout les filles) ont en outre peur du partage de photos sur les réseaux sociaux et de ce que peuvent en faire ou en dire les autres.

Raison n°3 : Prendre le temps de faire autre chose

Nombre d'ados qui choisissent de ne pas être présents sur les réseaux sociaux indiquent préférer utiliser leur temps à autre chose. Lilian, 13 ans, qui n'est inscrit sur aucun réseau social, indique par exemple : « Aucune raison ne me pousse à y aller. Je ne vois pas réellement d'intérêt à écouter, lire, voir la vie des gens puisque j'ai déjà la mienne et celle de mes ami.e.s. Et je préfère ne pas montrer la mienne car je préfère vivre caché un maximum et surtout pour parler de quoi ? La vie de chacun est différente alors idéaliser la sienne en essayant de vivre celle des personnes connues sur les réseaux sociaux par procuration (à travers photos, vidéos, audios...), c'est un petit peu comme ne pas vivre sa vie réellement. Au-delà de ça, je n'ai pas réellement de temps à consacrer aux réseaux sociaux : je passe le temps à écouter et faire de la musique, lire, écrire ou me balader. »

Kezako mundi, n° 50, 30 août 2021.

Pour répondre aux questions, cochez la bonne réponse.

1 - Le thème général de cet article est … `1 point`
a. ☑ le désintérêt de certains jeunes pour les réseaux sociaux.
b. ☐ l'intérêt des adolescents pour les nouvelles technologies.
c. ☐ l'inquiétude des familles quant à l'impact du numérique sur la scolarité.

▸ Il s'agit ici d'une question de compréhension globale que vous vous posez normalement après la première lecture. Les trois propositions abordent le même thème mais vous devez sélectionner celle qui reprend les mots clés du titre et des intertitres.

2 - Qu'est-ce qui caractérise les adolescents déconnectés ? `1,5 point`
a. ☐ Leurs amis ne sont pas intéressés par les réseaux.
b. ☑ Les membres de leur famille sont peu connectés.
c. ☐ Ils ne possèdent pas le matériel informatique requis.

▸ Cette question nécessite de lire le premier paragraphe pour trouver une information spécifique. Pour rappel, les questions suivent l'ordre du texte.

3 - Comment certains adolescents décident-ils de protéger leur vie privée ? `1,5 point`
a. ☑ Ils ne publient pas d'informations personnelles sur les réseaux.
b. ☐ Ils préfèrent acheter un téléphone non sophistiqué.
c. ☐ Ils ne se connectent jamais aux sites Internet.

▸ Cette question fait référence aux pratiques des adolescents qui décident de ne pas utiliser les réseaux sociaux.

4 - Pourquoi certains adolescents ne souhaitent pas adhérer aux réseaux sociaux ? `1 point`
a. ☐ Pour ne pas être critiqués.   **c.** ☑ Pour ne pas subir de pression.
b. ☐ Pour ne pas être comparés.

▸ Cette question porte sur une des raisons qui expliquent que les adolescents ne se connectent pas aux réseaux sociaux.

5 - Que cherchent certains ados qui publient des photos sur les réseaux sociaux ? `1,5 point`
a. ☑ Obtenir une forme de reconnaissance.
b. ☐ Comparer des photos.
c. ☐ Récolter de l'argent.

▸ Cette question porte sur un des inconvénients des réseaux sociaux.

6 - Pourquoi certains adolescents abandonnent les réseaux sociaux ? `1,5 point`
a. ☐ Pour échapper à leurs parents.   **c.** ☑ Pour éviter des situations violentes.
b. ☐ Pour ne pas être en compétition.

▸ Cette question est spécifique, sa réponse se trouve dans le 3e paragraphe.

7 - D'après l'article, pourquoi certains jeunes font le choix de ne pas s'abonner à un réseau social ? `1 point`
a. ☐ Pour ne pas dépenser d'argent.   **c.** ☐ Pour ne pas parler de vie privée
b. ☑ Pour ne pas perdre leur temps.

▸ Cette question est spécifique, sa réponse se trouve dans le 4e paragraphe.

Lisez le texte puis répondez aux questions.

Élèves stressés, démotivés, décrocheurs...

Les notes, quand elles sont mauvaises, sont un facteur de démotivation pour les élèves. Mais ne sont-elles pas que l'arbre qui cache la forêt ? […]

Les notes ou le regard sur les élèves ?

De nombreux travaux ont souligné ces dernières années l'importance de la confiance et de l'estime de soi dans la réussite, ainsi que les dégâts que provoquent les humiliations scolaires. Mais les ravages de ces humiliations, bien décrites par le sociologue Pierre Merle (souvent faites de jugements négatifs lancés en classe ou inscrites sur les bulletins), ne sont-ils produits que par les mauvaises notes ? Celles-ci ne seraient-elles pas l'arbre qui cache la forêt ? Les comparaisons internationales fournies par les enquêtes de l'OCDE (Pisa) évaluent désormais régulièrement les jeunes de 15 ans de nombreux pays sur tout un ensemble de critères. Ces enquêtes montrent que les élèves français sont deux fois moins nombreux que ceux des autres pays de l'OCDE à « se sentir chez eux à l'école », et qu'ils préfèrent ne pas répondre à une question plutôt que de risquer de se tromper. […]
La tradition française, en effet, a tendance à comptabiliser les fautes plutôt que les progrès. Et il est vrai que la note constitue le bras armé de cette pratique. La correction de la dictée par exemple consiste à enlever des points à chaque erreur. L'élève qui fait 25 fautes en début d'année, même s'il n'en fait plus que 15 trois mois plus tard, se verra toujours attribuer un zéro. Et l'accumulation des mauvaises notes aboutit au couperet du redoublement. En France, plus on avance dans le cursus scolaire, plus les élèves sont évalués par l'échec. […]

Que faire ?

[…] Les spécialistes de l'évaluation prônent de privilégier les formes d'« évaluation formative » qui permettent aux élèves, avant d'affronter les classements et les examens (« évaluation sommative »), de mesurer leurs progrès, de travailler leurs lacunes et de s'autoévaluer. Dans cette optique, les manuels de pédagogie offrent tout un panel de bonnes pratiques : faire en sorte que l'élève ne voie pas ses erreurs comme des fautes pénalisantes mais comme des tremplins pour apprendre ; l'aider à mesurer les progrès qu'il accomplit. […] En fait, la culture de l'excellence qui a longtemps fait la gloire du système français est aujourd'hui montrée du doigt. Une culture qui omet de prendre en compte les potentialités diverses et propres à chacun, pour ne se référer qu'aux exigences de programmes destinés à terme à sélectionner les meilleurs dans les disciplines reines (mathématiques, langue écrite). Même si, il faut le souligner, de nombreux enseignants tentent de corriger ces pratiques en privilégiant les feed-back positifs vis-à-vis des élèves et en encourageant les progrès de chacun… avec ou sans notes.

Flora Yacine, scienceshumaines.com, mensuel n° 230 – octobre 2011, mis à jour le 28 mars 2022.

Pour répondre aux questions, cochez la bonne réponse.

1 - Quel est le thème de cet article ?   `1 point`
a. ☐ Les aménagements des écoles.
b. ☐ Les nouvelles matières scolaires.
c. ☐ Les manières d'évaluer les élèves.

2 - Selon l'auteure…   `1,5 point`
a. ☐ les jugements négatifs sur un bulletin scolaire sont très humiliants.
b. ☐ les mauvaises notes ont une influence sur le comportement des élèves.
c. ☐ le mal-être de certains enfants à l'école n'est pas causé seulement par les notes.

3 - Qu'est-ce qui est davantage pris en compte dans les évaluations françaises ?   `1,5 point`
a. ☐ Les bulletins de notes.
b. ☐ Les progrès des élèves.
c. ☐ Le comportement en classe.

4 - Selon l'auteure, comment évalue-t-on les élèves des classes supérieures ?   `1 point`
a. ☐ Par l'échec.   **b.** ☐ Par la réussite.   **c.** ☐ Par leurs faiblesses.

5 - D'après les spécialistes, pourquoi faut-il introduire l'évaluation formative ?   `1,5 point`
a. ☐ Pour valoriser les progrès.
b. ☐ Pour favoriser les plus faibles.
c. ☐ Pour être équitable entre les élèves.

6 - Pour quelle raison la culture de l'excellence est-elle critiquée ?   `1,5 point`
a. ☐ Elle ne s'intéresse pas aux matières de référence.
b. ☐ Elle cherche à encourager seulement les bons élèves.
c. ☐ Elle ne prend pas en compte les compétences de chacun.

7 - D'après l'auteure, quel moyen faut-il utiliser pour rendre une évaluation constructive ?   `1 point`
a. ☐ Accompagner la note d'un commentaire positif.
b. ☐ Supprimer les notes pour évaluer un devoir.
c. ☐ Valoriser les élèves qui ont fait des progrès.

JE RETIENS

▸ **Lire d'abord** le questionnaire.

▸ **Lire** le texte.

▸ **Repérer** les éléments de réponse dans le texte en lisant les questions. Les questions suivent l'ordre du texte !

▸ **Comparer** l'élément de réponse du texte avec la proposition choisie : trouver les mots de la même famille et les synonymes.

▸ **Procéder par élimination** si une proposition vous pose des difficultés de compréhension. Utiliser le contexte et les mots autour pour essayer de mieux comprendre.

Exercice 6

Lisez le texte puis répondez aux questions.

Les élèves médiateurs, kezako ?

Il n'y a pas que dans les cours d'école que l'on entend parler de médiation. Dans les tribunaux, pour régler des conflits internationaux, entre voisins, au sein des familles, la médiation fait partie des solutions envisagées pour faciliter la communication entre deux parties, et trouver un accord. Le projet « Médiateur à l'École » est porté depuis 2021 par l'association France médiation. Il est soutenu par l'État pour lutter contre le harcèlement scolaire, développer la culture du dialogue et la tolérance, enfin pour diminuer l'absentéisme et le décrochage scolaire.

À l'école, la médiation par les pairs

Avant de parler de médiation par les pairs, définissons la médiation sociale pour mieux comprendre ses objectifs.

Selon France médiation : « La médiation sociale est définie comme un processus de création et de réparation du lien social et de règlement des conflits de la vie quotidienne, dans lequel un tiers impartial et indépendant tente, à travers l'organisation d'échanges entre les personnes ou les institutions, de les aider à améliorer une relation ou de régler un conflit qui les oppose. »

La médiation est donc une solution pacifique, non-violente qui permet de gérer les désaccords grâce au dialogue. Par conséquent, **le médiateur est une personne intermédiaire qui facilite les échanges, en réinstaurant la communication entre les deux parties en opposition**. Il doit être tout à fait neutre, impartial, sans jugement ; il n'a aucun pouvoir de sanction et doit garder ses missions confidentielles.

En principe, le médiateur, formé, est un adulte. Mais ce que l'on appelle la **médiation par les pairs**, particulièrement mise en œuvre dans le cadre scolaire, est en fait **la médiation entre les jeunes, par les jeunes, pour les jeunes**. Les adultes n'ont pas les mêmes codes que les élèves, ni la même expérience des relations humaines. Les jeunes détiennent parfois des solutions, en faisant l'effort de se comprendre les uns les autres, plus efficaces que celles qu'auraient pu proposer les adultes. L'idée est aussi de leur faire confiance, et de les responsabiliser.

L'intérêt de la médiation en milieu scolaire

La plupart des conflits entre élèves proviennent d'incivilités, de malentendus, et cela peut prendre des proportions énormes avec le temps, allant jusqu'à la violence verbale, physique, parfois jusqu'au harcèlement quotidien à l'école comme sur les réseaux. Avec la médiation par les pairs, il convient de ne pas laisser ce temps s'écouler et d'agir rapidement : les élèves sont déjà sur le terrain, connaissent les différentes problématiques entre les jeunes, ils parlent le même langage, vivent les mêmes réalités. Si certains sont outillés et maîtrisent les techniques de médiation pour résoudre eux-mêmes les conflits avant que ceux-là ne s'aggravent, c'est donc du temps de gagné, des sanctions évitées, et un moindre impact psychologique, émotionnel pour les élèves impliqués.

Emma Roussel-Klemenczak, *Kezako mundi*, n° 54, janvier 2022.

Pour répondre aux questions, cochez la bonne réponse.

1 - Selon l'auteure, que permet la médiation en milieu scolaire ? `1 point`
a. ☐ Résoudre les conflits familiaux.
b. ☐ Empêcher la démobilisation scolaire.
c. ☐ Faciliter la communication entre voisins.

2 - Qui est à l'origine du projet de médiation mis en place en 2021 ? `1 point`
a. ☐ Une association.　　**b.** ☐ Le gouvernement.　　**c.** ☐ Un directeur d'école.

3 - Selon l'auteure, quel est l'objectif général de la médiation ? `1,5 point`
a. ☐ Résoudre un problème relationnel dans la vie quotidienne.
b. ☐ Apaiser les tensions rencontrées dans la vie professionnelle.
c. ☐ Empêcher les affrontements dans le monde éducationnel.

4 - Quel est l'outil le plus efficace pour un médiateur ? `1 point`
a. ☐ La discussion.　　**b.** ☐ Le jugement.　　**c.** ☐ Les sanctions.

5 - Pourquoi le médiateur en milieu scolaire est-il un élève ? `1,5 point`
a. ☐ Il connaît bien les codes des adultes.
b. ☐ Il fréquente les mêmes réseaux sociaux.
c. ☐ Il connaît mieux les problèmes des autres élèves.

6 - D'après l'auteure, pourquoi est-ce une bonne chose que les élèves soient des médiateurs ? `1,5 point`
a. ☐ Cela les rend autonomes.　　**c.** ☐ Cela leur permet de faire
b. ☐ Cela leur permet de s'occuper.　　　　plus d'efforts.

7 - Que faut-il faire pour que la médiation scolaire entre les pairs soit efficace ? `1,5 point`
a. ☐ Intervenir rapidement.　　**c.** ☐ Impliquer toute la classe
b. ☐ Traiter seulement les petits conflits.　　de l'élève concerné.

JE RETIENS

▸ **Je lis** rapidement le questionnaire pour déterminer le thème général et les éléments de la problématique (en repérant les mots-clés). Dans un premier temps, je ne cherche pas à comprendre chaque proposition de réponse dans le détail.

▸ **Je m'appuie sur** les connecteurs logiques pour saisir l'articulation du texte.

▸ **J'identifie** l'intention de l'auteur à travers le ton employé et le choix du lexique (positif ou négatif).

▸ **J'identifie** les questions portant sur la compréhension globale (en général, une par questionnaire), sur un passage précis, sur un mot ou une expression spécifique du texte.

▸ **Je cherche** les éléments de réponse dans le texte en cohérence avec la progression du questionnaire (début, milieu, fin).

▸ **Je trouve** directement la proposition correcte, ou j'élimine celles qui ne correspondent pas aux idées exprimées dans le texte.

▸ **Je gère** mon temps et réponds à la fin aux questions qui me paraissent plus difficiles.

▸ **Je m'aide** du contexte quand je lis un mot que je ne comprends pas.

I 3 Attribuer des points de vue

7 points

Vous **lisez** des avis dans le courrier des lecteurs d'un magazine sur le thème suivant :
les vêtements d'occasion.

Juliette

« Les friperies, j'y vais depuis que je suis petite ! Je me rappelle, ma mère nous y emmenait souvent avec ma sœur pour trouver des vêtements pas chers. Ce qui est cool, c'est qu'on ne sait jamais sur quoi on va tomber. […] Personnellement, j'essaye toujours les pièces qui me tapent dans l'œil pour voir comment je peux les porter. Si elles sont trop grandes je fais un peu de couture, par exemple pour resserrer un pantalon à la taille. Ce n'est pas très compliqué et le résultat vaut vraiment le coup ! Parfois, les gens peuvent être réticents à acheter en fripe parce que le vêtement a déjà été porté. Moi, ça me semble ridicule comparé aux nombreux avantages : l'économie, l'écologie, l'originalité… Il faut juste ouvrir son esprit et sauter le pas. Mais attention, on devient vite accro ! »

Maelle

« Pour l'instant, ma garde-robe n'est pas 100 % seconde main. J'achète encore du neuf parce que parfois, je trouve ça plus pratique. […] Au tout début, j'ai eu un peu de mal à me servir des sites de vente en ligne et il y a eu quelques ratés. J'ai par exemple galéré pour trouver un jean qui m'aille parfaitement. Heureusement j'ai fini par dénicher la perle rare dans les pages « vêtements homme » ! Mais du coup, je conseille aux nouveaux de bien utiliser les filtres (catégorie/ état/ marque) et de décrire précisément ce qu'ils recherchent en notant par exemple : « sweat », « capuche », « fermeture »… Mon petit secret, c'est aussi de classer les articles par prix croissant. C'est efficace pour éviter les arnaques et repérer les bonnes affaires. Grâce à cette astuce, j'ai acheté des bottes jamais portées deux fois moins chères qu'en boutique ! »

Jolan

« Depuis mars 2020, je partage mes conseils « seconde main » sur mon compte TikTok […]. À chaque publication, j'essaie de donner envie à mes abonnés d'acheter d'occasion et de leur prouver que la fripe, c'est écolo, fun, stylé. Il m'arrive par exemple de me filmer dans les cabines d'essayage pour leur montrer mes derniers looks vintage ! Personnellement, j'ai décidé d'acheter moins de vêtements neufs il y a quatre ans, après avoir appris que la mode est l'une des industries les plus polluantes au monde et produit chaque année 2 % des émissions de gaz à effet de serre. […] À l'inverse, quand je recherche une pièce plus rare comme un sac de créateur ou une paire de chaussures, je fouille sur l'appli anglaise Depop ou le site américain grailes.com. Mais que ce soit en ligne ou en boutique, ma principale astuce pour dénicher LA perle rare, c'est de prêter davantage attention à la matière, à la couleur ou aux motifs d'un vêtement qu'à sa marque ou sa taille. »

Violette Belloux et Juliette Sausse, phosphore.com, 21/07/2022

▶ Lisez une première fois les trois textes. Puis lisez les affirmations et assurez-vous que vous les comprenez bien.

▶ Cherchez l'extrait correspondant à l'affirmation. Il peut se trouver au début, au milieu ou à la fin de l'un des trois textes. Vérifiez que la phrase ou le morceau de phrase repéré(e) a la même signification que l'affirmation.

▶ Associez l'affirmation à la personne ayant exprimé ce point de vue.

À quelle personne associez-vous chaque point de vue ?

1 - En achetant des vêtements d'occasion, on agit contre le réchauffement climatique. [1 point]

a. ☐ Juliette   **b.** ☐ Maelle   **c.** ☑ Jolan

▶ « …après avoir appris que la mode est l'une des industries les plus polluantes au monde et produit chaque année 2 % des émissions de gaz à effet de serre… »

2 - On utilise plus facilement les vêtements de « seconde main » quand on a été élevé avec cette pratique. [1 point]

a. ☑ Juliette   **b.** ☐ Maelle   **c.** ☐ Jolan

▶ « Je me rappelle, ma mère nous y emmenait souvent avec ma sœur pour trouver des vêtements pas chers. »

3 - Il peut y avoir des arnaques sur les sites de vente de vêtements de seconde main. [1 point]

a. ☐ Juliette   **b.** ☑ Maelle   **c.** ☐ Jolan

▶ « C'est efficace pour éviter les arnaques. »

4 - Certaines personnes préfèrent acheter du neuf car elles ont peur des vêtements déjà portés. [1,5 point]

a. ☑ Juliette   **b.** ☐ Maelle   **c.** ☐ Jolan

▶ « Les gens peuvent être réticents à acheter en fripe parce que le vêtement a déjà été porté. »

5 - C'est plus facile d'acheter un vêtement neuf que de trouver le vêtement d'occasion que l'on cherche. [1,5 point]

a. ☐ Juliette   **b.** ☑ Maelle   **c.** ☐ Jolan

▶ « J'achète encore du neuf parce que parfois, je trouve ça plus pratique. »

6 - Pour donner des idées de tenue aux consommateurs, réaliser un film vidéo peut être un bon moyen. [1 point]

a. ☐ Juliette   **b.** ☐ Maelle   **c.** ☑ Jolan

▶ « Il m'arrive par exemple de me filmer dans les cabines d'essayage pour leur montrer mes derniers looks vintage ! »

Exercice 8

Vous **lisez** l'opinion de ces trois personnes sur un forum Internet dont le sujet est : faut-il interdire le plastique ?

Paulo

À mon sens, si on supprimait les emballages et les produits jetables, on pourrait certainement baisser énormément la production mondiale de plastique. Pour cela, il faut d'abord changer nos habitudes quotidiennes. Ce n'est pas si compliqué, et très utile ! Mais il ne faut pas bannir complètement le plastique car il est nécessaire dans certains domaines, notamment médical, comme pour les gants, seringues, lunettes. Cette matière est aussi nécessaire dans l'industrie automobile afin de rendre les voitures plus légères, et donc moins gourmandes en carburant. Dans le secteur informatique, c'est aussi important, on ne peut pas se passer de plastique dans les équipements informatiques. Il faut trouver le bon équilibre !

Marie

J'ai appris que la France s'était fixé pour objectif d'avoir 100 % de plastique recyclé en 2025. C'est ambitieux car aujourd'hui nous en sommes à seulement 30 %. Mais cela reste possible, nos voisins européens arrivent à 50 % de recyclage, il faudrait nous inspirer de leurs méthodes pour y arriver. Car nous savons tous qu'aujourd'hui, seule une petite partie des plastiques peut être recyclée. La plupart des autres objets en plastique finissent dans les poubelles ou dans les océans et engendrent de la pollution. La solution est donc de limiter dès le départ l'utilisation du plastique. Si on utilisait moins de plastique, on aurait moins de problèmes.

Gabriel

À mon avis, beaucoup trop de plastiques sont jetés après avoir été utilisés une seule fois. Il faudrait vraiment que les gens prennent conscience des conséquences de ces actes. Une loi avait été votée mais comme il n'y a pas vraiment de sanctions à la clé, les gens ne font pas attention. Si on cherchait à changer cette pratique, ce serait bénéfique pour la planète. On pourrait soit valoriser ces plastiques en les recyclant, soit utiliser de la vaisselle réutilisable, comme pour les verres, les assiettes. Bien sûr, il resterait quand même certains plastiques non revalorisables pour lesquels les scientifiques pourraient trouver des solutions.

À quelle personne associez-vous chaque point de vue ? Pour chaque affirmation, cochez la bonne réponse.

1 - Il faut repenser notre mode de consommation dès le début.　　`1 point`
a. ☐ Paul　　　　**b.** ☐ Marie　　　　**c.** ☐ Gabriel

2 - Il faut faire appliquer la loi sur le recyclage en France.　　`1,5 point`
a. ☐ Paul　　　　**b.** ☐ Marie　　　　**c.** ☐ Gabriel

3 - On doit conserver le plastique dans certains domaines d'activité.　　`1,5 point`
a. ☐ Paul　　　　**b.** ☐ Marie　　　　**c.** ☐ Gabriel

4 - La recherche scientifique doit trouver des solutions pour les plastiques non recyclables.   `1 point`

a. ☐ Paul   **b.** ☐ Marie   **c.** ☐ Gabriel

5 - Il faut changer nos habitudes de vie pour réduire la consommation de plastique.   `1 point`

a. ☐ Paul   **b.** ☐ Marie   **c.** ☐ Gabriel

6 - Il faut observer les bonnes pratiques des pays européens pour arriver à diminuer la consommation de plastique en France.   `1 point`

a. ☐ Paul   **b.** ☐ Marie   **c.** ☐ Gabriel

JE RETIENS

▸ **Lire attentivement** les trois textes.

▸ **Trouver** le thème polémique abordé.

▸ **Déterminer** les positions de chaque personne :
pour, contre ou neutre (nuancé)

▸ **Identifier** les arguments de chaque texte.

Exercice 9   `7 points`

Vous **lisez** l'opinion de ces trois personnes sur « la relation entre sportifs et argent ». La question posée est : pensez-vous que les grands sportifs doivent gagner beaucoup d'argent ?

Reem

Je trouve que c'est mérité de gagner autant d'argent quand on est un grand sportif. Ces athlètes travaillent beaucoup et ce sont de vraies stars. Même ceux qui n'aiment pas le foot connaissent Messi ou Mbappé ! Cela n'est pas réservé au sport, on observe la même chose dans le milieu de la musique. Par ailleurs, ces sportifs de haut niveau font également travailler beaucoup de personnes : les dirigeants de club, les entraîneurs, kinés, médecins, personnels des stades, vendeurs, journalistes.

Grâce à ces sportifs, c'est toute une économie qui se crée. Je pense donc que c'est normal qu'ils gagnent autant d'argent.

Egna

Il me semble que certains sportifs touchent trop d'argent, c'est vraiment démesuré par rapport à ce qu'ils font. Je pense aux joueurs de football ou aux basketteurs qui gagnent des sommes démesurées par rapport à des professionnels qui exercent des métiers beaucoup plus utiles à la société et ont des revenus peu élevés comme les pompiers, les aides à domicile. Il y a aussi des champions de sports peu médiatisés comme l'aviron ou l'escrime qui s'entraînent tout autant que les meilleurs footballeurs ou tennismen, mais ils sont beaucoup moins payés. La faute à qui ? Aux chaines de télévision et aux clubs sportifs qui ont créé un système économique qui oublie les fondements du sport.

Mohamed

D'après moi, être un sportif de haut niveau nécessite beaucoup d'efforts et de sacrifices. Il y a un entraînement quotidien et difficile à suivre, des blessures parfois et un rythme intense à tenir entre les compétitions, les déplacements, les entraînements plusieurs heures par jour. Je suis donc convaincu que tout cet investissement mérite un très bon salaire. Il faut aussi penser que la carrière d'un sportif est assez courte. Donc que l'argent gagné pendant 10 ou 15 ans devra également servir lorsque le sportif aura arrêté sa carrière ou après un arrêt à cause d'une blessure. Quand ils retournent à une vie normale, les sportifs doivent réapprendre à vivre plus simplement.

À quelle personne associez-vous chaque point de vue ? Pour chaque affirmation, cochez la bonne réponse.

1 - Les nombreux efforts faits par les sportifs expliquent leurs salaires élevés. `1,5 point`
a. ☐ Reem   **b.** ☐ Egna   **c.** ☐ Mohamed

2 - Le milieu du sport créé de nombreux emplois. `1 point`
a. ☐ Reem   **b.** ☐ Egna   **c.** ☐ Mohamed

3 - Les salaires des sportifs sont abusifs car leur métier n'est ni dangereux, ni difficile. `1 point`
a. ☐ Reem   **b.** ☐ Egna   **c.** ☐ Mohamed

4 - Le salaire élevé d'un sportif est lié à la courte durée de leur carrière. `1,5 point`
a. ☐ Reem   **b.** ☐ Egna   **c.** ☐ Mohamed

5 - Les sportifs ne sont pas responsables de cette situation. `1 point`
a. ☐ Reem   **b.** ☐ Egna   **c.** ☐ Mohamed

6 - Les sportifs sont connus également par les personnes non intéressées par le sport. `1 point`
a. ☐ Reem   **b.** ☐ Egna   **c.** ☐ Mohamed

Prêt pour l'examen !

Communication

- Décrire un sujet de société
- Décrire une pensée abstraite
- Exprimer une opinion
- Argumenter
- Conseiller
- Mettre en garde, avertir

Grammaire

Les connecteurs logiques simples (*mais, alors, pourtant, parce que, à condition que, par conséquent...*)

La modalisation : emploi des modes (subjonctif) et des temps

Les formes impersonnelles (*il faut que, il est important, il est nécessaire, il est possible...*)

Socioculturel

- Le type de texte : informatif, argumentatif
- La prise de position
- Les sujets d'actualité : les études, les réseaux sociaux, la biodiversité, le recyclage, le développement durable, la santé, le tourisme...

Vocabulaire

- Culture
- Nouvelles technologies
- Éducation
- Environnement
- Sports

STRATÉGIES

1. Je m'entraîne en lisant régulièrement des textes argumentatifs (journaux, Internet ...) ; j'apprends à connaître les différentes façons d'exprimer son point de vue à l'écrit.

2. Avant de commencer la lecture d'un texte, je cherche à identifier le contexte : je repère la source du texte et les mots importants du titre et du premier paragraphe.

3. Lors de la lecture d'un texte, je repère les articulateurs pour comprendre l'organisation de la pensée de l'auteur et j'identifie le ton employé (neutre, engagé, ironique, polémique...).

4. Je reformule avec mes mots les idées clés du texte.

5. Je repère les exemples donnés par l'auteur pour illustrer ses arguments.

6. J'identifie les différentes positions des intervenants dans un texte (article polémique).

7. J'enrichis mon vocabulaire en cherchant des synonymes (des mots qui ont le même sens) et des antonymes (contraires).

8. Je cherche les significations d'un mot nouveau en m'aidant du contexte.

POUR COMPRENDRE

Exprimer un point de vue
- À mon avis
- De mon point de vue
- En ce qui me concerne
- Il me semble que…
- Pour moi
- Selon moi
- Je pense que…
- Je considère que…
- Je crois que…
- Mon sentiment, c'est que…

Exprimer un accord
- C'est sûr que…
- C'est vrai que…
- Effectivement
- Sûrement
- Je suis de votre avis que…
- Sans aucun doute
- Je partage votre idée
- Je vous rejoins

Exprimer la certitude
- Je suis tout à fait sûr(e)
- Je suis parfaitement persuadé(e)
- Il est certain que…
- Il est évident que…
- Je ne doute pas de…
- On ne peut pas nier que…
- Comme chacun sait

Exprimer un désaccord
- Je ne suis pas d'accord
- Je ne trouve pas que…
- Au contraire
- Je ne pense pas que…
- Vous avez tort
- Vous vous trompez
- Je n'en suis pas sûr(e)
- C'est absolument faux !

Exprimer une incertitude
- Je ne suis pas du tout certain(e) que…
- Je doute que…
- Je ne sais pas quoi penser de…
- Cela me semble invraisemblable
- Je me demande si…
- Je ne sais pas trop quoi dire
- Je suis perplexe devant…
- Je suis un peu déconcerté(e) par…

Conseiller
- Vous auriez tout intérêt à…
- Vous feriez mieux de…
- Vous devriez / tu devrais
- Il vaudrait mieux
- Si je peux me permettre de vous donner un conseil

Mettre en garde
- Attention
- Faites attention à…
- Soyez vigilant !
- Prenez garde

Structurer un propos
- Je traiterai plusieurs points
- J'aborderai les points suivants
- En premier lieu, en deuxième lieu
- Par la suite
- Enfin / Pour finir / En conclusion

Je suis prêt(e) ?

Les 4 questions à se poser

Je relis les rubriques "Je retiens" et je choisis les 4 conseils les plus importants pour moi :

1. ……

2. ……

3. ……

4. ……

avant l'examen

À faire

☐ **Lire** <u>**la presse francophone pour adolescents**</u> (journaux, Internet) et s'entraîner à repérer le thème de l'article, sa problématique et ses éléments clés (arguments de l'auteur)

☐ **S'entraîner** <u>**à lire un texte**</u> de manière efficace

☐ **Maîtriser** <u>**les clés du schéma argumentatif**</u> (idées principales, idées secondaires et exemples)

☐ **Réviser** <u>**les articulateurs**</u> logiques et les modalisateurs

☐ **Réviser** <u>**les points de grammaire**</u> du niveau B2 (temps, phrase complexe…)

☐ **Revoir** <u>**le vocabulaire**</u> pour exprimer argumenter : verbes d'opinion, adjectifs, lexique des sujets d'actualité

le jour de l'examen

☐ Adopter la méthodologie de lecture : consigne, questions, textes.

☐ Bien gérer son temps.

☐ Identifier le thème général de l'article et sa problématique.

☐ Répondre aux questions dans l'ordre.

☐ En cas de mots difficiles, utiliser des stratégies pour arriver à comprendre.

Production
écrite

L'ÉPREUVE

La production écrite est la troisième épreuve collective de l'examen du DELF B2.

Nombre d'exercices
1 exercice pour le niveau B2

Production écrite
Prise de position personnelle argumentée (contribution à un débat, lettre formelle, article critique, etc.).

60 minutes

…/25

Nombre de points

Durée de l'épreuve

Objectif des exercices
Formuler une prise de position personnelle et argumentée

LES SAVOIR-FAIRE

Il faut principalement être capable de :

Comprendre la consigne

▸**Exemple :** Vous faites partie de l'association « Les amis francophones ». Le président de votre association a annoncé l'exclusion d'un des membres car il ne payait plus son adhésion annuelle. Vous trouvez cette décision très sévère. Au nom des membres de l'association, vous écrivez une lettre au président de l'association pour le convaincre de changer d'avis. (250 mots minimum)

Présenter des faits, une situation

▸**Exemple 1 :** Vous rédigez un courrier pour présenter la situation dans votre ville et souligner les bénéfices de la piétonnisation des rues du centre-ville.
▸**Exemple 2 :** Vous présentez au proviseur de votre établissement les activités qui pourraient être organisées pour les journées portes ouvertes.

S'exprimer dans une langue adaptée à la situation

▸**Exemple 1 :** Vous écrivez une lettre au maire de la ville.
▸**Exemple 2 :** Vous rédigez un rapport pour le responsable de l'entreprise où vous êtes stagiaire.

Présenter une opinion

▸**Exemple 1 :** Vous écrivez une lettre de réclamation pour exprimer votre mécontentement et demander un remboursement.
▸**Exemple 2 :** Vous rédigez un article pour le journal de votre école pour défendre le projet d'échange scolaire bilingue.

Organiser un texte

▸**Exemple 1 :** Vous écrivez un texte structuré et argumenté pour mettre en valeur les bienfaits de l'activité sportive dans le cadre scolaire.
▸**Exemple 2 :** Vous montrez les avantages que représente l'apprentissage des langues étrangères puis vous proposez des solutions pour que les jeunes apprennent mieux les langues étrangères.

LES EXERCICES ET LES DOCUMENTS

Exercice	Types de production	Nombre de mots	Nombre de points
Exprimer une prise de position argumentée dans un contexte formel	▸ Un courrier ou un courriel formel ▸ Un article ou un essai critique	▼ 250 mots minimum ▲	25 points

LA CONSIGNE

La consigne est importante ?

C'est quoi ?

C'est une phrase qui précise le contexte. Elle explique ce qu'il faut faire pour répondre au sujet.

Oui, la consigne est très importante. Un document déclencheur sous forme d'un courriel, d'un appel à participation ou d'un court article est parfois proposé pour la situation.

▸**Exemple :**

Vous apprenez le français dans un établissement bilingue ? Vous avez la passion de l'écriture et vous rêvez d'être publié(e) ? Le concours du meilleur jeune écrivain francophone est fait pour vous ! Envoyez vos nouvelles, contes ou poésies avant le 31 mars à l'Association des Jeunes Francophones.

Ce concours vous intéresse et vous aimeriez y participer avec votre classe. Vous écrivez une lettre à votre professeur de français pour lui présenter le projet et le convaincre d'inscrire la classe au concours. Vous mettez en valeur les bénéfices de ce projet pour la classe.

LES RÉPONSES

L'objectif de la production est de défendre un point de vue en s'appuyant sur des arguments, faits et exemples clairs et détaillés.
L'exercice doit présenter un texte construit et cohérent avec trois ou quatre parties distinctes.
Le nombre de mots doit être respecté : au minimum 250 mots.

CONSEILS

Quand commencer à écrire ?
■ Après avoir bien lu et analysé la consigne, avoir réfléchi aux éléments de réponse et au plan à suivre.

Combien de mots écrire ?
■ 250 mots minimum.

▌1 Analyser la consigne

— Identifier le type de texte

Activité 1

Lisez les 4 sujets de production écrite de DELF B2. Pour chaque sujet, cochez dans le tableau le type de texte que vous devez écrire.

> **Sujet 1**
> Vous êtes en stage pendant 3 mois dans une entreprise francophone. Votre employeur vous annonce que votre expérience professionnelle durera un mois de moins que prévu car l'activité de l'entreprise est réduite. Vous n'êtes pas d'accord. Vous décidez d'écrire à votre employeur pour le convaincre de poursuivre le stage jusqu'à la date prévue. Vous insistez sur les qualités que vous avez su apporter à l'entreprise et les bénéfices de cette expérience pour votre parcours.

> **Sujet 2**
> Votre professeur de français vous donne le sujet suivant à traiter :
> « Doit-on choisir un métier parce qu'il nous plaît bien ou parce qu'il paye bien ? Répondez à la question en donnant votre avis dans un texte construit et argumenté. Vous prendrez le temps d'analyser la pertinence de chaque position. »

> **Sujet 3**
> Vous avez lu dans le journal de votre école bilingue un article qui affirme qu'Internet est la meilleure source d'information disponible de nos jours. Vous reconnaissez l'utilité d'Internet, mais vous pensez également que les bibliothèques doivent jouer un rôle fondamental. Vous décidez de publier un texte pour mettre en évidence les caractéristiques et les points forts des bibliothèques et donner des conseils aux étudiants dans leur recherche d'information.

> **Sujet 4**
> À la suite d'un stage d'une semaine dans une entreprise francophone, vous devez rédiger un compte rendu de votre activité pour votre employeur. Vous prenez soin de présenter précisément votre rôle dans l'entreprise, vous faites le relevé des problèmes que vous avez rencontrés et vous proposez des solutions d'amélioration.

	Sujet 1	Sujet 2	Sujet 3	Sujet 4
Un rapport	☐	☐	☐	☐
Une lettre	☐	☐	☐	☐
Un article	☐	☐	☐	☐
Un essai	☐	☐	☐	☐

Activité 2

1 - Lisez les informations suivantes. Entourez en rouge ce qui apparaît normalement dans une lettre formelle et en bleu ce qui relève de l'article.

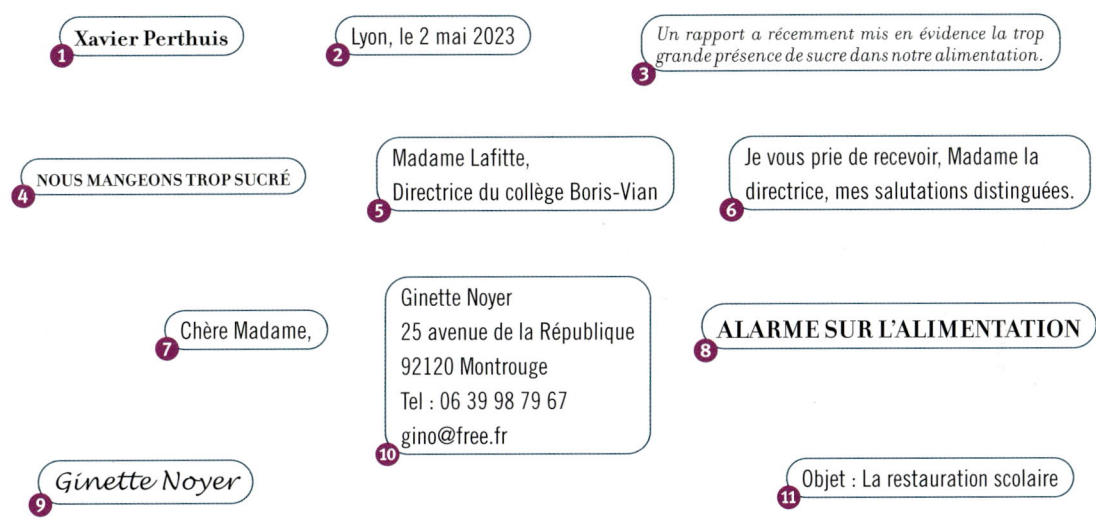

1 Xavier Perthuis

2 Lyon, le 2 mai 2023

3 Un rapport a récemment mis en évidence la trop grande présence de sucre dans notre alimentation.

4 NOUS MANGEONS TROP SUCRÉ

5 Madame Lafitte, Directrice du collège Boris-Vian

6 Je vous prie de recevoir, Madame la directrice, mes salutations distinguées.

7 Chère Madame,

10 Ginette Noyer
25 avenue de la République
92120 Montrouge
Tel : 06 39 98 79 67
gino@free.fr

8 ALARME SUR L'ALIMENTATION

9 Ginette Noyer

11 Objet : La restauration scolaire

2 - Reportez le numéro de chaque élément à sa bonne place dans la lettre ou dans l'article.

Aujourd'hui, les Occidentaux consomment l'équivalent de 25 morceaux de sucre par jour ! C'est deux fois plus que la limite recommandée par l'OMS, l'Organisation Mondiale de la Santé...

J'ai l'honneur de vous écrire en tant que parent d'élève afin de vous parler de l'alimentation au sein de l'école. En effet, ...

3 - Quelles caractéristiques observez-vous concernant la présentation de chaque type d'écrit ?

SE PRÉPARER

— Comprendre la situation

Activité 3

Lisez le sujet suivant.

> **Sujet**
>
> Vous étudiez dans un établissement francophone. Le nouveau proviseur a décidé d'annuler le voyage scolaire d'une semaine prévu à la fin de l'année en France car il considère que c'est une sortie coûteuse et inutile.
>
> Au nom des élèves de votre classe, vous écrivez une lettre à l'attention du proviseur de l'établissement pour défendre l'intérêt de ce voyage et tenter de le faire changer d'avis. Vous présentez vos idées en donnant des exemples précis dans un texte cohérent.
>
> (250 mots minimum)

Répondez aux questions 1 à 4 pour vérifier votre compréhension du sujet.

1 - Qui êtes-vous dans ce sujet ?
a. ☐ Un(e) étudiant(e).   **b.** ☐ Un parent d'élève.   **c.** ☐ Un(e) responsable scolaire.

2 - Que se passe-t-il ?
a. ☐ Votre classe a été sélectionnée pour participer à un voyage.
b. ☐ Le responsable de l'école refuse que votre classe fasse un voyage.
c. ☐ La destination du voyage scolaire a été changée pour raisons financières.

3 - Que devez-vous faire ?
a. ☐ Écrire une lettre pour convaincre le proviseur.
b. ☐ Écrire un article pour informer les élèves de l'établissement.
c. ☐ Écrire une proposition de projet pour organiser le prochain voyage.

4 - Que cherchez-vous à obtenir ?
a. ☐ Le report…
b. ☐ La gratuité…   … du voyage.
c. ☐ Le maintien…

5 - Soulignez dans le sujet les informations qui vous ont permis de répondre.

6 - Pour aller plus loin et vous entraîner, vous pouvez répondre au sujet en écrivant un texte de 250 mots.

Activité 4

A. Lisez les trois sujets ci-dessous et complétez le tableau en répondant aux questions posées.

Sujet 1

Vous faites un court séjour pour un échange scolaire dans un pays francophone. Une association vous a trouvé un logement chez l'habitant. Le séjour ne se passe pas très bien. Vous décidez d'écrire une lettre au président de l'association pour décrire votre situation et demander le remboursement de vos frais.

Sujet 2

Lors d'un échange scolaire avec le lycée de votre correspondant francophone, vous remarquez que rien n'est fait pour chercher à protéger l'environnement. Le papier, les canettes et les bouteilles en plastique sont jetés dans des poubelles communes, les aliments à la cantine sont servis dans des emballages, le chauffage dans les classes est très élevé. Vous décidez d'écrire une lettre au proviseur de l'établissement pour lui faire part de votre étonnement et lui proposer des solutions pour le persuader d'améliorer la situation.

Sujet 3

Vous avez reçu un dépliant vous informant de l'organisation de la « Journée des études supérieures en France » dans la capitale de votre pays. Il s'agit de rencontres organisées avec les représentants des universités et des écoles françaises.

Au nom des élèves de votre classe, vous écrivez un courriel à votre professeur de français pour lui présenter les avantages d'une telle journée et le convaincre d'organiser une sortie pour toute la classe afin de vous rendre à l'événement.

	Sujet 1	Sujet 2	Sujet 3
1. Quel rôle dois-je jouer dans ce sujet ?			
2. Est-ce que j'écris en mon nom ou en tant que représentant d'un groupe ?			
3. À qui dois-je écrire ?			
4. Quel type de texte dois-je écrire ?			
5. Que se passe-t-il ? Quel est le problème à résoudre ?			
6. Qu'est-ce que je cherche à obtenir ?			

B. Pour aller plus loin et vous entraîner, écrivez, pour chaque sujet, un texte de 250 mots.

▬ S'exprimer dans une langue adaptée à la situation

Activité 5

Lisez les phrases suivantes. Pour chacune, indiquez si la communication est de type formel ou informel. Notez les indices qui vous ont permis de répondre.

1 - *J'pense que c'est pas facile de faire ses études tout en ayant un boulot à côté. On est pas assez concentré sur ses études et on est fatigué par le travail.*

Communication :   ☐ formelle   ☐ informelle

Relevé des indices :

....

2 - *Il est indispensable de protéger les citoyens contre les dangers de la circulation automobile. C'est pourquoi je suis favorable à l'aménagement de pistes cyclables dans le centre-ville qui auront pour effet de réduire considérablement le nombre de véhicules polluants.*

Communication :   ☐ formelle   ☐ informelle

Relevé des indices :

....

3 - *En tant que représentant de l'association des étudiants étrangers, je m'adresse à vous afin de vous signaler un problème majeur concernant la taille des salles de cours. Celles-ci ne sont en effet pas adaptées au nombre d'étudiants inscrits dans votre établissement.*

Communication :   ☐ formelle   ☐ informelle

Relevé des indices :

....

4 - *Vous allez dire que je suis à côté de la plaque, mais y a trois ans j'ai fait une grosse erreur. Et quand on a vécu dans cette situation pendant aussi longtemps, on refuse de revenir en arrière.*

Communication :   ☐ formelle   ☐ informelle

Relevé des indices :

....

5 - *Tu sais, c'est pareil pour moi. Ça m'rend dingue quand les parents m'obligent à faire le ménage ou d'autres trucs comme ça à la maison. Tu trouves pas que c'est abusé ?*

Communication :   ☐ formelle   ☐ informelle

Relevé des indices :

....

6 - *Je me permets de vous écrire aujourd'hui car j'ai été vivement interpelée par le contenu de votre article sur la remise en cause de l'intérêt des études. Il me semble qu'au XXIe siècle la question ne devrait même plus être posée.*

Communication :   ☐ formelle   ☐ informelle

Relevé des indices :

....

2 Présenter des faits, une situation

▬ Faire une description

Activité 6

Vous travaillez comme journaliste dans un journal francophone. Vous décrivez des événements qui ont eu lieu dans votre ville. Écrivez quatre articles correspondant aux quatre images ci-dessous. Pour chaque article, donnez le plus d'informations possible. Votre texte doit permettre de répondre aux questions suivantes : Qui ? Quoi ? Où ? Quand ? Comment ? Combien ? Pourquoi ?

1 - ....
....
....

2 - ....
....
....

3 - ....
....
....

4 - ....
....
....

SE PRÉPARER

— Apporter des détails et des précisions

Activité 7

1 - Lisez le sujet suivant.

> **Sujet**
> Vous rendez visite à un ami en France. Dans sa ville, le maire a fait voter une loi pour interdire l'utilisation des engins à roulettes (roller, skateboard) dans l'espace public.
> Avec votre ami, vous décidez d'écrire au maire pour lui faire part de votre incompréhension et de votre mécontentement. Vous défendez l'utilisation de ce loisir et mode de transport et vous lui proposez des solutions pour le convaincre de changer d'avis.

2 - Notez ci-dessous les faits que vous pouvez présenter pour traiter le sujet. Écrivez tout ce qui vous vient à l'esprit, les aspects positifs comme négatifs, puis soulignez les éléments les plus pertinents.

....

....

....

3 - Organisez les faits listés précédemment en les classant dans le tableau ci-dessous. Vous pouvez proposer d'autres catégories.

Loisirs	Coût	Sécurité	Environnement	Droit	Civisme

4 - Ajoutez des précisions, des détails pour chaque élément. Vous pouvez reprendre les questions de l'activité 6 en les adaptant.
Exemple : Quelles sont les personnes concernées ? Dans quels lieux ? À quels moments ?

....

....

....

5 - Rédigez à présent la présentation de la situation que vous souhaitez adresser au maire (environ 100 mots). Soyez le plus factuel possible.

....

....

Activité 8

1 - Lisez le sujet suivant.

Sujet

Vous étudiez dans un lycée bilingue.
Le nombre d'élèves inscrits dans votre
établissement diminue depuis quelques années
malgré la qualité des enseignements. Pour attirer
un nouveau public, vous pensez qu'il faudrait
organiser une journée « portes ouvertes ». Vous
décidez d'écrire au proviseur de votre établissement
pour lui présenter votre idée. Vous proposez des
activités précises en indiquant comment elles
pourraient se dérouler et vous mettez en valeur les
bénéfices d'une telle journée pour l'établissement.

2 - Réfléchissez à la situation de cet établissement. Selon vous, pourquoi les cours sont-ils de
qualité ? Quel est l'impact de la diminution du nombre d'élèves sur les cours et la vie du lycée ?

....

....

....

....

....

3 - Listez les activités qui pourraient être organisées pour cette journée « portes ouvertes ».

....

....

....

....

4 - Quels sont les avantages pour le lycée d'organiser une journée « portes ouvertes » ?

....

....

....

....

5 - Complétez la lettre en y insérant vos propositions.

Luís Henrique Oliveira
104, SRPN SQNW
Brasília

Madame Chloé Martin
Proviseure du lycée François-Mitterrand

Brasília, le 9 février 2023

Objet : Proposition de journée « portes ouvertes »

Madame la proviseure,

Je suis élève dans votre établissement depuis deux ans et je sais que depuis quelques années …

....

....

....

Je trouve que cette situation est injuste car notre lycée a un enseignement de très bon niveau. En effet, ...

....

....

Je voudrais apporter mon aide pour améliorer la situation et c'est pourquoi je vous propose d'organiser prochainement une journée « portes ouvertes ». Pendant cette journée de rencontres, nous pourrions…

....

....

....

Je suis convaincu du succès rencontré lors de l'événement car je pense que de nombreux jeunes seront intéressés par nos activités. De plus, ce sera l'occasion de…

....

....

....

J'espère que mon projet saura retenir votre attention, sachez que je reste à votre entière disposition pour en parler avec vous.

Veuillez recevoir, Madame la proviseure, mes meilleures salutations.

Luís Henrique Oliveira

3 Présenter une opinion

— Formuler un point de vue

Activité 9

1 - Lisez les témoignages ci-dessous concernant l'accès des jeunes aux écrans (télévision, ordinateur, jeux vidéo, etc.).

FORUM DES PARENTS
Faut-il limiter l'accès des jeunes aux écrans ?
Parents, témoignez ! Parlez-nous de vos choix, de votre quotidien, de vos difficultés.

Simon 23/01/2023 - 11h46 	Je suis contre toute forme d'écran. À mon avis, les enfants devraient être tenus à l'écart des écrans. Pas de télévision, pas de téléphone portable, pas de tablette et pas de jeux vidéo. Chez nous, nous passons beaucoup de temps à discuter, lire, jouer, bricoler, etc. Je reconnais que ce n'est pas toujours facile pour mes enfants car ils se sentent parfois exclus des discussions à la récré… Mais je suis convaincu que ce sera une force pour eux à l'avenir.
Valérie 22/01/2023 - 00h38 	Bonjour Simon. Je comprends votre point de vue mais je ne le partage pas complètement. Selon moi, il faut savoir trouver un équilibre. À la maison, nous allumons rarement la télévision, et toujours pour regarder un programme que nous avons choisi. Nous avons une console de jeux, mes enfants y jouent le week-end, dans le salon. Jamais dans leur chambre. Il faut se rendre à l'évidence, nous ne pouvons pas faire grandir nos enfants à l'écart du monde.
Sébastien 23/01/2023 - 17h28	Merci pour vos témoignages très intéressants. Valérie, je suis d'accord avec vous, mais il est peu probable que tout le monde sache, comme vous, doser avec harmonie l'accès aux écrans. Chez moi, c'est très compliqué. Je faisais comme vous au départ, mais c'était devenu un enfer, je passais mon temps à faire la police. J'avais le droit à des heures de crises et de négociations. Donc j'ai tout supprimé et aujourd'hui, sans aucun doute je suis en faveur d'une interdiction totale des écrans à la maison.

---

2 - Pour chaque témoignage, identifiez les expressions qui permettent d'exprimer l'opinion. Notez-les dans le tableau ci-dessous et pour chacune d'elles, proposez une formulation synonyme.

Expression de l'opinion figurant dans les supports	Formulation synonyme

Activité 10

1 - Voici une liste de termes et d'expressions indiquant une prise de position. Lisez-les, vérifiez que vous en comprenez bien le sens.

| Je désapprouve | Je me suis élevé(e) contre | Il a tort | C'est dommage que |

| Sans réserve | En ce qui me concerne | En principe | Il va de soi |

2 - Dans le texte ci-dessous, complétez les phrases en plaçant au bon endroit chacune des expressions ci-dessus.

Des fontaines à eau pour l'environnement
Chaque minute, plus d'un million de bouteilles en plastique sont achetées dans le monde. Un chiffre en constante augmentation qui cause beaucoup de dégâts pour l'environnement : pollution des mers, des océans et accumulation de décharges partout dans le monde. Pour inciter les habitants de sa commune à réduire leur consommation de plastique, un maire a eu l'idée d'installer des fontaines à eau partout dans la ville et d'interdire la vente d'eau en bouteille. Des habitants font part de leur avis.

« .... entièrement cette mesure qui va à l'encontre de la liberté individuelle. Il y a d'autres façons de procéder ! » (Soraya)

« .... cette décision au début, mais j'ai complètement changé d'avis. J'adhère .... à ce qu'est en train de faire le maire. .... qu'on doit tous faire un effort pour protéger notre terre. » (Nicolas)

« L'idée est bonne, mais .... tout le monde devrait savoir que le plastique est à éviter à tout prix. Il y a suffisamment d'informations à ce sujet désormais. .... le maire soit obligé d'intervenir pour que les gens commencent à changer leurs habitudes. » (Roberto)

« .... d'agir aussi brutalement. Cela va décourager les touristes qui voudraient visiter la région. .... je vais acheter mes bouteilles dans la ville d'à côté. » (Jean-Marie)

— Justifier son opinion

Activité 11

Vous discutez sur un forum pour adolescents. Vous réagissez aux affirmations suivantes en donnant votre avis. Utilisez des tournures qui permettent d'exprimer l'opinion.

Exemple :
Un adolescent doit avoir de l'argent de poche. → *Je te rejoins complètement. Je trouve que l'argent de poche nous apprend à devenir indépendants et à réaliser des projets.*

FORUM DES ADOS

La télévision apporte plus d'inconvénients que de bienfaits.	
La beauté permet d'avoir plus de succès dans la vie.	
Les devoirs à la maison sont inutiles.	
Le graffiti n'a rien à voir avec l'art.	
Le vote doit être obligatoire pour tous.	
La publicité dans la rue est un moyen d'être informé.	
L'armée est inutile car elle ne provoque que la peur.	
Les déplacements en voiture appartiennent au passé.	
Les animaux domestiques ne servent qu'à compliquer l'existence.	
Les vraies vacances, c'est être le plus loin possible des parents.	

Activité 12

Lisez le sujet suivant.

> **Sujet**
> Vous êtes étudiant(e) dans un établissement bilingue. Vous déjeunez tous les jours au restaurant scolaire. Vous aimeriez que, dans les menus, des aliments issus de l'agriculture biologique (fruits, légumes, céréales, produits laitiers, etc.) soient davantage proposés. Vous décidez d'écrire au proviseur de l'établissement pour le convaincre de proposer plus d'aliments biologiques dans les repas.

Pour traiter ce sujet et convaincre le proviseur de proposer des aliments bio à la cantine, quels arguments pouvez-vous utiliser ? Complétez le tableau en essayant de noter pour chaque catégorie un ou plusieurs arguments.

Argument d'autorité (référence à une autorité ou à une personne reconnue dans son domaine d'expertise)	
Argument par la comparaison (comparaison de deux situations, pays, cultures, moments historiques, etc.)	
Argument par la conséquence (avantages / inconvénients)	
Argument par les données chiffrées (données scientifiques par exemple)	
Argument par les valeurs (valeurs universelles comme la paix, la justice, l'égalité, etc.)	

▬ Nuancer son point de vue

Activité 13

Nuancer un point de vue, c'est prendre en considération la position de votre interlocuteur, tout en donnant plus de force à la critique que vous émettez. Complétez les phrases suivantes en donnant votre opinion tout en exprimant une concession. Que répondriez-vous à chaque personne ci-dessous ?

1 - L'usage d'écouteurs devrait être interdit car il abîme l'ouïe.

Il est vrai que .... , mais

....

....

2 - L'achat à crédit est la seule manière de réaliser des projets.

Je reconnais que ...., cependant

....

....

3 - Les jeunes devraient financer toutes leurs études.

Je ne nie pas que ...., toutefois

....

....

4 - Les Jeux olympiques devraient être supprimés car ils coûtent trop cher.

Quand vous affirmez que .... , c'est juste, mais

....

....

5 - Le vote devrait être obligatoire.

Certes .... Malgré cela,

....

....

6 - Les réseaux sociaux ne servent qu'à diffuser de fausses informations.

Je comprends que vous ...., néanmoins

....

....

▬ Savoir illustrer son point de vue

Activité 14

Votre argumentation sera plus convaincante si vous illustrez votre propos par des exemples.

Lisez le sujet suivant.

Sujet
Vous lisez dans la presse locale que le maire de la ville où vous séjournez en Belgique souhaite autoriser l'ouverture prochaine d'un hypermarché. Persuadé que la grande distribution est une menace pour l'économie et la qualité de vie locales, vous décidez d'adresser une lettre au maire pour manifester votre mécontentement et le convaincre de renoncer à ce projet.

1 - Lisez la liste d'arguments et associez chacun à l'exemple qui lui correspond.

Arguments

a. Les grandes surfaces déshumanisent l'acte de faire ses courses. •

b. Les hypermarchés menacent le commerce traditionnel. •

c. On ne connaît pas l'origine des aliments que l'on achète. •

d. Les hypermarchés dénaturent le paysage. •

e. Certaines grandes surfaces imposent des conditions de travail précaires aux employés. •

Exemple

• Par exemple, dans la campagne près de mon village, il a fallu détruire une partie de la forêt pour construire une grande surface.

• La grève des employés de l'hypermarché près de chez moi illustre bien le malaise qui existe. Leurs salaires sont bas et les horaires ne sont pas facilement compatibles avec une vie de famille.

• Rappelez-vous ce qui s'est passé il y a quelques années avec le scandale de la viande de cheval mélangée dans les préparations industrielles soi-disant « 100 % pur bœuf ».

• Ce phénomène est de plus en plus important avec, entre autres, la généralisation des caisses automatiques.

• Pour mieux me faire comprendre, je prendrai l'exemple suivant : à Annemasse, à 50 km d'ici, depuis l'ouverture de l'hypermarché, de nombreux commerçants du centre-ville ont dû fermer.

2 - Soulignez dans la colonne de droite les expressions qui permettent d'introduire un exemple.

3 - Reprenez, dans l'activité 13, les arguments que vous avez formulés et pour chaque argument proposez un exemple. Utilisez des expressions variées pour introduire vos exemples.

4 Organiser un texte

— Hiérarchiser ses idées

Activité 15

1 - Lisez le sujet suivant.

> **Sujet**
> Vous avez lu un article sur le projet d'interdiction des portables au collège et au lycée. Vous souhaitez donner votre opinion et partager votre expérience. Vous écrivez un texte à publier sur le site du journal.

2 - Un étudiant a traité le sujet mais son texte a été publié dans le désordre. Lisez le texte et remettez les paragraphes dans le bon ordre. Notez vos réponses dans le tableau ci-dessous.

a. Pour toutes ces raisons, je suis favorable à l'interdiction des portables et j'espère que tout le monde prendra rapidement conscience de la nécessité d'éteindre ces appareils lorsqu'on entre dans le lycée.

b. De plus, j'ai remarqué que les téléphones étaient de plus en plus utilisés de manière incorrecte. Ainsi, certains utilisent leur appareil pour tricher en classe. Je ne comprends pas très bien cette attitude car tricher n'apporte aucun bénéfice. Récemment, un copain de classe a été renvoyé du lycée pendant une semaine parce qu'il avait été surpris en train de vérifier toutes sortes de dates sur son téléphone pour un contrôle d'histoire ! C'est ridicule.

c. Je vous écris à la suite de l'article que vous avez publié sur l'utilisation des téléphones portables dans les établissements scolaires. Je suis étudiant dans un lycée et je tiens à dire que je soutiens complétement ce projet car les portables perturbent considérablement le fonctionnement de mon établissement.

d. Enfin, j'ajouterai que je ne comprends pas très bien à quoi peut servir un téléphone lorsque nous sommes en cours. S'il s'agit de communiquer avec ses parents, cela n'a aucun sens. Nous pouvons bien attendre le soir pour raconter à notre famille ce que nous avons fait pendant la journée. Mes parents n'avaient pas de téléphone lorsqu'ils étaient étudiants et cela ne leur a jamais manqué.

e. Avant tout, je trouve que ces objets n'aident pas à apprendre à vivre en société. En effet, avec la banalisation des smartphones et la connexion permanente à Internet, de plus en plus d'élèves passent leur temps sur leur téléphone. J'ai de plus en plus de mal à convaincre mes amis d'éteindre leur téléphone. Certains ne cherchent même pas à rencontrer de nouvelles personnes, ils préfèrent s'isoler dans la cour et « communiquer » avec leur téléphone.

1	2	3	4	5

3 - Soulignez dans le texte les indices qui vous ont permis de remettre les idées dans le bon ordre.

Activité 16

Lisez le sujet suivant.

> **Sujet**
> Dans votre journal francophone habituel, vous découvrez cette annonce :
>
> **« Mon idée pour le français »**
> Du 26 janvier au 20 mars, envoyez vos idées pour le français. Cette consultation a pour objectif de recueillir des idées du monde entier pour promouvoir l'utilisation du français et le plurilinguisme. Les auteurs des propositions les plus innovantes seront invités à Paris **pour présenter leur idée (frais de transport et d'hébergement pris en charge).**

Alexander, un étudiant péruvien, a participé. Voici son texte. Malheureusement, il manque plusieurs connecteurs. Complétez la copie en plaçant les connecteurs suivants au bon endroit :

Pour ma part – Pour que – En effet – Pour conclure – En premier lieu – Personnellement – En second lieu – Par ailleurs – Cela m'amène à mon dernier point : – À l'occasion de.

Madame, Monsieur,

.... la consultation mondiale « Mon idée pour le français », je vous adresse mes propositions pour améliorer la diffusion de la langue française.

.... je pense qu'il faudrait développer davantage de méthodes d'apprentissage destinées à un public étranger spécifique. .... trop de manuels actuels sont concentrés sur des réalités européennes. .... je ne m'y retrouve pas toujours lorsqu'on aborde certains problèmes de la société européenne.

.... j'aimerais que l'on développe une maîtrise en français des outils informatiques. J'ai remarqué que la langue française avait traduit de l'anglais beaucoup de termes informatiques et je pense que c'est une particularité qu'il faut valoriser. Pourquoi ne pas introduire des cours de programmation en français dans les écoles ? Cela permettrait de rendre la formation plus complète. .... la formation bilingue.

.... de plus en plus de personnes soient capables de s'exprimer en français, je suis persuadé qu'il faut multiplier les classes bilingues francophones dans tous les pays du monde. Les avantages de l'enseignement bilingue sont nombreux : maîtrise évidente d'une autre langue, connaissance d'une nouvelle culture, ouverture sur le monde, développement de la citoyenneté, etc. Certaines études ont .... montré qu'il existait des bénéfices pour le cerveau. .... je fréquente un établissement bilingue depuis des années et je trouve que l'enseignement bilingue français-espagnol m'aide pour apprendre d'autres langues. Je passe plus facilement de l'une à l'autre.

.... je souhaiterais ajouter que l'apprentissage des langues est un passeport pour l'avenir. J'espère que mes propositions sauront retenir votre attention.

Bien cordialement,

Alexander

— Rédiger un plan

Activité 17

Vous avez complété le texte de l'activité 16. À présent, analysez-le afin d'en dégager la structure logique. Retrouvez le plan suivi par le candidat et notez les éléments clés :

Partie 1 (titre) : ....

Argument 1 + exemple : ....

Partie 2 (titre) : ....

Argument 2 + exemple : ....

Partie 3 (titre) : ....

Argument 3 + exemple : ....

Cette copie adopte un exemple de plan parmi d'autres possibles. Vous pouvez tout à fait proposer plus d'arguments par partie, plus d'exemples par argument.

Activité 18

1 - Lisez le sujet suivant.

Sujet
En écoutant votre radio francophone habituelle, vous entendez une annonce pour la préparation d'une émission sur le thème de l'utilisation d'Internet en classe.
Vous décidez d'envoyer un texte à la rédaction de l'émission.
Vous donnez votre opinion en mettant en valeur les avantages et les inconvénients de cet outil en classe.

2 - Rédigez le plan détaillé de votre production. Définissez clairement vos parties, vos arguments et illustrez-les à l'aide d'exemples concrets.

— Structurer son discours

Activité 19

Une fois votre plan détaillé rédigé, et avant de procéder à la rédaction, il est important d'accorder un soin particulier à l'introduction et à la conclusion.

1 - Selon vous, quels éléments doivent figurer dans une introduction ?

....

2 - Selon vous, quels éléments doivent figurer dans une conclusion ?

....

3 - Reprenez le sujet de l'activité 18. Rédigez l'introduction et la conclusion selon votre plan.

1 La lettre formelle

Exercice 1   **25 points**

▸ Au niveau B2 du DELF scolaire et junior, l'épreuve écrite est composée d'un seul exercice appelé « Écrit argumenté ». Dans cet exercice, vous devez défendre une position personnelle sous la forme d'une contribution à un débat, d'une lettre formelle, d'un courrier des lecteurs, d'un rapport, d'un article critique.

▸ Vous disposez de 60 minutes pour cette épreuve.

▸ Vous devez écrire 250 mots au minimum. Vous pouvez dépasser cette limite mais vous devez respecter la consigne de longueur minimale. Il y a une tolérance de 10 % soit un minimum de 225 mots.

▸ Avant de commencer à écrire, prenez le temps de bien analyser la consigne.
Entourez ou soulignez les mots-clés de la consigne et essayez de répondre aux questions suivantes :
– Quel est mon rôle ?
– Quelle est la situation ?
– Que dois-je faire ?
– À qui dois-je écrire ?
– Quel est l'objectif de mon intervention ?

Vous étudiez dans un lycée francophone.
Vous lisez l'affiche suivante :

CONCOURS
Protégeons l'eau dans notre ville !

Vous avez des idées pour améliorer l'utilisation des ressources en eau ? Écrivez une lettre au proviseur de l'établissement pour donner votre opinion sur la situation dans votre ville et proposer des solutions qui aient un impact positif sur l'environnement.
Le meilleur candidat sera sélectionné pour participer à un concours national.

Vous décidez de participer.
Vous écrivez une lettre au proviseur du lycée.
(250 mots minimum)

▶ Vous avez un rôle particulier : vous êtes étudiant(e) dans un lycée francophone.

▶ Vous vous trouvez dans la situation suivante : vous voulez participer à un concours sur l'amélioration de l'utilisation des ressources en eau.

▶ Vous devez écrire une lettre : respectez les règles de mise en page. Utilisez une formule de politesse pour commencer votre lettre et une formule de prise de congé pour la terminer.

▶ Vous devez écrire au proviseur du lycée : le proviseur n'est pas votre camarade de classe, vous devez donc répondre de manière formelle (vouvoiement, choix approprié du lexique et des tournures de phrases).

▶ Votre objectif est la sélection au concours national. Vous devez tout d'abord faire le constat de la situation dans votre ville. Puis, vous devez proposer des solutions efficaces pour améliorer la situation.

▶ Sachez que votre production sera évaluée sur votre capacité à présenter des faits et à argumenter une prise de position dans un texte fluide et cohérent. Pensez à la mise en page (ponctuation et paragraphes), utilisez des connecteurs pour relier vos idées, faites des transitions entre chaque idée.

▶ Avant de commencer à écrire votre production sur la copie, utilisez vos feuilles de brouillon. Faites un plan de votre lettre, notez les idées principales, les exemples que vous souhaitez apporter.

Exemple de production

Natacha Smith
36 Lavenham Rd
Londres

Monsieur Albert Dubron
Proviseur du lycée français de Londres
Londres, le 7 janvier 2023

Monsieur le proviseur,

J'ai lu l'annonce affichée dans le lycée concernant le concours sur la protection de l'eau dans notre ville et je souhaiterais vous présenter mon projet.

J'habite à Londres depuis que je suis née. Depuis quelques années, nous connaissons des changements climatiques inquiétants, comme les sécheresses que nous avons eues récemment. Je sais que dans ces situations, le gouvernement prend des mesures dans le domaine de l'agriculture, mais il me semble qu'il faudrait davantage avertir la population afin que l'on évite de gaspiller les ressources en eau.

Tout d'abord, je propose qu'on envoie des SMS à tous les habitants de la ville chaque fois qu'il y a une crise. C'est un moyen facile et rapide de communiquer avec les habitants car tout le monde possède un téléphone portable. Dans ces messages, on pourrait rappeler les bonnes habitudes à avoir comme ne pas laisser couler l'eau inutilement, prendre des douches plutôt que des bains, n'utiliser le lave-vaisselle que lorsqu'il est plein, etc. Ce sont des gestes efficaces que l'on peut appliquer immédiatement.

Ensuite, je souhaiterais que soient organisés des stages dans les écoles et les entreprises pour former le plus de personnes possibles. Il faut que tout le monde se sente concerné.

Enfin, j'aimerais que l'on installe des panneaux dans la ville pour rappeler que l'eau est une ressource précieuse. Je crois que la protection de l'eau est un combat à mener constamment, auprès de tous les citoyens.

J'espère vous avoir convaincu de l'intérêt de mes propositions et je vous prie d'agréer, Monsieur le proviseur, mes salutations distinguées.

Natacha SMITH

Nombre de mots : 282

S'ENTRAÎNER

▸ Vous disposez d'une heure pour cet exercice. Veillez à toujours garder un œil sur votre montre !

▸ Ne rédigez pas toute votre lettre sur votre feuille de brouillon, vous risqueriez de manquer de temps pour recopier votre production au propre.

▸ Ne négligez pas le début et la fin de votre texte.

▸ À la fin de l'exercice, comptez le nombre de mots et indiquez-le dans l'emplacement prévu à cet effet.

▸ Gardez toujours 5 minutes pour vous relire et corriger les erreurs éventuelles (accents, accords, orthographe).

Exercice 2

25 points

JOURNÉE DES ANCIENS ÉLÈVES

Vous étudiez dans un lycée francophone. Avec vos camarades, vous vous interrogez sur le choix de vos études supérieures. Vous aimeriez rencontrer d'anciens élèves du lycée pour qu'ils parlent de leur expérînce et vous apportent des conseils. Au nom de vos camarades, vous écrivez au proviseur de votre établissement pour le convaincre d'organiser une journée de rencontres avec d'anciens élèves. Vous mettez en évidence les avantages d'une telle rencontre. (250 mots minimum)

Exercice 3

Vous étudiez dans un lycée francophone. Pendant l'année scolaire, vous devez effectuer un stage dans une entreprise. Vous avez lu l'annonce suivante sur un site Internet :

Nous recherchons un(e) étudiant(e) pour effectuer un stage d'un mois dans les écoles primaires de la ville. Cette personne devra parler français et proposer des activités (jeux, chansons) en français aux enfants.
Si ce stage vous intéresse, écrivez votre lettre de motivation à madame Monique Lebrun.

Vous décidez de répondre à l'annonce en envoyant une lettre de motivation.
(250 mots minimum)

....
....
....
....
....
....
....
....
....

JE RETIENS

▸ **Je ne me précipite pas.** Je prends le temps de bien lire la consigne pour être sûr(e) de répondre à tous les points du sujet.

▸ **Je note mes idées au brouillon** et je les organise sous forme de plan.

▸ **Je relis soigneusement** ma production en m'assurant que mon texte est fluide et cohérent.

2 L'article / Le courrier des lecteurs

▶ Le sujet proposé au DELF B2 peut vous amener à prendre position sous la forme d'un article. Les exigences en termes de maîtrise de la langue et de contenus sont les mêmes que pour une lettre formelle mais la forme est différente.

▶ Respectez les codes sociolinguistiques. Adoptez un style formel et approprié au destinataire.

▶ Pour ce qui est de la mise en page, il est important que vous présentiez votre texte de manière logique et organisée : commencez par introduire le sujet, proposez vos idées dans des paragraphes équilibrés et sachez conclure votre intervention.

▶ Sachez relier vos idées entre elles pour que votre écrit soit plus facile à lire. Utilisez des connecteurs (temporels, logiques) et allez à la ligne à chaque fois que vous abordez une nouvelle idée.

Vous avez lu un article sur la colocation intergénérationnelle, une pratique qui permet à un jeune de payer un faible loyer en habitant chez une personne âgée.

En échange, le jeune assure de l'aide (présence, courses, ménage, etc.) à cette personne.

L'auteur de l'article ne semble pas comprendre l'intérêt d'une telle pratique et pense qu'il est risqué d'accueillir un inconnu chez soi.

Vous n'êtes pas d'accord avec l'auteur et vous décidez d'écrire un article au courrier des lecteurs pour défendre le principe de la colocation intergénérationnelle. (250 mots minimum)

....

....

....

....

....

....

....

....

Exemple de production

Bonjour,

Je vous écris suite à l'article que j'ai lu dans votre journal sur la colocation intergénérationnelle. Je suis très étonné par l'avis de l'auteur lorsqu'il affirme qu'accueillir un jeune inconnu chez soi peut être dangereux. En effet, je vis moi-même ce type d'expérience et je peux vous assurer que cette solution est bénéfique pour tous.

Tout d'abord, je comprends qu'on puisse penser que loger un inconnu chez soi n'a rien de rassurant, mais il faut savoir que ce type de colocation fonctionne grâce à des associations qui servent d'intermédiaire entre le propriétaire et le locataire. Ce dernier n'est donc pas complètement inconnu, il est sélectionné après étude de son dossier et entretien. Et même s'il n'y avait pas d'association, le propriétaire serait libre de refuser une personne qui ne lui inspirerait pas confiance.

Ensuite, il me semble que le point le plus important à avoir en tête si l'on souhaite vivre en colocation, c'est de bien savoir ce que l'on veut, que l'on soit propriétaire ou locataire. Par exemple, moi, je vis depuis un an chez une personne âgée. Avant de venir m'installer chez elle, nous avons beaucoup discuté pour vérifier que nous pouvions vivre ensemble. Nous avons établi des règles de vie commune. Ainsi, j'ai le droit de rentrer plus tard certains soirs à condition que je prévienne ma propriétaire. J'ai une chambre que je dois laisser en ordre, je dois aussi être présent aux dîners et parfois je fais quelques courses pour ma propriétaire. Mais je trouve qu'il y a plus d'avantages que de devoirs. Je partage le quotidien d'une personne sympathique qui m'apprend beaucoup de choses sur sa vie. En plus, j'ai la chance d'habiter à deux pas du lycée en payant un loyer très bas.

J'espère avoir pu vous aider à considérer différemment la colocation intergénérationnelle. Je vous remercie de votre attention.

Bien cordialement,

Sidi-Ahmed

Nombre de mots : 310

Exercice 5

25 points

Vous avez fait un stage dans une entreprise. Vous décidez d'écrire un article, clair et organisé, dans le journal francophone de votre école pour raconter votre expérience (activités, collègues, lieux) et encourager les autres élèves à suivre votre exemple. Vous mettez en avant les avantages d'un tel stage pour votre avenir. (250 mots minimum)

Exercice 6

25 points

Vous avez lu dans un journal francophone l'annonce suivante :

De plus en plus de personnes diplômées ont des difficultés à trouver un emploi alors que certains grands chefs d'entreprise n'ont jamais eu de diplômes.

Est-ce que faire des études sert encore à quelque chose aujourd'hui ?

Envoyez votre témoignage à notre rédaction.

Vous décidez d'écrire un article pour la rédaction du journal afin de présenter la situation des jeunes de votre génération et donner votre opinion sur le rôle des études. (250 mots minimum)

....

....

....

....

....

....

....

....

JE RETIENS

▶ Lorsque j'argumente, **je cherche toujours à nuancer**, à peser le pour et le contre.

▶ **J'essaie d'être clair(e) et précis(e)** pour faire le bilan d'une situation, présenter des faits ou des événements.

▶ **Je construis des phrases complexes**, je varie les temps et les modes.

▶ En me relisant, **je contrôle l'orthographe**, les accords en genre et en nombre, les terminaisons des verbes, les accents.

Prêt pour l'examen !

Communication

- ▸ Accueillir et prendre congé
- ▸ Décrire une situation, donner des informations précises
- ▸ Donner son avis
- ▸ Exprimer son accord/ désaccord
- ▸ Souligner des points importants

Socioculturel

- ▸ Les formules de salutation, de congé en fonction du rôle et du statut de l'interlocuteur
- ▸ Mise en page à respecter : faire des paragraphes (introduction/1re partie/ 2e partie/conclusion)

Grammaire

Les adjectifs accompagnés de prépositions : *être heureux/heureuse de, prêt(e) à, confiant(e) en…*

La mise en relief : *c'est* + pronom relatif

Le subjonctif pour exprimer un doute, un souhait, une obligation

Le conditionnel pour exprimer une hypothèse, une éventualité, une suggestion

Vocabulaire

- ⌄ **Famille**
- ⌄ **Loisirs**
- ⌄ **Écologie**
- ⌄ **Éducation**
- ⌄ **Monde du travail**
- ⌄ **Santé**

STRATÉGIES

1. Avant de commencer à écrire, je lis avec attention la consigne. J'analyse la situation (à qui dois-je écrire ? quel est mon rôle ? pourquoi ? quel est mon but ?).

2. Je note sur un brouillon des idées et je les organise dans un plan. Je cherche des exemples pertinents.

3. J'écris mon texte en suivant mon plan et en contrôlant le temps qu'il me reste.

POUR DIRE

Donner son avis

- À mon avis, il faudrait proposer d'autres horaires d'ouverture.
- Selon moi, il faudrait fermer les parcs animaliers.
- Il me semble que c'est un élément à prendre en compte.
- Je crois que les collégiens devraient suivre des cours d'histoire de l'art.

Exprimer son accord/ désaccord

- Je suis d'accord avec les propositions du maire.
- J'approuve cette nouvelle politique environnementale.
- Je vous approuve sans réserve.
- Je ne partage pas votre avis sur les nouvelles technologies.
- Il est inadmissible que des caméras nous surveillent 24 h/24 h.
- Je dénonce cette injustice au sein de la société.

Exprimer des sentiments

- À ma grande surprise…
- Je suis étonné(e)/surpris(e) de cette décision.
- J'ai été profondément déçu(e) par son attitude.
- Je souhaiterais vous faire part de mon mécontentement.
- C'est déplorable pour notre entreprise.
- Je suis mécontent(e) de vos services.
- Je suis très satisfait(e) de cette initiative.
- C'est formidable…
- Je suis sensible à la démarche.

Souligner des points importants

- J'insiste sur le fait que…
- Je soulignerais que les vélos en libre-service sont utilisés à 98 %.
- Il faut signaler/souligner/ remarquer que les avantages sont supérieurs aux inconvénients.
- Ce qui me semble important, c'est que les lycéens puissent décider.

Accueillir et prendre congé

- Faisant suite à votre article sur…, je souhaiterais apporter ma contribution/apporter quelques précisions…
- Suite à votre annonce parue sur le site jobemploi.com parue le 15 juin pour le stage en communication, je me permets de présenter ma candidature.
- En vous remerciant de l'attention que vous porterez à ce message, veuillez recevoir, Madame, Monsieur, mes salutations distinguées.
- Souhaitant vivement pouvoir vous rencontrer dans le cadre d'un entretien, je vous prie d'agréer, Madame, Monsieur, ma considération distinguée.

Je suis prêt(e) ?

Les 4 questions à se poser

Je relis les rubriques « Je retiens » et je choisis les 4 conseils les plus importants pour moi :

1. ......

2. ......

3. ......

4. ......

avant l'examen

À faire

☐ **Enrichir** **son vocabulaire** en faisant des listes thématiques (famille, loisirs, santé, éducation, écologie, etc.)

☐ **Réviser** **le vocabulaire** pour exprimer une opinion

☐ **Réviser** **la syntaxe du français** :
– les temps et les modes
– les formes impersonnelles
– l'expression de l'hypothèse, de la cause, de la conséquence

☐ **S'entraîner** **à écrire des textes de 250 mots** pour donner son opinion. Penser à les enrichir de connecteurs logiques.

le jour de l'examen

☐ Bien lire la consigne.

☐ Organiser ses idées avec un plan.

☐ Soigner son écriture.

☐ Relire attentivement son texte avant de rendre sa copie.

Production

orale

L'ÉPREUVE

La production orale est la quatrième épreuve de l'examen du DELF B2.
Elle est individuelle.

Production orale	50 minutes	…/25
Présentation et défense d'un point de vue à partir d'un court document déclencheur.	préparation : 30 minutes passation : 20 minutes	

Nombre d'exercices
1 seul exercice, divisé en 2 parties

Nombre de points

Objectifs des exercices
1. Défense d'un point de vue argumenté (monologue suivi)
2. Débat (exercice en interaction)

Durée de l'épreuve

LES SAVOIR-FAIRE

Il faut principalement être capable de :

- Présenter le thème d'un document et en dégager une problématique

- Défendre un point de vue clair en mettant en évidence des éléments significatifs et/ou des exemples pertinents

- S'exprimer assez longtemps de façon suivie

- Structurer, hiérarchiser ses idées

- Confirmer, nuancer, apporter des précisions

- Réagir aux arguments et déclarations d'autrui pour défendre sa position

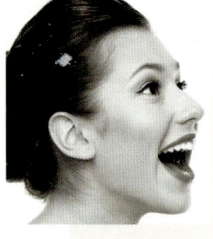

Après lecture de l'article extrait du journal *MagAdo* consacré aux travaux de groupe à l'école, on pourrait penser qu'il n'y a que des avantages à encourager les élèves à développer au sein de la classe l'entraide et la coopération, ce que l'auteur du texte met en avant. Je souhaiterais cependant traiter ce sujet en posant la question suivante : à qui ces travaux de groupe profitent-ils vraiment ? Comment s'assurer de la répartition du travail de façon équitable ? Du côté des enseignants, comment identifier, quantifier précisément et évaluer l'apport individuel de chaque élève ? …

LES EXERCICES ET LES DOCUMENTS

	Supports possibles	Type d'exercice	Nombre de points
Exercice 1 **Le monologue suivi**	▶ Article de presse, dépêche, extrait de blog	▼ Prise de parole en monologue ▲	7 points
Exercice 2 **Le débat**	▶ Article de presse, dépêche, extrait de blog	▼ Échange avec l'examinateur ▲	6 points

Le niveau linguistique est noté sur **12 points** :
- ▶ Lexique : **4 points**
- ▶ Morphosyntaxe : **5 points**
- ▶ Phonétique et prononciation : **3 points**

LA CONSIGNE

C'est quoi ?

La consigne est importante ?

C'est une phrase qui explique ce qu'il faut faire pour répondre au sujet.
Pour le monologue suivi, vous devez dégager le problème soulevé par le document que vous avez choisi puis présenter votre opinion sur le sujet de manière claire et argumentée. Lors du débat, vous défendez votre point de vue face à l'examinateur.

Oui. Vous tirez au sort deux sujets et vous choisissez celui que vous préférez.

LES QUESTIONS ET LES RÉPONSES

Grâce aux 30 minutes de préparation, vous avez le temps de lire attentivement le texte, de trouver le thème et la problématique.
Pendant la seconde partie de l'épreuve, l'examinateur va vous poser des questions et apporter des informations dans le but de vous faire réagir et parler davantage.

CONSEILS

Quand commencer à parler ?
- ■ Après la préparation, saluer poliment l'examinateur.

Combien de temps faut-il parler ?
- ■ La première partie, le monologue suivi, dure entre 5 et 7 minutes. Le débat dure entre 13 et 15 minutes.

Quand commencer la préparation ?
- ■ Après avoir lu attentivement le document candidat.

▌1 Préparer le monologue suivi

— Analyser le sujet

Activité 1

1 - Observez les éléments mis en valeur dans les textes ci-dessous. Selon vous, de quoi va parler le texte ? Écrivez le thème sous le texte.

Des médailles ou un avenir ?

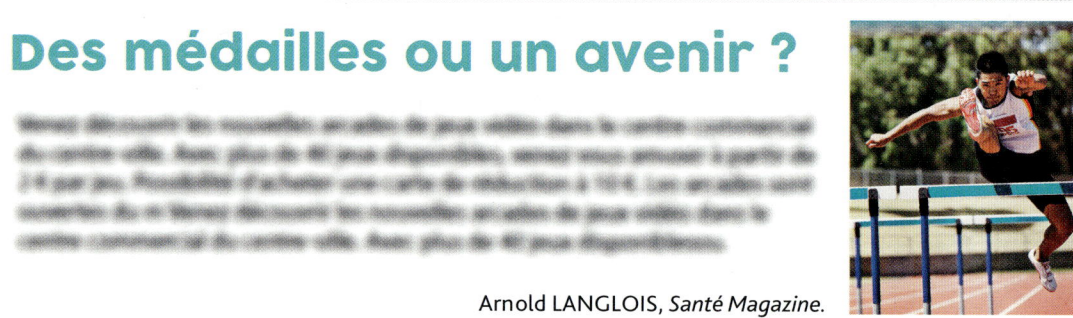

Venez découvrir les nouvelles en solde de jeux vidéo dans le centre commercial du centre-ville. Avec plus de 40 jeux disponibles, venez vous amuser à partir de 2 € par jeu. Possibilité d'acheter une carte de réduction à 10 €. Les arcades sont ouvertes du m Venez découvrir les nouvelles en solde de jeux vidéo dans le centre commercial du centre-ville. Avec plus de 40 jeux disponibles.

Arnold LANGLOIS, *Santé Magazine.*

Thème : ....

Comment bien rentrer à la rentrée ?

Venez découvrir les nouvelles en solde de jeux vidéo dans le centre commercial du centre-ville. Avec plus de 40 jeux disponibles, venez vous amuser à partir de 2 € par jeu. Possibilité d'acheter une carte de réduction à 10 €. Les arcades sont ouvertes du m Venez découvrir les nouvelles en solde de jeux vidéo dans le centre commercial du centre-ville. Avec plus de 40 jeux disponibles.

D'après *www.sciencedeleducation.fr*

Thème : ....

Tout se joue au lycée ?

Venez découvrir les nouvelles en solde de jeux vidéo dans le centre com du centre-ville. Avec plus de 40 jeux disponibles, venez vous amuser à 2 € par jeu. Possibilité d'acheter une carte de réduction à 10 €. Les ar ouvertes du m Venez découvrir les nouvelles en solde de jeux vidéo da centre commercial du centre-ville. Avec plus de 40 jeux disponibles.

Claire MAZETO, *Infolettre de Pôle emploi.*

Thème : ....

Activité 2

Lisez les textes suivants et répondez aux questions.

Texte 1

Écoles françaises : combien pèsent les cartables de nos enfants ?

Pour répondre à cette question de santé publique, une étude récemment réalisée à la demande du gouvernement français montre que le poids moyen du cartable d'un écolier est d'environ 8,5 kilos, ce qui correspond à 20 % de son poids. Pourtant, les médecins s'accordent à dire que ce chiffre ne devrait pas dépasser les 10 %.

Des écoles et collèges ont réfléchi au problème depuis longtemps, par exemple, à Toulouse, au collège Verlaine. Il faut dire que Natacha, l'infirmière, enregistrait de plus en plus de maux de dos chez les enfants à force de porter des cartables de plus de 10 kilos. « On doit être très attentifs à ce sujet, à la lutte contre le surpoids des cartables. On ne peut pas laisser nos gamins d'à peine 40 kilos porter des sacs de 8 ou 9 kilos ». Elle convient néanmoins que c'est un phénomène très nouveau : « Avant, on n'y pensait pas. Aujourd'hui, la question est abordée à chaque conseil d'administration. » Et difficile à régler : « Le livre papier et la prise de notes restent les outils de base dans toutes les matières de l'école française ! »

Pour résoudre ce problème mais aussi éviter les plaintes des parents, souvent plus inquiets que leurs enfants eux-mêmes, quelques mesures ont été prises.

Par exemple, les cahiers utilisés ne comptent plus que 96 pages (contre 200 avant) et des casiers sont mis à la disposition des demi-pensionnaires. Suffisant ? « Pas du tout » selon Natacha. « On attend du ministère une vraie transition au tout numérique. »

1 - De quel pays parle l'article ?

....

2 - Qui sont les personnes concernées par le problème décrit dans le texte ?

....

3 - Quel est le thème général du texte ? Relevez des expressions et mots-clés sur ce thème :

....

4 - Vrai ou faux ? Cochez (✗) la bonne réponse et recopiez la phrase ou la partie de texte qui justifie votre réponse.

	V	F
a. L'État ne s'est pas engagé sur cette question. Justification :	☐	☐
b. Le problème dont parle le texte est récent. Justification :	☐	☐

5 - À quoi les chiffres suivants extraits du texte correspondent ?

8 à 9 : ....

40 : ....

96 : ....

6 - Formulez la problématique du texte avec vos propres mots.

....

....

Texte 2

« Une heure pour la planète », c'est le geste responsable que propose chaque année l'organisation internationale WWF (World Wildlife Fund) à la planète. Cette action existe depuis plus de 10 ans et chaque année, toujours plus de villes accomplissent ce geste simple : éteindre les lumières des grands bâtiments et monuments comme la tour Eiffel, Big Ben ou le pont de San Francisco pendant 60 minutes à une date unique dans l'année. Cet appel symbolique a pour but de sensibiliser le maximum de personnes sur les questions du réchauffement climatique et des économies d'énergie.

« En plus d'économiser une heure d'énergie, c'est une façon pour des milliards de personnes de dire "stop" au gaspillage d'énergie », explique Anne-Claire, une Québécoise bénévole à WWF.

« Une heure pour penser à la planète tous ensemble est un beau projet… qui n'a pas fait bouger d'un centimètre la question de l'utilisation des centrales nucléaires et des énergies fossiles[1] », s'exclame René, militant écologiste à Bruxelles, « alors, à quoi ça sert ? »

Pour Nick, président des Amis de la Terre[2], « une heure pour la planète », c'est pouvoir « dîner aux chandelles, éteindre mon portable ou regarder les étoiles. Je peux aussi profiter de ma ville autrement parce que plus de 70 % des émissions de CO_2[3] proviennent de notre consommation urbaine quotidienne ! ».

_____

1. énergie fossile : énergie qu'on trouve en quantité limitée sous terre, par exemple le pétrole ou le charbon.
2. Amis de la Terre : association française de protection de l'homme et de l'environnement.
3. CO_2 : dioxyde de carbone.

1 - Choisissez le titre le plus adapté pour ce texte :
a. ☐ Une heure d'obscurité pour y voir plus clair.
b. ☐ Une restriction d'énergie entraîne des coupures d'électricité.

2 - Quel est le point commun entre les personnes interviewées ?

....

3 - Quel est le thème général du texte ? Relevez des expressions et des mots-clés sur ce thème :

....

4 - Vrai ou faux ? Cochez (☒) la bonne réponse et recopiez la phrase ou la partie de texte qui justifie votre réponse.

	V	F
a. Cet événement peut se dérouler à plusieurs moments dans l'année.	☐	☐
Justification :		
b. La pollution due au CO_2 est principalement liée à la vie en ville.	☐	☐
Justification :		

5 - Formulez la problématique du texte avec vos propres mots.

....

....

Activité 3

Lisez le texte suivant.

Seul malgré des milliers d'« amis »

Les foyers français sont désormais tous, ou presque, équipés d'un ordinateur permettant aux membres de la famille d'échanger, de s'informer, d'acheter, de jouer… La révolution Internet, tout comme les révolutions technologiques précédentes (l'imprimerie, le téléphone, le cinéma ou la télévision), a brisé des codes et modifié le lien social. L'association SOS Amitié[1] cite ces chiffres inquiétants : deux tiers des jeunes Français – qui passent jusqu'à six heures par jour devant un écran – affirment se sentir seuls une fois rentrés du collège, face à leur ordinateur et devant leurs milliers d'amis virtuels ! D'un autre côté, on ne peut pas nier les amitiés ou couples formés grâce au Web, ou encore les emplois trouvés en faisant jouer son réseau virtuel. Le ministère de la Santé cherche un moyen pour protéger les jeunes et les plus faibles de cette inévitable invasion de la technologie. Cependant, ce bouleversement peut être bénéfique s'il est contrôlé. Très préoccupée par ce phénomène, la directrice du collège Paul-Éluard, à Rennes, a instauré le programme : « 1 + 1 = 2 amis » pour encourager le développement de relations réelles : pour chaque nouvelle amitié virtuelle créée, les adolescents de son établissement doivent se lier avec un élève du collège.

_____

1. SOS Amitié : association française qui assure une permanence téléphonique 24 h/24 h pour écouter et aider les personnes en détresse psychologique.

1 - Quel est le thème ? Quel débat apparaît dans le texte ?

Thème : ....

Débat : ....

2 - Écoutez les trois introductions : les personnes utilisent quelles expressions ?

....

....

3 - Dans leur introduction, les personnes introduisent-elles le débat ?
Justifiez votre réponse.

	V	F
Personne 1 Justification :	☐	☐
Personne 2 Justification :	☐	☐
Personne 3 Justification :	☐	☐

▬ Trouver des arguments et des exemples

Activité 4

Lisez le texte suivant et relevez les arguments relatifs à l'école à la maison. Classez-les selon qu'ils sont pour ou contre l'école à domicile.

Rentrée scolaire pour tous… ou presque !

Face au système éducatif français, certains parents font le choix de déscolariser leur enfant. L'école à la maison est à la mode, mais est-elle la bonne solution pour préparer sa progéniture à l'avenir ? Assurément, le rythme, moins fatigant que celui exigé par l'école, permet à l'enfant d'être moins épuisé après une journée de classe. Par conséquent, il est généralement plus disponible pour s'intéresser à d'autres centres d'intérêts, ce qui l'ouvre, par exemple, à des domaines créatifs. L'enfant peut aussi organiser sa journée et développer ainsi plus tôt que la moyenne son autonomie. Par ailleurs, en ne vivant pas la comparaison avec les autres élèves, l'enfant ne subit pas la compétition qui peut parfois mettre trop de pression. Cependant, ne pas fréquenter d'autres enfants peut isoler le jeune et le désociabiliser dans un monde où le contact avec autrui est indispensable. De plus, la relation affective entre le parent qui devient l'enseignant et l'enfant se modifie puisque l'adulte doit le contraindre et l'encadrer. En France, l'éducation à la maison est un droit très rarement choisi (1 % de familles sont concernées) car elle nécessite qu'un des deux parents cesse de travailler.

Arguments pour	Arguments contre
....	....
....	....
....	....
....	....

Activité 5

1 - Pour chaque thème, écrivez deux arguments « pour » et deux arguments « contre ».

a. Le téléphone portable à l'école.

Arguments pour	Arguments contre
....	....
....	....

b. Vivre sur un bateau.

Arguments pour	Arguments contre
....	....
....	....

c. Avoir un chien dans son appartement.

Arguments pour	Arguments contre
....	....
....	....

d. Les distributeurs automatiques de boissons et de friandises à l'école.

Arguments pour	Arguments contre
....	....
....	....

e. Des caméras de surveillance dans les lieux publics.

Arguments pour	Arguments contre
....	....
....	....

2 - Dans une argumentation, on place toujours l'argument le plus convaincant à la fin. Relisez vos arguments « pour » et hiérarchisez-les. Faites la même chose pour les arguments « contre ».

Activité 6

1 - Lisez les arguments et les exemples ci-dessous. Associez-les en complétant le tableau. Enfin, soulignez les expressions qui servent à donner un exemple.

Arguments	Exemples
1. Pour être heureux, il faut être entourés d'amis qui nous connaissent et tiennent à nous. **2.** Les robots sont une invention géniale qui peut, malheureusement, se retourner contre les êtres humains s'ils ne sont pas maîtrisés. **3.** Il est bien connu que la musique calme les esprits et crée une sensation de sécurité. **4.** Grâce au sport, les peuples se sentent appartenir à une seule et même nation. Cela contribue à créer l'unité nationale. **5.** Écouter des chansons en langue étrangère est un bon moyen pour développer son vocabulaire dans la langue. **6.** Faire des pauses régulièrement est essentiel pour favoriser la concentration et donc, améliorer l'apprentissage.	**a.** On peut prendre l'exemple des récréations au collège qui permettent aux élèves de souffler, de se détendre. **b.** Les gares françaises illustrent bien cette idée : depuis peu, de la musique classique est diffusée dans les gares pour améliorer l'ambiance. **c.** Pour mieux me faire comprendre, je voudrais citer le nombre d'amis virtuels que j'ai sur les réseaux sociaux : répondront-ils présents si j'ai un vrai problème ? Je ne crois pas. **d.** C'est le cas du football qui a réuni les Français en 1998 autour de leur équipe nationale.

Exemple	a.	b.	c.	d.
Argument	....	....	....	....

2 - Deux arguments n'ont pas d'exemple. Lesquels ? Rédigez un exemple pour chacun en réutilisant les expressions soulignées.

Argument n° ....

Exemple : ....

....

....

Argument n° ....

Exemple : ....

....

....

— Présenter son point de vue

Activité 7

1 - Réordonnez les expressions d'opinion suivantes :

a. avis / à / mon → ....

b. mon / vue / de / point / de → ....

c. concerne / ce / me / qui / en → ....

d. me / que / semble / il → ....

e. trouve / moi / je / que → ....

f. ne / pense / je / pas / que → ....

Il est nécessaire d'utiliser le subjonctif avec une de ces expressions. Laquelle ?

....

2 - Réemployez ces expressions en donnant votre opinion sur les sujets suivants :

a.

....

....

b.

....

....

c.

....

....

d.

....

....

e.

f.

....

....

....

....

 PISTE 41

Activité 8

1 - Écoutez les interventions ayant pour sujet l'installation d'œuvres d'art à l'école, associez l'argument à la personne et dites si elle est pour ou contre.

Personne	Argument	Pour	Contre
1	La beauté artistique n'est pas réservée à quelques personnes.	☐	☐
2	Les élèves risquent d'abîmer les œuvres.	☐	☐
3	La couleur des œuvres peut colorer l'école.	☐	☐
4	L'art doit être expliqué sans quoi ce n'est pas profitable.	☐	☐
5	La place des œuvres d'art est au musée.	☐	☐

 PISTE 41

2 - Réécoutez les interventions et relevez les expressions d'opinion utilisées.

Personne 1 : ....

Personne 2 : ....

Personne 3 : ....

Personne 4 : ....

Personne 5 : ....

3 - Et vous, qu'en pensez-vous ? Donnez oralement votre opinion sur le sujet pendant 5 à 10 minutes.

— Organiser ses idées

PISTE
42

Activité 9

Lisez le texte suivant.

Le culte de la personnalité en selfie

Depuis une décennie, il suffit de se rendre devant un monument un peu touristique pour constater que se prendre soi-même en photo, seul(e) ou en groupe, c'est très tendance.

Dans les musées, notamment au musée Grévin1 à Paris, devant les monuments touristiques et même dans son salon, le selfie est partout. En deux clics, la photo à côté de la tour Eiffel, de Mona Lisa ou d'une star de cinéma rencontrée par hasard est prise et diffusée sur les réseaux sociaux. Mais quand le modèle est seul, est-ce une forme d'égocentrisme ? Oui, selon les sociologues qui ont observé les attitudes des individus quelques instants avant la photo : coiffage, maquillage, meilleur profil, pose de stars… tout est fait pour paraître beau sur l'autoportrait. Le message à passer : on s'aime et on veut que les autres le sachent. Et quand le selfie est raté ? On le jette et on recommence. Mais, à force de se mettre devant l'objectif, n'oublie-t-on pas de regarder le paysage ? Au-delà de sa propre image ?

_____

1. musée Grévin : musée parisien dans lequel sont réunies des reproductions en cire de personnages célèbres.

1 - Écoutez l'introduction. Quel type de plan est utilisé ? Un plan qui...
a. ☐ explique l'origine et décrit les conséquences du thème.
b. ☐ compare : avant / aujourd'hui, en France / dans les autres pays.
c. ☐ décrit les avantages et les inconvénients du thème.

2 - L'exposé sera composé de combien de parties ? Lesquelles ?

....

....

3 - Notez au moins deux idées pour la 1re partie et deux idées pour la 2e partie :

Partie 1	Partie 2
Idée 1	Idée 1
Idée 2	Idée 2

3 - Pour chaque idée, cherchez un exemple pour l'illustrer.

Idée 1

....

....

Idée 2

....

....

Activité 10

Lisez le texte suivant et répondez aux questions.

Dans un premier temps, je voudrais mettre en avant les avantages que présente le vélo par rapport aux autres moyens de transport. Naturellement, on peut commencer par saluer le bénéfice physique du vélo : en pédalant pour aller au collège matin et soir, les élèves font du sport, se dépensent, ce qu'ils ne peuvent pas faire le reste de la journée. Il faut cependant surtout signaler que si ce geste est bon pour l'individu, il l'est avant tout pour la planète. Grâce à la réduction de l'émission de gaz comme le CO_2, la pollution n'augmente pas et la population bénéficie d'une meilleure qualité de vie.

1 - Quel est le thème ?

....

2 - Entre les deux arguments développés, lequel vous semble le plus convaincant ? Cochez.
a. ☐ Prendre le vélo plutôt que les transports en commun pour aller au collège est meilleur pour l'environnement.
b. ☐ Aller au collège à vélo permet de faire du sport.

L'argument le plus convaincant est-il positionné en première ou en deuxième position ? Pourquoi ?

....

3 - Pour chacun des thèmes suivants, lisez les deux arguments et indiquez, entre les deux, celui qui vous semble le plus pertinent pour convaincre. Puis rédigez un paragraphe de votre argumentation en les réemployant. N'oubliez pas d'illustrer par un exemple.

A. Contre une langue universelle !

a. ☐ Si on parle tous la même langue, le plaisir d'apprendre les langues étrangères disparaîtra.

b. ☐ La langue étrangère est la marque culturelle et historique d'un peuple.

....

....

....

B. Pour les stages en entreprise !

a. ☐ Faire un stage permet de tester un métier qui nous intéresse.

b. ☐ Une semaine en stage, c'est une semaine de cours en moins !

....

....

....

C. Pour les cartes postales !

a. ☐ Recevoir une carte postale au milieu des factures à payer fait plaisir.

b. ☐ Acheter des cartes postales permet à leurs vendeurs de gagner leur vie.

....

....

....

▬ Relier son monologue suivi

Activité 11

1 - Parmi les verbes suivants, lesquels vous semblent utiles pour introduire le plan d'une présentation qui parle des villes interdites aux voitures ?

aborder – traiter – savoir – conclure – voir – démarrer – penser – terminer – parler – analyser – prendre.

2 - Choisissez 6 verbes utiles, en plus de celui donné dans l'exemple. Conjuguez-les et complétez les phrases d'introduction, comme dans l'exemple.

Exemple :

Avant toute chose, j'aborderai la question de la pollution que produisent les voitures.

a. Dans un premier temps, je ....

....

b. En premier lieu, nous ....

....

c. Pour commencer, il faut ....

....

d. Par la suite, ...

....

e. En dernier lieu, ...

....

f. Enfin, ...

....

Connaissez-vous d'autres verbes pour faire une introduction ?

....

Activité 12

Lisez les arguments suivants sur le sujet : « apprendre les mathématiques dans une langue étrangère » puis, à l'oral, formulez l'argumentation en faisant une transition à l'aide des expressions données.

Argument 1	Transition	Argument 2
C'est une matière déjà très difficile dans la langue maternelle des élèves.	Passons maintenant à... J'en viens à... Après avoir analysé..., parlons maintenant de... Le point suivant porte sur... Ce qui nous amène à parler de...	Le niveau des élèves dans la langue étrangère doit être assez élevé pour suivre l'enseignement.
Cela permet de travailler deux matières à la fois, au lieu d'une.		L'apprentissage en immersion est plus efficace.
Le professeur de mathématiques doit aussi avoir un bon niveau dans la langue étrangère.		L'utilisation d'une langue étrangère peut débloquer un élève en difficulté.

Activité 13

1 - Associez les deux parties des expressions permettant de conclure.

1. Et c'est ●	● **a.** par
2. Je terminerai ●	● **b.** conclure
3. Pour ●	● **c.** cet exposé
4. En ●	● **d.** ainsi que
5. Au terme de ●	● **e.** en disant que
6. Je conclus ●	● **f.** résumé

2 - a. Connaissez-vous d'autres expressions commençant par « Pour » ?

....

....

b. Connaissez-vous d'autres expressions commençant par « En » ?

....

....

3 - Lisez les deux conclusions d'un exposé ayant pour sujet les devoirs pendant les vacances. Laquelle vous semble être la meilleure ? Pourquoi ?

a. Au terme de cet exposé, je voudrais rappeler l'argument principal de ma présentation : l'élève accepte les consignes données s'il les comprend. Pour résumer, je suis convaincue que si les enseignants expliquent les bénéfices des devoirs pendant les vacances, les élèves les comprendront et les accepteront, comme moi. D'ailleurs, si d'autres pays, comme le mien, le font, c'est bien qu'ils ont raison, non ?

b. Voilà ! Je peux dire, s'il faut conclure, que je suis très opposée à l'idée d'avoir des devoirs pendant les grandes vacances. Comme je l'ai dit avant, cela créera du stress chez les élèves mais aussi du travail chez les enseignants. En plus, c'est aussi en fonction du temps que les parents peuvent accorder à leur enfant, sans oublier les nombreux devoirs déjà faits dans l'année… Bref : c'est une mauvaise idée et je suis contre.

4 - À partir du texte de l'activité 9, faites oralement une conclusion de 3 à 4 minutes en prenant comme modèle l'introduction réussie et en réutilisant les expressions de l'activité 13.1.

2 Préparer le débat

— Défendre son point de vue

Activité 14

1 - Lisez le texte suivant.

Des diplômés invitent l'écologie à la cérémonie

Les faits

Après celle d'AgroParisTech fin avril, les cérémonies de remise de diplômes de HEC (École des hautes études commerciales de Paris), Polytechnique et Sciences Po ont été marquées par les prises de position publiques d'étudiants et d'alumni (= anciens élèves) en juin.

Comprendre

« Après quelques mois d'insouciance […], j'ai ressenti un profond malaise en prenant conscience que les métiers vers lesquels menaient mes études étaient la principale cause de cet effondrement environnemental », a confié une ancienne de HEC, le 9 juin. « J'apprenais à la fois le marketing et l'impact de la surconsommation et du *greenwashing*. […] HEC nous ouvre beaucoup de portes. C'est maintenant notre responsabilité de [les] utiliser pour changer les règles ». Le 24 juin, trois promotions de Polytechnique assistaient à leur cérémonie […]. Sur scène, des diplômés ont appelé à rompre avec « l'immobilisme climatique ». […] À la cérémonie de Sciences Po, le même jour, une étudiante a lancé : « Alors que nous devons changer radicalement de système politique, économique et culturel, nos formations aussi doivent s'adapter, au risque, sinon, de contribuer elles-mêmes au problème. »

L'Eco, 1er juillet 2022.
L'éco : chaque vendredi, l'actualité économique vite et bien.
www.playbacpresse.fr

---

2 - Puis écoutez les documents sonores. Est-ce que la personne reformule, précise ?

a. Personne 1 ☐ oui ☐ non   **c.** Personne 3 ☐ oui ☐ non   **e.** Personne 5 ☐ oui ☐ non
b. Personne 2 ☐ oui ☐ non   **d.** Personne 4 ☐ oui ☐ non

Activité 15

Reformulez les arguments ci-dessous en utilisant les expressions suivantes :
cela veut dire que – autrement dit – c'est-à-dire – plus exactement – ce qui signifie que – je m'explique

Prendre publiquement position pour l'environnement, c'est…

1 - Faire entendre la voix des jeunes générations.

....

2 - Développer son esprit critique.

....

3 - Faire preuve de courage.

....

4 - Grandir.

....

5 - S'engager pour une cause qui nous concerne tous.

....

6 - Contribuer à changer le monde.

....

Activité 16

1 - Lisez le texte suivant.

Des contrôles ? Oui, mais pas surprises !

Quand on demande aux élèves français s'ils aiment les interrogations surprises, la réponse est clairement non ! La raison principale ? L'interrogation non préparée en classe crée du stress chez les élèves. Stéphane, 14 ans, le confirme : « Personnellement, je déteste quand le professeur arrive en classe et nous dit "Prenez une feuille blanche ! Contrôle surprise !" Franchement, je suis sûr que c'est parce qu'il n'a pas préparé son cours. C'est sûr que cela met tous les élèves dans un état de panique complet : je commence à transpirer et à ne plus rien voir ! Et ça m'énerve car c'est impossible d'avoir de bonnes notes avec ce type de contrôles. » Anna, 15 ans, renchérit : « Le prof nous dit que c'est un bon moyen de vérifier nos connaissances mais si on n'est pas informés, on ne révise pas et donc, on rate tout et finalement, cela nous démotive complètement... Et quand mes parents voient la note dans le bulletin, c'est automatiquement interdiction de sortir... ». En bref, les conséquences sont dures pour les élèves.

2 - L'opinion de Stéphane et d'Anna est très tranchée. Relevez les arguments contre les contrôles surprises cités dans le texte et nuancez l'idée, comme dans l'exemple.
Exemple : *« C'est sûr que cela met tous les élèves dans un état de panique complet. »*
Reformulation plus nuancée : *Il semblerait que, chez certains élèves, le contrôle crée parfois de l'anxiété plus ou moins grande.*

Argument 1 : ....
Reformulation plus nuancée : ....
Argument 2 : ....
Reformulation plus nuancée : ....

Argument 3 :	
Reformulation plus nuancée :	
Argument 4 :	
Reformulation plus nuancée :	

▬ Réagir aux arguments d'autrui

Activité 17

Pour chaque argument donné, réagissez.

1 - Revendre ou non ses cadeaux de Noël ?

Arguments pour	Arguments contre
Chaque année, je le fais. Ainsi, je rembourse l'argent dépensé pour faire des cadeaux à mes proches.	....

2 - La liberté d'expression sur les réseaux sociaux ?

Arguments pour	Arguments contre
....	Ce qui est écrit est une trace non effaçable qui peut blesser des gens.

3 - Acheter des produits biologiques ?

Arguments pour	Arguments contre
....	Les tarifs des produits biologiques ne sont pas abordables pour la plupart des gens.

4 - Les animaux dans les cirques ?

Arguments pour	Arguments contre
Un cirque sans lion, singe et éléphant n'est plus un cirque. Les animaux font partie intégrante du cirque.	....

5 - Avoir son père ou sa mère comme professeur ?

Arguments pour	Arguments contre
C'est très pratique pour réviser à la maison.	....

Activité 18

1 - Lisez le texte suivant.

Emporter les restes chez soi : écolo ou radin[1] ?

Si le fait de demander au serveur de mettre les restes de nourriture dans un sac pour les emporter chez soi est très tendance outre-Atlantique, ce n'est pas le cas en France. Pourtant, la loi française recommande aux restaurateurs de le proposer systématiquement à leurs clients afin de lutter contre le gaspillage alimentaire. Cette mode peine à s'imposer dans l'Hexagone. D'une part, parce que ce n'est pas dans la culture française. D'autre part, pour des raisons d'éducation : les parents français apprennent très tôt à leurs enfants à « finir leur assiette », donc il ne reste rien à emporter. Enfin, et surtout, les Français, dont l'avarice est bien connue hors des frontières, craignent de passer pour des gens près de leur argent en réclamant leur sac en fin de repas… Hier, des restaurateurs ont manifesté devant le tribunal de Vanves : un de leurs collègues a été condamné à verser 1 500 € de dommages et intérêts à un client qui a mangé ses restes une semaine après être allé au restaurant… : il est tombé malade !

1. radin : qui souhaite garder son argent, ne pas le dépenser, même quand c'est nécessaire.

2 - Que répondez-vous aux questions suivantes ?
a. Qu'en est-il dans votre pays ? Comparez avec la situation en France.

....

....

b. D'après vous, lutter contre le gaspillage alimentaire est-il la vraie raison de la mise en place de la loi ?

....

....

c. Que veut dire l'auteur du texte quand il dit « ce n'est pas dans la culture française » ?

....

....

d. Selon vous, quelle image donne le client en quittant le restaurant avec son sac de restes de nourriture à la main ?

....

....

e. Êtes-vous d'accord avec la peine que le restaurateur a reçue ? Pourquoi ?

....

....

Activité 19

1 - Lisez le texte suivant.

Développement du tourisme : bienfait ou catastrophe ?

« Avant, personne ne venait ici, bien au contraire ! Les jeunes partaient travailler en ville, leurs parents ne cherchaient même pas à les retenir. Depuis que les touristes viennent au parc du Puy du Fou[1], notre situation économique s'est améliorée et nos jeunes ont retrouvé l'espoir de trouver du travail sur place. » Ce témoignage est celui de Charles, qui vit dans un petit village dans l'ouest de la France. Agriculteur de père en fils, Charles complète maintenant ses revenus grâce aux locations saisonnières : il a réhabilité plusieurs bâtiments de sa ferme pour en faire des chambres d'hôte, « que les touristes payent à prix d'or, sans se poser de questions tellement ils veulent venir chez nous ! » Pourtant, ces flots de touristes dans cette zone rurale sont une catastrophe pour l'écologiste Martine Bodet : « La pollution produite par les cars et les voitures augmente chaque année, au fur et à mesure que la notoriété d'un site touristique grandit, tout comme la masse de déchets générés par les touristes. L'environnement en prend un coup mais comme la région y gagne financièrement, rien n'est fait ! » Difficile à entendre dans un pays où le droit aux vacances est fondamental…

---

1. Parc du Puy du Fou : parc de loisirs français à thématique historique situé en Vendée.

2 - Que répondez-vous aux questions suivantes ?

a. Quels bienfaits le parc a-t-il apportés à la région selon Charles ? En voyez-vous d'autres ?

....

....

b. Quel message d'alerte lance l'écologiste dans le texte ?

....

....

c. D'après vous, l'État doit-il réglementer les zones touristiques ? Pourquoi ?

....

....

d. D'après le texte, quelle image donne le touriste en vacances ? Êtes-vous d'accord ?

....

....

e. Quel est l'impact du tourisme dans votre pays ?

....

....

1 Le monologue suivi : défense d'un point de vue argumenté

Exercice 1

7 points

Vous tirez au sort deux sujets. Vous en choisissez un.
Lisez le texte suivant. Dégagez le problème soulevé par le document. Puis, présentez votre opinion sur le sujet de manière claire et argumentée.

Sujet proposé :

Faut-il voyager pour être heureux ? C'est la question qu'a posée la Fondation groupe EDF aux artistes. Le résultat : une exposition dépaysante qui questionne toutes les formes de voyage. Embarquement immédiat avec Violette et Eliot. [...] « Pendant le confinement, nous n'avions plus le droit de bouger. "Mince, alors !", se sont écriés certains. Mais d'autres l'ont vu comme une chance pour la protection de la planète, car moins d'avions rime aussi avec moins de pollution », raconte Nathalie Bazoche, co-commissaire de l'exposition. [...]
Pour préserver notre planète, le voyage doit-il donc se faire immobile ? « Pas forcément, on peut aussi faire la route à vélo, affirme Violette. C'est plus écologique et plus sympa pour admirer les paysages. » Et si on voyageait hors de la Terre ? Des entreprises ont déjà les yeux rivés sur l'espace, comme le rappelle une œuvre présentant différents patchs de leur logo. Néanmoins, ce rêve semble encore inaccessible et surtout « il coûte cher », souligne Eliot [...]. Quant au voyage virtuel dans le Métavers, « pourquoi pas, mais c'est quand même mieux de rencontrer les gens en vrai », estime l'adolescent. [...]

Fondation Groupe EDF, *Le Monde des ados*, 19/10/2022 - Fleurus Presse.

Que faut-il faire ?

▸ Vous tirez au sort deux sujets, vous en choisissez un.
▸ La première partie de l'épreuve consiste en un monologue continu sur le sujet d'un texte donné.
▸ D'abord, vous devez dégager le problème soulevé par le document que vous avez choisi.
▸ Ensuite, vous devez présenter votre opinion sur le sujet de manière claire et argumentée.

Combien de temps ?

▸ Vous disposez de **30 minutes** pour préparer votre intervention.
▸ La 1re partie, votre monologue suivi, dure 5 à 7 minutes pendant lesquelles vous dégagez le problème puis vous développez votre opinion.

De quoi parlent les documents en général ?

▸ Les articles proposés sont des textes d'intérêt général qui parlent du monde francophone.
▸ Ce sont des textes d'une longueur de 160-170 mots. Ils vous servent de base pour réaliser l'épreuve.

Comment faut-il faire ?

1 - Prenez connaissance du texte, c'est-à-dire :
– lisez le titre et la source ;
– observez la photo (s'il y en a une) ;
– lisez le texte plusieurs fois pour souligner les idées principales.

2 - Dégagez le thème :

Les formes de voyage et l'environnement

3 - Dégagez la problématique :

Quel type de voyage peut allier bonheur et préservation de la planète ?

4 - Relevez le lexique utile pour l'exposé (surligné en vert dans le texte du sujet p. 138) et cherchez des synonymes ou des antonymes pour reformuler :

voyager = se déplacer = voir du pays = pérégriner = circuler ≠ rester

embarquement = départ = décollage

protection = sauvegarde = conservation = préservation

planète = terre = globe terrestre

pollution = contamination

route = chemin = piste

vélo = transport vert = transport écolo

écologique = vert = durable

voyage virtuel = fictif = irréel ≠ réel = concret

5 - Relevez les arguments présents dans le texte et cherchez-en d'autres.

	Arguments pour	Arguments contre
Arguments présents dans le texte	Le voyage immobile permet de moins polluer. Les voyages hors de la Terre sont très coûteux. Les voyages virtuels ne permettent pas de rencontrer les gens en vrai.	Il est possible de voyager mais de façon écologique (utiliser le vélo)

	Arguments pour	Arguments contre
Autres arguments	L'expérience vécue pendant la pandémie a montré qu'on pouvait se passer des déplacements.	Il est possible de prendre des transports bas carbone (le train) ou de faire du covoiturage. Voyager permet de rencontrer l'autre et sa culture, donc de mieux se comprendre.

6 - Définissez votre position :

Réponse libre

....

....

....

7 - Élaborez votre plan et votre argumentation complétée par des exemples.

Idée 1 : Réponse libre ....

....

Arguments : Réponse libre ....

....

Exemples : Réponse libre ....

....

Idée 2 : Réponse libre ....

....

Arguments : Réponse libre ....

....

Exemples : Réponse libre ....

....

8 - Rédigez l'introduction et la conclusion de votre exposé.

Introduction :

....

....

....

Conclusion :

....

....

....

Exemple de monologue suivi

Le sujet que j'ai choisi porte sur la relation qui unit le voyage, le bonheur et la préservation de la planète. Depuis les avancées sociales (augmentation des congés) qui ont permis la démocratisation des voyages (notamment aériens), on considère qu'ils nous rendent heureux. Pourtant, des moyens de transport comme l'avion sont très polluants pour la planète. Comment concilier l'ensemble ? L'auteur de l'article présente une exposition qui traite du sujet et cite, notamment, quelques avantages et inconvénients des voyages lointains, ainsi que les autres façons de voyager.
Je voudrais commencer mon monologue en abordant la question de la nécessité de se déplacer loin pour être heureux. Nous verrons ensuite les impacts des alternatives proposées, avant de conclure.

Je dégage le thème et j'introduis le débat.

En premier lieu, j'aimerais rappeler que les vacances sont une avancée sociale du XXe siècle, pas encore acquise dans certains pays. Ceux qui en bénéficient ont ainsi la possibilité, de plus en plus grande, de voyager longtemps et loin, notamment hors de leurs frontières. C'est une bonne chose pour mieux se connaître entre les cultures. Grâce à la baisse des prix de l'avion, souvent moins cher que d'autres transports comme le train, beaucoup de gens ont pu se permettre de prendre des congés dans des pays exotiques. Si j'en profite moi-même, je trouve anormal que les prix encouragent les gens à délaisser des transports plus propres comme le train. Il faut se poser la question de savoir si partir plus loin rend plus heureux que des vacances passées tranquillement chez soi. Je pense que cela dépend des habitudes des individus mais la publicité laisse penser qu'il est normal d'aimer prendre l'avion plutôt que de faire un voyage à vélo. C'est présenté comme plus « moderne », et cela permet de montrer qu'on a assez d'argent pour se payer le billet. Selon moi, les médias influencent clairement la population. Pourtant, nous savons tous que l'avion détruit l'environnement et que le bonheur

Je présente mon point de vue sous forme de parties distinctes en utilisant des arguments et des exemples.

ne se trouve pas forcément à des milliers de kilomètres.

Passons maintenant aux alternatives à ce type de voyages. Beaucoup de nouvelles idées ont surgi pendant la période du confinement durant la pandémie. Tout d'abord, le voyage peut être immobile, c'est-à-dire intérieur : un livre prenant, un magnifique morceau de musique ou un beau film peut faire voyager depuis son canapé. Et même après la lecture, l'écoute ou le visionnage, l'individu peut encore ressentir ce bien-être sans être sorti de chez soi. Par ailleurs, les nouvelles technologies permettent maintenant, à des prix encore un peu élevés, de visiter virtuellement des lieux lointains sans prendre l'avion. Grâce à des casques ou des lunettes virtuelles, mêmes des portes de musées peuvent s'ouvrir, et la visite semble aussi réelle que sur place. C'est une formidable solution pour les personnes à petits revenus ou en difficulté pour se déplacer à cause d'un handicap. Enfin, des sociétés commercialisent désormais des voyages dans l'espace… Cela me paraît anecdotique car une toute petite frange seulement de la population est concernée. Et c'est surtout extrêmement néfaste pour l'environnement. Je ne crois pas que cela soit réalisable un jour.

En résumé, et comme développé dans mon exposé, je suis partagé sur le sujet. Comme j'aime voyager et prendre l'avion, le voyage immobile ne me convainc pas (encore). J'apprécie de passer des vacances à la maison mais j'ai aussi besoin de partir à la découverte d'autres pays. C'est également une chance que l'époque me donne, pourquoi devrais-je me restreindre ?

Je conclus mon monologue suivi.

JE RETIENS

▸ **Je lis le texte** pour utiliser les idées et expressions présentes.
▸ **Je cherche un exemple** pour chaque argument.
▸ **J'utilise des connecteurs logiques** pour lier le propos.

Exercice 2

Lisez le texte suivant. Dégagez le problème soulevé par le document.
Puis, présentez votre opinion sur le sujet de manière claire et argumentée.

Sujet proposé :

Les ados et les marques

[...] L'entrée dans l'enseignement secondaire est une période de grande fragilité pour le jeune. Fragilisé, il recherche à se reconstituer un groupe d'amis et à attirer l'attention. Porter la même chose que les autres est pour nos ados une manière de se fondre dans la masse et de ne pas se sentir rejetés à cause de leur apparence. Cependant, les marques font le jeu de l'intégration mais aussi de l'exclusion. Car ceux qui ne correspondent pas aux « normes » en portant certaines marques sont écartés et mis sur le côté. « Pour les jeunes, le "look" est souvent primordial. Il est même indispensable selon eux si l'on veut bien s'intégrer », nous explique Laurence Czuba, psychologue clinicienne.

L'adolescence est une période de remaniements physiques et psychiques. [...] L'enfant a besoin de se muer, de changer de peau pour faire émerger l'adulte qui existe en lui. La mode est une nouvelle enveloppe. Les ados cherchent à se construire une image qui leur permet d'être reconnus comme sujets à part entière. Ils cherchent donc d'autres figures identificatoires que leurs parents. Les changements de style vestimentaire signent parfois concrètement ce que l'on nomme la crise d'adolescence. [...]

www.psycho-bien-etre.be

1 - Notez le titre et la source du texte. Quel est le thème du texte ? La problématique ?

....

2 - Relevez le lexique présent dans le texte utile pour votre exposé.

....

....

3 - Quelle est votre opinion sur ce sujet ? Relevez les arguments présents dans le texte et cherchez d'autres arguments.

	Arguments pour	Arguments contre
Arguments présents dans le texte		

	Arguments pour	Arguments contre
Autres arguments	....	....

4 - Élaborez votre plan et votre argumentation complétée par des exemples.

Idée 1 : ....
....

Arguments : ....

Exemples : ....
....

Idée 2 : ....
....

Arguments : ....

Exemples : ....
....

5 - Rédigez l'introduction et la conclusion de votre exposé.

Introduction :
....
....
....
....

Conclusion :

....

....

....

....

JE RETIENS

▸ **Je soigne mon introduction :** c'est la première impression que je donne à l'examinateur.
▸ **Je donne des exemples** pour appuyer mon point de vue.

Exercice 3 **(7 points)**

Lisez le texte suivant. Dégagez le problème soulevé par le document.
Puis, présentez votre opinion sur le sujet de manière claire et argumentée.

Sujet proposé :

Le bio en supermarché, vraiment bio ?
La grande distribution s'engouffre de plus en plus dans le créneau du bio. Mais comment fait-elle pour proposer d'aussi importantes quantités, pour passer à une échelle de production industrielle, à contre-courant du projet initial d'une agriculture bio à taille humaine ? Ce filon s'avère très lucratif pour la grande distribution, d'autant que les consommateurs sont de plus en plus demandeurs, notamment suite aux nombreux scandales alimentaires. [...]
En outre, la grande distribution profite du label bio pour augmenter ses marges, sans pour autant rémunérer correctement les agriculteurs. [...] Les grands surfaces surfent sur l'idée que le bio coûte plus cher, ce qui est vrai (car il y a moins de rendement et besoin de plus de main d'œuvre puisque le travail y est moins automatisé) mais dans une certaine mesure. [...] Plus la demande croît, moins il est possible de proposer de produits bio et locaux en supermarché, d'où l'arrivée massive de produits bio importés et qui ne sont pas forcément de saison. [...] Ce bio intensif européen est ainsi contraire au respect de la planète et des saisonniers qui travaillent dans ces exploitations.

Le bio en supermarché : Carole Billiout, Enrick B. Editions, *Kezako mundi* 61 (octobre 2022).

1 - Notez le titre et la source du texte. Quel est le thème du texte ? La problématique ?

....

2 - Relevez le lexique présent dans le texte utile pour votre exposé.

....

....

3 - Quelle est votre opinion sur ce sujet ? Relevez les arguments présents dans le texte et cherchez d'autres arguments.

	Arguments pour	Arguments contre
Arguments présents dans le texte	....	....
Autres arguments	....	....

4 - Élaborez votre plan et votre argumentation complétée par des exemples.

Idée 1 : ....
....

Arguments : ....
....

Exemples : ....
....

Idée 2 : ....
....

Arguments : ....
....

Exemples : ....
....

5 - Rédigez l'introduction et la conclusion de votre exposé.

Introduction :

....

....

....

....

Conclusion :

....

....

....

....

JE RETIENS

▶ **Je termine ma présentation** par une conclusion, même courte.

▶ **Je reformule les mots et expressions** du texte pour montrer la richesse de mon vocabulaire.

2 L'exercice en interaction : préparer le débat

Exercice 4

6 points

Vous défendez votre point de vue au cours du débat avec l'examinateur.
Après avoir présenté votre opinion sur le sujet « Faut-il voyager pour être heureux ? »
(voir p. 136), répondez aux questions de l'examinateur.

Combien de temps ?

▸ Vous défendez votre point de vue **pendant 10 à 13 minutes.**

Que faut-il faire ?

▸ Après avoir présenté votre opinion sur le sujet « Faut-il lire les notes des élèves à haute voix en classe ? », débute la seconde partie de l'épreuve : le débat avec l'examinateur. Vous devez :
– défendre votre avis ;
– réfléchir aux questions que l'examinateur pourrait vous poser ;
– répondre aux questions imaginées en produisant des réponses longues et en variant les structures ;
– contre-argumenter.

Comment faire pour réussir ?

▸ Vous devez être attentif/ive aux questions posées par l'examinateur. N'hésitez pas à le faire répéter si vous ne comprenez pas bien.
▸ Vous devez répondre aux questions longuement, en développant votre pensée.

Comment faut-il faire ?

L'examinateur vous pose les questions suivantes. Vous y répondez.

1 - Comparez avec votre pays : le voyage apporte-t-il le bonheur selon les habitants de votre pays ?

▸ Cette question appelle une comparaison. Répondez-y en utilisant les comparatifs (*plus... que, moins... que...*) et les superlatifs (*le plus..., le moins..., le meilleur...*).

Réponse possible

Dans mon pays, la population a peu la possibilité de voyager car un voyage coûte cher et les gens ont peu de vacances. On trouve surtout le bonheur dans les moments passés en famille. Je trouve que c'est une **meilleure** façon de voir la vie.

2 - D'après vous, voyager pour trouver le bonheur est-il une bonne idée ?

▸ Cette question appelle la prise de position. Répondez-y en utilisant des expressions pour donner son avis.

Réponse possible

Personnellement, je crois que chacun cherche le bonheur où il peut. Pour certains, ce sera le travail, pour d'autres, les voyages. Je pense que c'est très personnel.

3 - Dans votre exposé, vous avez parlé de votre propre expérience. Pouvez-vous préciser ?

▸ Pour répondre à cette question, il est nécessaire d'apporter des précisions, voire des exemples. Répondez-y en utilisant des expressions qui permettent de donner un exemple.

> **Réponse possible**
>
> **Quand j'ai cité mon exemple, c'était pour dire que** je partageais l'envie de faire beaucoup de voyages. Par exemple, je suis allé à Paris et j'ai pu pratiquer le français. En même temps, je comprends qu'il faut faire attention aux déplacements qui polluent, pour la planète.

4 - Savoir que l'environnement souffre de plus en plus des voyages en avion vous provoque quelle réaction ?

▸ Cette question appelle l'expression des sentiments. Répondez-y en utilisant des expressions de sentiment.

> **Réponse possible**
>
> **Ça me choque** terriblement qu'un voyage en avion coûte parfois moins cher qu'un voyage en train. Cela n'encourage pas les gens à changer de mode de transport.

L'examinateur avance les arguments suivants. Vous lui répondez en contre-argumentant.

5 - Puisqu'il y a des milliardaires prêts à payer pour voyager hors de la Terre, pourquoi empêcher des entreprises de développer des voyages vers la Lune ou vers Mars ?

> **Réponse possible**
>
> Je trouve cela très irresponsable de penser aux intérêts d'une minorité (les milliardaires) quand des millions de personnes ne peuvent pas visiter le pays frontalier du leur. C'est injuste.

6 - Les voyages virtuels remplaceront demain les déplacements physiques car ils ont l'avantage d'être moins polluants que l'avion, moins chers, plus pratiques.

> **Réponse possible**
>
> C'est une grande avancée technique, c'est vrai, mais je crois que rien ne peut remplacer la visite ou la rencontre réelle.

JE RETIENS

▸ **Je fais des réponses** longues.

▸ **Je varie** au maximum les structures de phrases.

▸ **Face à un contre-argument**, je ne suis pas déstabilisé(e).

Exercice 5

6 points

Après avoir présenté votre opinion sur le sujet « Les ados et les marques » (voir p. 141), répondez aux questions de l'examinateur.

1 - L'article laisse entendre que les marques servent à s'intégrer mais aussi à exclure. D'après vous, vaut-il mieux en porter ou non ? Pourquoi ?

....

....

2 - Comparez la situation avec votre pays ou un pays que vous connaissez bien : les jeunes sont-ils aussi influencés par les marques ?

....

....

3 - Si vouloir porter des marques est la preuve de la crise d'adolescence, à votre avis, faut-il s'inquiéter d'un jeune qui ne ressentirait pas ce besoin ?

....

....

4 - Acheter des vêtements de marque nécessite un certain budget. Peut-on en conclure que cette question est une question de riches ?

....

....

5 - Les parents ont-ils un rôle à jouer dans ce phénomène ? Si oui, lequel ?

....

....

6 - Les adolescents passant beaucoup de temps à l'école. Pour éviter des dérives comme l'exclusion, une solution pourrait être d'imposer l'uniforme pour tous à l'école. Qu'en pensez-vous ?

....

....

JE RETIENS

▶ **Pendant la préparation**, je prépare quelques questions que pourrait me poser l'examinateur.

▶ **Je ne me contredis pas** entre l'exposé et le débat.

Exercice 6

6 points

Après avoir présenté votre opinion sur le sujet « Le bio en supermarché, vraiment bio ? » (voir p. 143), répondez aux questions de l'examinateur.

1 - Pourquoi cette augmentation de la consommation de produits bio dans la population ?

....

....

2 - D'après vous, peut-il y avoir des scandales alimentaires également dans le bio ?

....

....

3 - Comment rendre l'importation compatible avec la démarche de consommer des produits bio ?

....

....

4 - Quels sont les risques pour les acteurs du bio, par exemple les agriculteurs ?

....

....

5 - Dans les supermarchés, les produits bio coûtent souvent plus cher. Que pensez-vous de cet état de fait ?

....

....

6 - Dans le passé, toute la nourriture consommée par la population n'était-elle pas bio ?

....

....

JE RETIENS

▸ **Je réponds à toutes les questions** en donnant mon avis sur tous les sujets même s'il n'est pas toujours très défini.

▸ **J'apporte des exemples** pour préciser mon opinion.

Prêt pour l'examen !

Communication

- Argumenter
- Développer un thème
- Décrire un phénomène, un fait, une pensée
- Donner les avantages, les inconvénients
- Émettre des hypothèses
- Exprimer des sentiments
- Exprimer une opinion
- Introduire un sujet, annoncer un plan
- Parler du passé, de l'avenir
- Participer à une conversation

Socioculturel

- Mettre en évidence des arguments principaux et secondaires
- Trouver des exemples pertinents
- Exprimer l'approbation/ la désapprobation
- Reformuler, nuancer, préciser ses idées
- Élargir le débat

Grammaire

Les articulateurs logiques
Le subjonctif
Le conditionnel
L'hypothèse
La concordance des temps
Les temps du passé et du futur

Vocabulaire

- **Vocabulaire de l'opinion**
- **Vocabulaire pour exprimer l'accord et le désaccord**
- **Le lexique présent dans la presse**

STRATÉGIES

1. Je réalise une prise de notes bien organisée. Pendant ma prestation, je consulte mes notes mais je ne lis pas. Je regarde l'examinateur dans les yeux.

2. J'utilise les gestes pour être convaincant(e) et conserver l'attention de l'examinateur.

3. J'anticipe les questions de l'examinateur. Lorsque je prépare mes arguments, je me demande : « Comment réagira l'examinateur ? Quelle question pourrait-il me poser ? »

COMMENT DIRE ?

Donner son opinion
- À mon avis…
- En ce qui me concerne…
- D'après moi…
- Selon moi…
- Je pense/trouve/crois que…
- Il me semble que…

Exprimer une opinion générale
- Il va de soi que…
- Il est évident/clair que…
- Il est certain que…
- On ne peut pas nier que…
- Il est vrai que…
- On sait bien que…
- Comme chacun sait, …

Exprimer une certitude
- Je suis absolument/tout à fait certain(e)/persuadé(e) que/de…
- J'ai la conviction que…

Exprimer un doute
- Je ne crois pas que… (+ subj)
- Je ne suis pas persuadé(e) que… (+ subj)
- Je ne suis pas (du tout) sûr(e)/persuadé(e) que… (+ subj)
- Je me demande si…

Exprimer une nécessité
- Il est nécessaire que/de…
- Il est indispensable de…
- Il faut que…
- Il est essentiel de…

Exprimer un accord
- Effectivement
- Sûrement
- Je suis d'accord
- Je suis de votre avis
- Vous avez raison
- Tout à fait
- Je partage votre idée/analyse
- Je reconnais que…

Exprimer un désaccord
- Je ne suis pas d'accord
- Je n'en suis pas si sûr(e)
- Ce n'est pas tout à fait exact

Illustrer
- Par exemple
- À titre d'exemple
- Ainsi
- Notamment

Marquer l'ajout
- De plus
- De même
- Par ailleurs
- D'un autre côté
- Au demeurant

Synthétiser
- Pour résumer
- En définitive
- En d'autres termes
- En somme
- En bref

Marquer la progression
Introduction :
- Tout d'abord
- En premier lieu
- Premièrement
- Je commencerai par…

Continuation :
- Ensuite
- En second lieu
- En outre
- De surcroît
- J'ajouterai que…

Conclusion :
- Enfin
- En dernier lieu
- En définitive
- Pour conclure/en conclusion
- Je terminerai en disant que…

Je suis prêt(e) ?

Les 4 questions à se poser

Je relis les rubriques « Je retiens » et je choisis les 4 conseils les plus importants pour moi :

1. ……

2. ……

3. ……

4. ……

Prêt pour l'examen !

avant l'examen

À faire

- ☐ **Lire** **la presse** et s'entraîner à identifier le thème d'un article, à formuler une problématique

- ☐ **Réviser** **les structures** de l'expression de l'opinion

- ☐ **S'entraîner** **à argumenter** sur des sujets d'actualité

- ☐ **Apprendre** **un grand nombre de connecteurs** logiques

- ☐ **S'entraîner** **à haute voix**, s'enregistrer ou se filmer

le jour de l'examen

- ☐ Structurer son discours, relier les idées entre elles.

- ☐ Faire répéter si besoin.

- ☐ Se montrer détendu(e) et souriant(e).

- ☐ Vouvoyer l'examinateur et utiliser les formules de politesse.

AUTO-ÉVALUATION

Compréhension de l'oral	Oui	Pas toujours	Pas encore
Je peux saisir le genre, le domaine et le thème d'une émission radiodiffusée assez longue même si je ne comprends pas tout.			
Je peux identifier le ton et les points de vue des inter-locuteurs qui s'expriment dans une langue standard.			
Je peux comprendre des situations et des interactions dans des émissions de radio sur des sujets connus ou familiers.			

Compréhension des écrits	Oui	Pas toujours	Pas encore
Je sais identifier les enjeux d'un article grâce au paratexte, aux mots clés et aux articulateurs.			
Je sais reconnaître le ton d'un texte et les stratégies d'argumentation.			
Je sais répondre aux questions de compréhension globale d'un texte.			
Je sais retrouver dans le texte les éléments précis qui justifient ma réponse.			
Je peux comprendre les points de vue de différents locuteurs sur un thème donné.			

Production écrite	Oui	Pas toujours	Pas encore
Je peux écrire un texte argumenté en donnant les avantages et les inconvénients de différentes options, et je peux exprimer mon point de vue.			
Je peux justifier mes arguments par des faits précis et des exemples.			
Je peux exprimer des idées variées et détaillées en les organisant de façon claire et cohérente.			
Je peux écrire des lettres formelles et adapter mon registre de langue au destinataire.			

Production orale	Oui	Pas toujours	Pas encore
Je peux communiquer de façon spontanée avec un locuteur natif.			
Je peux participer activement à une conversation, présenter et défendre mes opinions.			
Je peux m'exprimer de façon claire et détaillée sur une grande variété de sujets.			
Je peux émettre un avis sur un sujet d'actualité et exposer les avantages et les inconvénients en organisant efficacement mes idées.			

ÉPREUVE COLLECTIVE

Compréhension de l'oral 30 minutes environ 25 points

Vous allez écouter plusieurs documents.

Avant chaque écoute, vous entendez le son suivant : 🔔 .

Pour répondre aux questions, cochez (☑) la bonne réponse.

Exercice 1 **9 points** PISTE 44

Vous allez écouter deux fois un document.

Vous écoutez une émission à la radio.

Lisez les questions, écoutez le document puis répondez.

1. D'après l'invité Martin Hirsch, dire que les jeunes s'engagent de moins en moins... 1,5 point
A. ☐ résulte d'une enquête.
B. ☐ est dû à leur éducation.
C. ☐ reprend une idée fausse.

2. À quelle condition l'invité Martin Hirsch garantissait-il le succès du service civique volontaire ? Ce service devait... 1 point
A. ☐ proposer un bon salaire aux jeunes.
B. ☐ être obligatoire pour tous les jeunes.
C. ☐ répondre aux envies d'agir des jeunes.

3. Martin Hirsch explique que l'enquête menée sur l'engagement des jeunes sert à... 1 point
A. ☐ faire un portrait de la jeunesse d'aujourd'hui.
B. ☐ développer le financement du service civique.
C. ☐ déterminer les nouvelles priorités pour la jeunesse.

4. Après enquête, Martin Hirsch affirme que la jeune génération se montre... 1 point
A. ☐ multiple.
B. ☐ homogène.
C. ☐ inconstante.

5. D'après Martin Hirsch, la notion d'engagement des générations précédentes était d'abord liée à... 1,5 point
A. ☐ une cause collective.
B. ☐ une croyance religieuse.
C. ☐ une conscience individuelle.

6. D'après Martin Hirsch, l'enquête montre que les jeunes s'engagent parfois sans... 1,5 point
A. ☐ en parler.
B. ☐ en tirer profit.
C. ☐ en être conscients.

7. L'invité Martin Hirsch pense que l'Institut de l'engagement offre aux jeunes... 1,5 point
A. ☐ la liberté de choisir leur mission.
B. ☐ la chance de préparer un diplôme.
C. ☐ l'opportunité de trouver leur métier.

Exercice 2 **9 points**

Vous allez écouter deux fois un document.

Vous écoutez une émission à la radio.

Lisez les questions, écoutez le document puis répondez.

1. La journaliste parle de la Journée mondiale de la gastronomie durable parce que...   1 point
A. ☐ l'émission a lieu le même jour.
B. ☐ les lycées agricoles la célèbrent.
C. ☐ les Nations unies viennent de la créer.

2. Pour introduire le thème de l'émission, la journaliste a invité Lucas qui est...   1 point
A. ☐ agriculteur dans la région.
B. ☐ professeur au lycée agricole.
C. ☐ responsable d'un restaurant.

3. En parlant de son propre parcours, Lucas explique que la gastronomie
durable a été...   1,5 point
A. ☐ une mode passagère.
B. ☐ une tradition familiale.
C. ☐ une découverte récente.

4. Lucas souhaite que la gastronomie durable...   1,5 point
A. ☐ change les habitudes alimentaires des jeunes.
B. ☐ contribue à l'économie agricole de proximité.
C. ☐ modifie la production mondiale des fruits et légumes.

5. L'objectif pour Lucas de faire connaître la gastronomie durable est aussi d'...   1,5 point
A. ☐ attirer de nouveaux salariés...
B. ☐ ajuster l'offre et la demande...   ... dans la restauration.
C. ☐ augmenter le nombre de clients...

6. La journaliste mentionne un label « vert » français récompensant les restaurants...   1,5 point
A. ☐ qui mènent des actions de communication...
B. ☐ qui organisent des événements commerciaux...   ... en faveur de l'environnement.
C. ☐ qui mettent en œuvre des pratiques culinaires...

7. Lucas espère que ce label « vert » incitera les jeunes à...   1 point
A. ☐ influer sur la qualité de leurs lieux de restauration.
B. ☐ ouvrir eux-mêmes des restaurants éco-responsables.
C. ☐ choisir des filières professionnelles en restauration durable.

ÉPREUVE COLLECTIVE

Exercice 3 | **7 points**

Vous allez écouter 1 fois 3 documents.

DOCUMENT 1
Lisez les questions. Écoutez le document puis répondez.

1. À la sortie du livre *Ces animaux qui nous font du bien*, le journaliste évoque
l'idée que le public pourrait...   1 point
A. ☐ rejeter le thème du livre.
B. ☐ se méfier du thème du livre.
C. ☐ s'enthousiasmer pour le thème du livre.

2. Lors de la préparation de son livre, l'autrice Laurence Paoli a constaté
que les propriétaires d'animaux domestiques...   1 point
A. ☐ avouent...
B. ☐ ont honte de...   ... leur passion pour leur animal.
C. ☐ s'interrogent sur...

DOCUMENT 2
Lisez les questions. Écoutez le document puis répondez.

3. Le journaliste demande à l'invitée Julie si les réseaux sociaux vont finir par...   1,5 point
A. ☐ supprimer...
B. ☐ renforcer...   ... la tradition du 1er avril.
C. ☐ transformer...

4. L'invitée Julie pense que les gens...   1 point
A. ☐ abandonneront la tradition...
B. ☐ continueront à se rencontrer...   ... autour du 1er avril pour s'amuser.
C. ☐ utiliseront désormais Internet...

DOCUMENT 3
Lisez les questions. Écoutez le document puis répondez.

5. Le festival « 48 heures BD » est un festival en Belgique et en France de...   1,5 point
A. ☐ ventes de bandes dessinées d'occasion.
B. ☐ promotion de l'art de la bande dessinée.
C. ☐ séminaires professionnels sur la bande dessinée.

6. À l'occasion de ce festival, la librairie d'Elias propose de...   1 point
A. ☐ participer à la conception d'une BD.
B. ☐ rencontrer des dessinateurs de BD.
C. ☐ présenter les BD réalisées par ses clients.

ÉPREUVE COLLECTIVE

Compréhension des écrits

1 heure | 25 points

ÉPREUVE COLLECTIVE

Exercice 1 9 points

Vous lisez cet article.

Des espèces connectées

Il existerait donc des connexions entre tous les éléments composant la planète Terre, faisant d'elle ce grand organisme complexe, à l'image des connexions existant par exemple dans le cerveau humain ou dans une forêt.

De fait, les espèces sont liées les unes aux autres. Certaines ne peuvent d'ailleurs pas vivre sans une autre espèce. Ces liens sont variables. Il peut exister une concurrence entre deux espèces : la compétition pour de la nourriture ou un territoire par exemple. Un lien de prédateur à proie peut aussi unir deux espèces. Certains êtres vivants vivent même sur ou dans des êtres d'une autre espèce pour se nourrir de leur hôte. On appelle cela le parasitisme, tels les poux sur la tête des enfants. Il peut également exister un lien fort d'union, appelé le mutualisme. Il s'agit d'une interaction entre des êtres de deux espèces différentes qui y trouvent un avantage réciproque, par exemple des bactéries trouvant abri dans un organisme et qui, en même temps, aident à la digestion de leur hôte. Il arrive même que certaines espèces ne puissent vivre sans une autre (par exemple la quasi-fusion entre une algue et un champignon conduisant à la formation du lichen).

De plus, les espèces interagissent entre elles, mais aussi avec leur environnement. Une espèce dite cyptique imite un élément de son environnement en se fondant dans le décor. [...]

Ainsi, nous l'avons vu, nombreux sont les exemples dans lesquels plusieurs éléments de la nature interagissent pour collaborer, se compléter ou encore se protéger. Les uns ne vont bien souvent pas sans les autres, ce qui semble tendre vers l'idée d'un tout. En outre, pour Lovelock[*], ce qui permet le développement et le maintien de la vie, c'est la variété : variété des éléments, des espèces... Sans variété, pas de vie. Par exemple, la monoculture appauvrit les sols et prive de nombreuses espèces de leur habitat. De même, la surpêche, le réchauffement climatique et l'érosion des fonds matins causent la disparition de nombreux coraux. Les espèces sont connectées et certaines sont même interdépendantes : chacune ayant son rôle à jouer au sein de son écosystème. L'équilibre du tout passe ainsi par la variété des organismes qui le composent. Lovelock transpose cette réalité à l'échelle non plus d'un écosystème, mais de la planète. Et vous qu'en pensez-vous ? La Terre réagit-elle ? Est-elle vivante comme le pense Lovelock ? Se pourrait-il même qu'elle ressente des choses et réagisse aux actions des êtres qui la peuplent ? Et que cela nous dit-il ? [...]

Kezako mundi n° 64, 2 janvier 2023.

[*]James Lovelock est un scientifique britannique.

Pour répondre aux questions, cochez la bonne réponse.

1. L'auteur affirme que les espèces...   1,5 point
A. ☐ sont dépendantes les unes des autres.
B. ☐ sont menacées de disparition.
C. ☐ n'ont pas d'interaction.

2. Quelle relation peut-il exister entre 2 espèces ?   1 point
A. ☐ Un lien de protection.
B. ☐ Un lien de concurrence.
C. ☐ Un lieu de prédateur à proie.

3. Pourquoi certaines espèces ont-elle des interactions ?   1,5 point
A. ☐ Car certaines espèces sont interdépendantes.
B. ☐ Parce que certaines espèces ont besoin d'aide.
C. ☐ Pour protéger les espèces les plus fragiles.

4. Quel phénomène a une influence sur la connexion des espèces ?   1 point
A. ☐ Les méthodes de surconsommation.
B. ☐ Les changements politiques.
C. ☐ La protection de l'environnement.

5. Quel type d'interaction peut-on observer dans la nature ?   1,5 point
A. ☐ Une modification en fonction de la météo.
B. ☐ Une relation particulière avec l'environnement.
C. ☐ Un changement dans le milieu de vie sous-terrain.

6. D'après le scientifique, qu'est-ce qui garantit le maintien d'un écosystème ?   1,5 point
A. ☐ La variété des organismes.
B. ☐ Le réchauffement climatique.
C. ☐ Les mouvements de la terre.

7. Avec quoi le scientifique compare-t-il l'équilibre d'un écosystème ?   1 point
A. ☐ La vie sur la planète Terre.
B. ☐ L'interaction avec les planètes.
C. ☐ Les données démographiques.

Exercice 2 9 points

Les perturbateurs endocriniens

Entretien avec Barbara Demeneix, biologiste endocrinologue

Barbara Demeneix est endocrinologue, experte internationalement reconnue pour son travail sur la perturbation endocrinienne et le fonctionnement thyroïdien.

Vous avez participé à un documentaire d'ARTE intitulé « Demain, tous crétins ? » (2017) qui s'intéresse à la baisse des capacités intellectuelles constatée notamment dans certains pays occidentaux. Y a-t-il un lien établi entre l'invasion de notre quotidien par les perturbateurs endocriniens ces dernières décennies et cette baisse ?

Je le pense. De sérieuses études scientifiques et épidémiologiques ont prouvé que l'exposition aux centaines d'agents chimiques présents dans notre quotidien perturbe l'un des principaux régulateurs du développement de notre cerveau, à savoir l'hormone thyroïdienne. Ce qui se traduit par une baisse du QI et de l'acuité mentale, mais aussi plus largement par une augmentation des « déficiences intellectuelles ».

Sommes-nous concernés par les perturbateurs endocriniens dès la vie intra-utérine ?

La grossesse est une période d'extrême vulnérabilité à l'exposition aux agents chimiques et le placenta ne fait pas barrière. La mère elle-même est exposée à tout ce qui est pollution de l'air, de la nourriture et de l'eau qu'elle boit, et le transmet : on a retrouvé plus de cent molécules polluantes dans le liquide amniotique ! Certaines de ces substances insidieuses affectent directement le cerveau et sont responsables d'une baisse de QI.

Depuis quand s'intéresse-t-on à ce dossier ?

Depuis les années 2000 surtout. C'est à cette période que l'on mène des tests poussés, aux constats alarmants ; et que l'on fait le lien avec l'exposition, au cours des cinquante dernières années, à tout un tas d'agents chimiques d'origine industrielle. Il faut dire que, depuis les années 1970, la production de l'industrie chimique a été multipliée par 300…

Comment éviter au maximum l'exposition aux perturbateurs endocriniens ?

Je reconnais que cela paraît un peu désespérant de dire cela, mais il me semble difficile d'éviter ce « cocktail toxique »… Pesticides et plastiques sont les deux agents omniprésents dans nos vies. Comme le soulignait un de mes collègues, il n'y a pas de masque contre les PE ! On les boit, on les mange – les perturbateurs endocriniens sont présents dans presque tous les aliments –, on les respire… Les polluants présents dans les plastiques détruisent notre environnement mais aussi notre santé : on les retrouve absolument partout. Il est difficile de supprimer tous les polluants à ce stade, mais il est impératif de limiter très rapidement leurs usages. L'agriculture biologique est censée garantir au maximum une alimentation « propre ». […]

ÉPREUVE COLLECTIVE

L'interdiction d'un produit amène souvent la mise sur le marché d'un autre. Comment éviter les « substitutions regrettables » ?

Lorsqu'un produit est interdit, l'industrie tente fréquemment de contourner la régulation, ce qui a pour conséquence la mise sur le marché d'une substance sœur tout aussi nocive. L'Union européenne n'est pas encore assez sévère face à cela. La « chimie écologique », qui cherche à éviter la pollution des substances nocives depuis la source, peut constituer une alternative viable et il faut encourager les recherches en ce sens. [...]

L'Éléphant, n° 41, 10 janvier 2023.

1. Que pense l'experte de l'effet de l'exposition aux produits chimiques ? — 1 point
A. ☐ Cela a un effet sur le développement corporel.
B. ☐ Cela n'a pas de conséquences négatives.
C. ☐ Cela stimule le développement intellectuel.

2. Qu'est-ce que les études ont pu montrer d'après l'auteur de l'article ? — 1 point
A. ☐ Une baisse des capacités intellectuelles.
B. ☐ Une augmentation des maladies.
C. ☐ Une production de substances.

3. Pourquoi les femmes enceintes doivent-elles faire attention ? — 1,5 point
A. ☐ Les femmes enceintes peuvent faire des allergies.
B. ☐ Le développement du cerveau intra-utérin est plus lent.
C. ☐ Les particules chimiques extérieures peuvent toucher le fœtus.

4. Pourquoi s'intéresse-t-on à ce dossier depuis 1970 ? — 1 point
A. ☐ À cause d'un développement industriel particulier.
B. ☐ Car de nouvelles méthodes dépolluantes sont nées.
C. ☐ En raison de la mise en place de nouvelles analyses.

5. D'après le spécialiste, pourquoi est-il impossible de se passer des produits dangereux ? — 1,5 point
A. ☐ Ils sont très économiques.
B. ☐ Ils sont presque irremplaçables.
C. ☐ Ils sont fabriqués très rapidement.

6. Que faut-il faire pour limiter les agents néfastes ? — 1,5 point
A. ☐ Restreindre drastiquement leurs utilisations.
B. ☐ Utiliser des produits biologiques pour les détruire.
C. ☐ Supprimer complétement les éléments qui les produisent.

7. Que préconise l'expert concernant les produits de substitution ? — 1,5 point
A. ☐ Mettre en place des contrôles.
B. ☐ Utiliser plus de substances naturelles.
C. ☐ Accorder plus de moyens à la recherche.

Exercice 3   **7 points**

Vous consultez un forum de débat sur les parcs éoliens. Trois étudiants expriment leur avis sur la construction d'éoliennes.

Aminata

Chaque année, je pars en vacances à Étretat, et de la plage, on peut voir les éoliennes de Fécamp. C'est affreux ! Je suis vraiment mécontent que les pouvoirs publics aient permis que l'on dénature ainsi la fameuse côte d'Albâtre. Ce magnifique site naturel est complètement défiguré avec ces machines gigantesques, plantés là, en plein milieu. Par ailleurs, chaque fois, je constate qu'une partie des éoliennes est à l'arrêt. Elles ne produisent donc pas l'énergie promise. À quoi servent-elles ? Je sais aussi que les associations écologiques locales sont très préoccupées par les conséquences dangereuses des éoliennes sur les espèces d'oiseaux qui vivent sur les côtes.

Ryad

Les éoliennes devraient être installées dans tous les sites possibles en France car elles produisent une énergie verte et renouvelable qui permet de lutter contre le réchauffement climatique. C'est une bonne idée pour la planète. Certes, leur construction nécessite des matériaux non recyclables comme le béton ou les métaux mais c'est le cas aussi pour les voitures et les téléphones portables. La durée de vie d'une éolienne est de trente ans environ, cela ne doit donc pas être un frein. Ce qui est le plus important, c'est que les éoliennes produisent environ 8 % de l'électricité en France chaque année, depuis 2020.

Stefano

Pour moi, on ne peut plus se passer des moyens alternatifs pour produire de l'électricité. Les éoliennes en font partie. L'un des inconvénients majeurs avec les éoliennes, c'est qu'on ne peut pas prévoir la quantité d'électricité qui sera produite. En effet, les vents sont difficiles à anticiper. Une solution pour satisfaire les pro et anti-éoliennes serait d'installer des parcs éoliens en pleine mer. Ainsi les éoliennes ne modifieraient pas les sites naturels côtiers et implantées en pleine mer, des vents plus forts et réguliers que sur terre permettraient de produire jusqu'à 60 % d'énergie en plus que pour des éoliennes terrestres.

À quelle personne associez-vous chaque point de vue ?

1. Les installations écologiques ont des conséquences sur les paysages.   1 point
A. ☐ Aminata   **B.** ☐ Ryad   **C.** ☐ Stefano

2. L'installation d'un parc éolien en pleine mer permet de produire plus d'énergie.   1 point
A. ☐ Aminata   **B.** ☐ Ryad   **C.** ☐ Stefano

3. Les éoliennes permettent de lutter contre le réchauffement climatique.   1,5 point
A. ☐ Aminata   **B.** ☐ Ryad   **C.** ☐ Stefano

4. Les éoliennes mettent en danger les animaux.   1 point
A. ☐ Aminata   **B.** ☐ Ryad   **C.** ☐ Stefano

5. Les parcs éoliens produisent une part non négligeable de l'énergie française.   1 point
A. ☐ Aminata   **B.** ☐ Ryad   **C.** ☐ Stefano

6. On ne contrôle pas la quantité d'énergie produite avec une éolienne.   1,5 point
A. ☐ Aminata   **B.** ☐ Ryad   **C.** ☐ Stefano

ÉPREUVE COLLECTIVE

Production écrite

1 heure | 25 points

Votre établissement bilingue accueille un élève français qui passera trois mois dans votre classe. Vous aimeriez organiser une sortie scolaire pour faire découvrir la ville à votre nouveau camarade et l'aider à faire connaissance avec les élèves de la classe.

Vous écrivez une lettre au proviseur de votre établissement pour le convaincre d'accepter votre proposition. Vous insistez sur votre capacité à organiser la sortie en mettant en valeur les avantages d'un tel projet. (250 mots minimum)

Production orale

20 minutes | **25 points**

30 minutes de préparation

Vous tirerez au sort deux documents parmi ceux proposés par l'examinateur et vous en choisirez un.

Vous dégagerez le problème soulevé par le document que vous avez choisi puis vous présenterez votre opinion sur le sujet de manière claire et argumentée (5 à 7 minutes).

Vous défendrez votre point de vue au cours du débat avec l'examinateur (10 à 13 minutes).

Sujet 1

Un balado pour sensibiliser les ados à la vie privée en ligne

Selon une étude menée par HabiloMedias, 74 % des jeunes sont d'accord pour que les membres de leur famille les géolocalisent, 46 % n'utilisent pas les paramètres de confidentialité, et 50 % ont déjà prétendu être une autre personne en ligne. […]

Le balado *Empreinte numérique*, qui compte trois épisodes pour le moment, est piloté par l'enseignante et humoriste Douaa Kachache, suivie par quelque 75 000 personnes sur TikTok, et Tom-Éliot Girard […].

Le duo accueille des jeunes et des spécialistes du numérique qui répondent avec humour et esprit critique à des questions telles que : Peut-on effacer une information sur nous dans les moteurs de recherche ? Instagram peut-il lire nos messages ou nous écouter ? Une sonnette connectée, est-ce un gadget sécuritaire ?

« Les jeunes sont très conscients de la confidentialité et [sont] préoccupés par leur image », explique Douaa Kachache.

« Les technologies numériques progressent tellement vite. C'est normal, avec le manque de recul, de ne pas voir les conséquences que pourraient laisser nos traces en ligne. » — Une citation de Tom-Eliot Girard.

[…]

Radio-Canada, 23 février 2023

Sujet 2

Piercings

Les parents de Nathalie, 16 ans, sont à la fois énervés et désespérés : leur fille s'est fait percer le sourcil[1], le nez puis la langue sans leur autorisation Depuis, ils lui demandent quotidiennement de faire retirer ces piercings. En vain[2]. Pour Nathalie, c'est « une façon bien à elle de porter un bijou ». « Pour moi, les piercings sont associés à la jeunesse mais aussi à l'art », explique-t-elle. « C'est mon corps, j'en fais ce que je veux, y compris un chef-d'œuvre ! »

Malgré ses arguments, les parents de Nathalie considèrent qu'il est de leur devoir de la raisonner afin qu'elle ne regrette pas plus tard ses choix de « jeunesse ».

En France, la mode des piercings mais également des tatouages ne cesse de se développer. Les boutiques spécialisées proposant ces services poussent comme des champignons et attirent de plus en plus de jeunes.

32 % des adolescents de 11 à 19 ans seraient tentés, selon un récent sondage ! Quant aux parents, 70 % d'entre eux en ont une image négative et les trouvent vulgaires.

1. **sourcil** : poils au-dessus des yeux – 2. **en vain** : sans succès

B2

B2

junior et scolaire

Attestation

Je suis 100 % prêt(e) pour l'examen DELF B2

Notez votre prénom et votre nom :

....

Fait à .... (Ville), le ...... / .... / .... (date du jour)

didier
Français Langue Étrangère

Vous avez…

👉 fait toutes les activités « Se préparer » ;

👉 fait tous les exercices « S'entraîner » ;

👉 lu les « Je retiens » et les pages « Prêt pour l'examen » ;

👉 réalisé l'auto-évaluation ;

👉 réussi l'épreuve blanche.

Bravo ! Cette attestation est pour vous !

didier
Français Langue Étrangère

COMMENT LA PRODUCTION ÉCRITE B2 EST ÉVALUÉE ?

Les correcteurs habilités sont dotés d'une grille pour évaluer l'exercice de production écrite.

Il y a **5 critères** pour évaluer plusieurs compétences.

Compétence pragmatique : les correcteurs vérifient si le candidat est capable de développer une argumentation claire à partir du sujet présent dans la consigne, en apportant des justifications pour ou contre et en expliquant les avantages et les inconvénients de différentes options ; ils vérifient aussi si le candidat peut produire un texte clair, fluide et bien structuré en utilisant des articulateurs variés ; la mise en page et la ponctuation doivent êtres logiques et facilitantes.

Compétence sociolinguistique : les correcteurs vérifient si le candidat peut ajuster son degré de formalisme pour s'adapter à la situation et/ou au destinataire.

Compétence linguistique : les correcteurs vérifient si le candidat est capable d'utiliser une large gamme de vocabulaire relatif à son domaine d'intérêt et aux sujets de société courants; ils vérifient également si le candidat peut varier sa formulation et utiliser une orthographe de manière juste ; ils vérifient enfin si le candidat a un bon contrôle grammatical et utilise des structures syntaxiques complexes.

Si la production du candidat ne respecte pas la consigne, s'il n'écrit pas suffisamment de mots ou s'il ne complète pas l'exercice, les correcteurs cochent une « anomalie » et suivent les instructions indiquées dans la grille.

		Niveau de performance			
		Non répondu ou production insuffisante	En dessous du niveau ciblé	Au niveau ciblé	
Critères				**B2**	**B2+**
Compétence pragmatique	Réalisation de la tâche	☐ 0	☐ 1	☐ 3	☐ 5
	Cohérence et cohésion	☐ 0	☐ 1	☐ 3	☐ 5
Compétence sociolinguistique	Adéquation sociolinguistique	☐ 0	☐ 1	☐ 3	☐ 5
Compétence linguistique	Lexique	☐ 0	☐ 1	☐ 3	☐ 5
	Morphosyntaxe	☐ 0	☐ 1	☐ 3	☐ 5

Anomalies

Si la production contient des anomalies, veuillez cocher la ou les cases correspondantes :

☐ Hors-sujet thématique : le candidat ne peut pas être identifié « B2+ » pour les critères « réalisation de la tâche » et « lexique ».

☐ Hors-sujet discursif : le candidat ne peut être identifié ni « B2 » ni « B2+ » pour les critères « réalisation de la tâche » et « cohérence et cohésion ».

☐ Hors-sujet complet (thématique et discursif) : attribuez la note 0 aux critères « réalisation de la tâche », « cohérence et cohésion » et « adéquation sociolinguistique ». Le candidat ne peut être identifié ni « B2 » ni « B2+ » pour les critères « lexique » et « morphosyntaxe ».

☐ Copie blanche : attribuez 0 à l'ensemble des critères de cet exercice.

☐ Manque de matière évaluable : si le candidat produit moins de 50 % du nombre de mots attendus (soit 29 mots ou moins), attribuez 0 à l'ensemble des critères de cet exercice.

COMMENT LA PRODUCTION ORALE B2 EST ÉVALUÉE ?

Les examinateurs habilités sont dotés d'une grille pour évaluer l'épreuve de production orale.

Il y a **5 critères** pour évaluer plusieurs compétences.

Compétences pragmatique et sociolinguistique : les examinateurs vérifient si le candidat peut présenter la problématique soulevée dans la consigne au moyen d'une brève introduction, peut donner son opinion en développant des arguments concrets étayés d'exemples pertinents et peut produire un discours clair, fluide et bien structuré ; ils vérifient également si le candidat est capable d'exprimer, de confirmer et de nuancer son opinion en apportant des exemples supplémentaires au cours d'un débat.

Compétence linguistique : les examinateurs vérifient si le candidat est capable d'utiliser de façon adéquate une large gamme de vocabulaire et de varier sa formulation pour éviter les répétitions ; ils vérifient également si le candidat a un bon contrôle grammatical avec l'utilisation de structures syntaxiques complexes ; ils vérifient si le candidat peut en général utiliser la bonne intonation, placer correctement l'accent et articuler clairement les sons.

	Critères	Non répondu ou production insuffisante	En dessous du niveau ciblé	Au niveau ciblé	
				B2	B2+
Compétences pragmatique et sociolinguistique	Réalisation de la tâche : monologue suivi *(5 à 7 minutes)*	☐ 0	☐ 1	☐ 3	☐ 5
	Réalisation de la tâche : exercice en interaction *(10 à 13 minutes)*	☐ 0	☐ 1	☐ 3	☐ 5
Compétence linguistique	Lexique	☐ 0	☐ 1	☐ 3	☐ 5
	Morphosyntaxe	☐ 0	☐ 1	☐ 3	☐ 5
	Maîtrise du système phonologique	☐ 0	☐ 1	☐ 3	☐ 5

TRANSCRIPTIONS

SE PRÉPARER
Activité 1, p. 12 PISTE 2

Extrait 1

– Bonjour Patrick.

– Bonjour à toi, Florence, et à tous nos jeunes auditeurs et auditrices. Nous allons parler aujourd'hui du roman pour ados *Les errantes*, de Jo Witek. Sur la couverture du livre, qui frappe tout de suite, on voit une jeune femme qui semble voler devant une fenêtre, toute en transparence, semblable à un fantôme.

– Entre le titre et le dessin de couverture, assez inquiétant ou fantastique, on comprend déjà qu'il s'agit d'une histoire qui fait un peu peur, non ?

– Oui, nous sommes entourés de fantômes ! L'histoire commence avec Susanne, une célébrité dans le monde des jeux vidéo. Après une terrible dispute avec son père, elle trouve refuge dans une chambre au dernier étage d'un immeuble parisien. Le lecteur comprend vite que le calme de ce lieu ne va pas durer…

– Comment est-elle arrivée dans cette chambre ?

– Grâce à l'aide d'une de ses fans, Anne-Lise, dont les parents sont propriétaires de l'immeuble. Anne-Lise est l'une de ses voisines, l'autre est Saskia l'Estonienne, qui a quitté son pays d'origine et sa famille pour réaliser ses rêves. Les trois filles sont très différentes, mais elles traversent toutes une période difficile de leur vie.

– C'est-à-dire ?

– Susanne ne supporte plus son père, Anne-Lise est en révolte contre son milieu bourgeois et la société en général. Quant à Saskia, elle rêve de devenir artiste mais manque terriblement de confiance en elle. Les « errantes » du titre du roman, ce sont peut-être bien ces trois adolescentes un peu perdues entre l'enfance et l'âge adulte : elles se cherchent, s'interrogent sur la voie à suivre pour être vraiment elles-mêmes et mener une vie épanouie. Ou est-ce que ce seraient plutôt leurs fantômes ?

Extrait 2

– Nous nous trouvons sur un salon bien particulier, dédié à un loisir tout aussi particulier : le sport électronique. Bonjour Madame, vous visitez le salon e-sport aujourd'hui : que pensez-vous de cette nouvelle activité ?

– J'adore ! C'est sûr que le sport électronique est encore très discuté, mais il trouve de plus en plus d'adeptes : la preuve en est ce salon !

– Merci ! Et vous Monsieur, que vous inspire le e-sport ?

– J'ai l'impression que les amateurs de cette activité sont souvent considérés comme de grands enfants, un peu coupés de la vie sociale…

– Êtes-vous un grand enfant ?

– Par moments, oui, et cela fait du bien ! Mais regardez le public de ce salon, il y a toutes sortes de personnes, jeunes et moins jeunes, femmes et hommes. Moi, je suis même venu en famille, pour jouer ensemble.

– Il s'agit indiscutablement d'un phénomène de société, d'une véritable nouvelle mode. N'est-ce pas, Madame ?

– Une nouvelle mode ? Pas du tout. Rappelez-vous que le premier jeu vidéo multi-joueurs a été inventé dès 1958. C'était un jeu de tennis très basique où deux personnes s'affrontaient sur une console vidéo. N'oubliez pas non plus que la première compétition de e-sport a eu lieu en 1972, avec des combats en vaisseau spatial !

Extrait 3

– Régine Quéva est une spécialiste d'algues. Auteure de plusieurs livres sur le sujet, elle nous a conviés aujourd'hui à une sortie un peu spéciale.

– Les eaux sont fraîches. On le sait quand on se baigne, en Bretagne nord surtout. Brassées, on le voit, brassées et oxygénées, regardez, c'est magnifique pour les algues. Et puis alors il y a des gens, touristes et d'autres, qui disent « ah là là, il y a beaucoup d'algues », non, on devrait dire « ah là là super, il y a beaucoup d'algues » car plus il y a d'algues différentes, variées, accrochées sur les rochers, plus ça nous renseigne sur la qualité des eaux et du littoral. Le plus grand champ d'algues d'Europe est devant vous, il est là. On a entre 6, 700 à 800 variétés d'algues différentes, entre 700 et 800.

– La mer d'Iroise à la pointe bretonne est considérée comme le plus grand champ d'algues d'Europe. La Bretagne est à la frontière d'eaux tempérées, un refuge pour les algues à l'abri du réchauffement climatique. Depuis quelques années, ces organismes largement inexploités font l'objet d'un vrai engouement.

© RFI

Extrait 4

– Bonjour !

– Vous êtes journaliste et vous avez écrit une « Histoire du Prix Nobel », parue chez François Bourin éditeur. Nous sommes aujourd'hui avec les élèves du collège Jean Mariotti de Nouméa en Nouvelle-Calédonie, et d'abord avec Joséphine.

– Qu'est-ce qu'est un prix Nobel ?

– Alors, un prix Nobel, c'est une récompense créée il y a plus de cent ans par un monsieur très riche pour soutenir et aider des personnes qui ont rendu les plus grands services à l'humanité. Ça, c'est l'expression utilisée par ce monsieur quand il a écrit son testament dans lequel il souhaitait que toute sa fortune ou presque serve à financer ces nouveaux prix. Alfred Nobel donc, c'est le nom de ce monsieur qui était suédois, l'inventeur de la dynamite, qui l'avait rendu très riche. Eh bien cet inventeur avait une idée très précise des prix qu'il voulait créer. Il fallait qu'ils récompensent uniquement des découvertes ou des inventions dans des domaines précis : alors la médecine, la physique, la chimie, et en plus des écrivains et des personnes qui agissent pour la paix, pour la fin des guerres, le rapprochement entre les peuples.

© France Info

Extrait 5

– Si j'ai bien compris, le manga sauve la bande dessinée, la bande dessinée sauve le secteur du livre, donc merci les mangas ?

– Merci les mangas, oui, si on veut. Ce qu'il faut bien garder à l'esprit, c'est surtout que depuis un certain nombre d'années, on observait en fait une baisse du lectorat à l'échelle de l'ensemble du secteur du livre où les forts lecteurs avaient tendance justement à être de moins en moins présents, et ce qui était un petit peu angoissant. Avec le développement du manga justement, on constate un renouvellement de ce lectorat et donc justement cela permet d'avoir de nouveaux lecteurs et donc bien évidemment d'espérer le meilleur pour les autres secteurs.

– On peut dire que la France est la deuxième patrie du manga ?

– Oui, globalement on peut dire que la France est la deuxième patrie du manga, c'est-à-dire que lorsqu'on regarde les chiffres de vente par rapport aux autres pays à l'exception du Japon, la France se situe effectivement en deuxième position. Après, il y a un point qu'il faut aussi garder à l'esprit, c'est que la France est le deuxième marché du manga avec un peu plus de… je n'ai plus les chiffres alors je ne vais pas vous les donner, pour éviter de me tromper. Mais il faut savoir que le marché du manga au Japon est 17 fois plus important que celui de la France. Donc on est vraiment le deuxième mais on est encore tout petit par rapport à ce qui se passe au Japon.

– Toujours est-il qu'une bande dessinée sur deux vendue cette année en France est un manga.

– Oui.

– Un peu plus d'ailleurs, 55 %.

– Oui, qu'une bande dessinée sur deux vendue en France est un manga cette année parce que justement le manga est un type de lecture qui permet justement aux lecteurs et aux lectrices qui le cherchent d'y trouver ce qu'ils désirent, à savoir beaucoup de lecture pour un prix modique avec des sujets qui les intéressent, le tout dans un format facilement transportable.

© France Culture

Extrait 6

Une fois par an, nous passons à l'heure d'hiver. Les études montrent pourtant que ce changement d'heure n'est plus très pertinent. On aurait dû déjà le supprimer en 2021 !

Les députés européens avaient voté sa suppression, mais la réforme est encore au point mort.

Si je critique le changement d'heure annuel, c'est d'abord parce que les économies d'énergie liées à la baisse du temps d'éclairage artificiel ne sont plus vraiment importantes : l'utilisation des ampoules basse consommation est peu à peu généralisée et les progrès technologiques sont remarquables. Résultat : le changement d'heure n'apporte plus que 0,07 % d'économie sur la consommation d'électricité en France. Par ailleurs, les chronobiologistes ont raison quand ils critiquent les effets négatifs sur la santé. En modifiant nos horaires d'exposition au soleil, le changement d'heure peut perturber notre horloge interne, le rythme hormonal et le sommeil durant quelques jours.

La lumière artificielle et le rythme social n'effacent qu'en partie le décalage horaire par rapport au soleil et nous en sommes au 152e changement d'heure en France ! Claude Gronfier, chronobiologiste et chercheur à l'Institut national de la santé et de la recherche médicale, dit justement que « la lumière solaire est le synchroniseur le plus puissant de notre rythme biologique, il a plus d'impact que la lumière artificielle ». Les Européens, consultés en 2019, étaient favorables à 84 % à la suppression de ce changement d'heure. Pour la Fédération internationale des sociétés de chronobiologie, il serait préférable de rester à l'heure d'hiver, qui est plus proche du cycle solaire et plus facile à gérer par notre organisme.

En attendant, on va encore changer nos montres et horloges d'une heure au printemps. Dès le dernier dimanche de mars, il fera donc nuit plus longtemps le matin. Attention aussi, les cyclistes et les piétons doivent se rendre bien visibles avant le lever du jour, et merci chers automobilistes de rester vigilants !

Activité 2, p. 13

Extrait 1 PISTE 3

Cette année encore, en décembre, se tiendra la « Conférence des parties », appelée communément la COP, qui est organisée par l'Organisation des Nations unies pour le Climat. Elle réunit les pays signataires de la Convention-cadre des Nations unies sur les changements climatiques, chaque année dans un pays différent : elle s'est déroulée par exemple au Brésil, au Japon, au Mexique, au Maroc ou en France. Depuis 1995, la COP rassemble plus d'une centaine de pays du monde entier pour parler du climat et de la lutte contre le réchauffement climatique. L'opération est donc lancée encore cette année : les pays qui ont signé au départ la convention sur le climat du sommet de Rio en 1992 se retrouvent de nouveau pour proposer des solutions concrètes contre le changement climatique. À côté des personnalités politiques et des acteurs institutionnels, on trouve aussi des acteurs non gouvernementaux en grand nombre, issus d'organisations non gouvernementales, d'entreprises, de villes, ou même des citoyens isolés. Ainsi ceux-là sont les meilleurs représentants de la société qui doit collectivement lutter contre le changement climatique. Chaque année, on attend entre 30 et 35 000 participants, dont principalement des représentants du secteur privé et de la société civile.

Extrait 2 PISTE 4

Le Parlement européen des Jeunes pour la France, appelé PEJ-France, propose des activités afin que chacune et chacun puisse vivre des expériences de citoyenneté active ! Les activités historiques de l'association telles que les sessions de simulation parlementaire réunissent pendant 1 à 5 jours des délégations de lycéennes et de lycéens. L'objectif est de vivre une expérience de débat démocratique, de partage interculturel et d'échanges autour d'une thématique d'actualité !

Au printemps, plus d'une dizaine de délégations, chacune composée de 8 à 10 élèves, participe à une session nationale de 5 jours. Environ 100 jeunes débattent donc du thème retenu.

Les sessions nationales sont des expériences uniques de citoyenneté active et d'ouverture sur le monde : des délégations étrangères sont également présentes, et les organisatrices et organisateurs viennent de tout le continent européen. En effet, le réseau des Parlements européens des Jeunes est présent dans plus de 40 pays ! L'effort est mis sur l'encouragement des jeunes à partir à l'étranger pour participer à une session nationale d'un autre pays membre du réseau.

Nous rappelons à nos jeunes auditrices et auditeurs que le programme Open-Vox est de nouveau ouvert. Votre lycée peut donc bénéficier du programme en écrivant à open-vox@pejfrance.eu. Un programme, on vous le rappelle, qui permet à un groupe d'élèves de recevoir une fois par mois un kit pour organiser un débat en autonomie sur une thématique contemporaine.

Extrait 3 PISTE 5

Vous le savez, on a l'habitude de voir tous les 4 ans aux Jeux olympiques d'été 28 disciplines sportives régulières. Mais l'Agenda olympique 2020 prévoit que chaque pays organisateur des Jeux olympiques peut soumettre au CIO, au Comité international olympique, des sports supplémentaires.

Pour Paris 2024, le Comité en a validé quatre : le surf, l'escalade, le breakdance et le skateboard. Sur ces quatre disciplines, trois étaient déjà présentes à Tokyo en 2020 et ont été reconduites grâce à leur réussite. Il s'agit du surf, de l'escalade et du skateboard.

Le surf a été la grande réussite aux JO 2020, qui se sont finalement tenus en juillet 2021 en raison de la crise sanitaire. Un Brésilien a été sacré tout premier champion olympique dans cette discipline au Japon – mais pas à Tokyo étant donné qu'il fallait bien évidemment l'océan et ses vagues. Les épreuves se sont déroulées sur la plage de Tsurigasaki, à environ 100 km du Stade olympique. Pour Paris 2024, c'est un site à Tahiti, une île française dans l'océan Pacifique, qui a été sélectionné.

En 2024, le breakdance est une première dans l'histoire de l'olympisme. Ses épreuves se déroulent aux côtés des sports urbains sur la célèbre place de la Concorde au cœur de Paris. Le président du comité de direction des JO de Paris a souhaité intégrer le breakdance, le skate, l'escalade et le surf pour s'adresser à la jeunesse et en raison du fait que ces disciplines peuvent être facilement partagées sur les réseaux sociaux.

Extrait 4 PISTE 6

– Salut à tous et bienvenue dans notre podcast du jour. Moi, ma saison préférée c'est l'été, et vous ? Vous préférez l'automne, l'hiver ou le printemps ? Eh bien cette question fait partie de nos conversations quotidiennes. Mieux que cela, la question du matin de nous tous est de savoir quel temps il va faire aujourd'hui. Moi, mon premier réflexe est de regarder dehors si le soleil est là ou si les nuages envahissent le ciel. La météo fait partie de nos échanges avec nos proches, nos collègues et même les commerçants. Qui a lu les prévisions météorologiques pour aujourd'hui ou pour ce week-end, et est-ce bien vrai ? Car oui, on voudrait croire que ces prévisions sont scientifiques et qu'elles sont le résultat d'études approfondies de spécialistes du climat. Mais n'est-ce pas une science inexacte ? En vérité, tout le monde a un avis sur la question. C'est pourquoi dans notre podcast d'aujourd'hui nous avons invité une journaliste célèbre, spécialiste du temps qu'il fait. Voici la question du jour : peut-on avoir enfin confiance en vos prévisions ? Bonjour, Élodie.

– Bonjour, et merci de votre invitation.

Activité 3, p. 13

Extrait 1 PISTE 7

– L'être humain ne mange pas mieux qu'il y a trente ans, c'est ce qui ressort d'une récente étude américaine.

– Tout à fait ! Des chercheurs de Boston ont analysé l'évolution des habitudes alimentaires dans 185 pays, entre 1990 et 2018. Résultat : sur l'ensemble des pays, très peu de choses ont changé. À partir d'une échelle de mesure, les scientifiques ont attribué un score entre 0 et 100 à chaque pays. 0 correspond à un régime alimentaire très pauvre en nutriments et riche en sucres et viandes transformées, 100 à un régime alimentaire riche en fruits, légumes, noix et céréales complètes. La plupart des pays, dont la France, affichent un score moyen autour de 40,3. On constate une amélioration minime de 1,5 point depuis 1990. Quelles sont les raisons d'une si faible progression ? Si la consommation de noix ou de légumes a bien augmenté au fil du temps, ces améliorations sont affaiblies par une plus grande présence de viande rouge, de viandes transformées et de boissons sucrées. Les auteurs de l'étude soulignent également l'importance des habitudes alimentaires dans la petite enfance : plus un enfant est jeune, plus il est facile de lui faire adopter les bons réflexes, même si ces bonnes habitudes se relâchent avec l'âge. Quelles leçons faut-il en tirer pour la France ? Les pouvoirs publics devront sérieusement se pencher sur la question.

Extrait 2 PISTE 8

– Bonjour, ravie de vous retrouver, chères amies auditrices et auditeurs à l'esprit libre et curieux, autour de la question la plus quotidienne et la plus essentielle qui soit : Pourquoi vous levez-vous le matin ? Qu'est-ce qui vous pousse à sortir du lit pour créer, travailler, aimer, vivre au mieux et donner sens à nos existences ? Et vous alors, pourquoi vous levez-vous le matin ? La question a été posée aux plus grands noms de la recherche, penseurs, scientifiques, philosophes, artistes, interrogés par notre invitée Laurence Honnorat qui en a même fait un ouvrage aux éditions Belin dont nous avons plusieurs exemplaires à vous offrir car les réponses originales, surprenantes, poétiques et souvent drôles des chercheurs et chercheuses interrogés ont de quoi nous inspirer. Autour de la question « Pourquoi vous levez-vous le matin ? », il y a peut-être d'ailleurs autant de réponses que d'êtres humains, à commencer par celle du chercheur en réalité virtuelle, Anatole Lécuyer, que nous avons choisi pour bien commencer la journée.

– Se lever le matin, mais pas trop vite, rester un peu au lit, c'est bien aussi. Savoir grappiller quelques minutes, profiter du cocon chaud et douillet, les yeux mi-clos, les sens en éveil, le cerveau volatile. Laisser vagabonder votre imagination, c'est souvent là que les meilleures idées naissent ou grandissent et que les projets, petits et grands, démarrent.

© RFI

Extrait 3 PISTE 9

– Bonjour, bienvenue à vous ! Aujourd'hui, un focus sur un lieu magique à Bordeaux qu'on appelle les Bassins des Lumières.

– Bonjour Rémi. Intéressant, tu veux parler d'une nouvelle piscine ou d'un parc d'attractions ?

– Euh pas vraiment. Les Bassins des Lumières qui ont ouvert en juin 2020 sont des espaces d'art numérique situés dans le port de Bordeaux. C'est aujourd'hui un lieu d'exposition construit dans la base maritime de guerre qui abritait les sous-marins allemands et italiens pendant la seconde guerre mondiale. C'est donc dans cette structure de défense militaire qu'un espace ultra moderne a été installé.

– C'est tout de même assez austère, non ? Du gris, du béton et une ambiance un peu angoissante…

– Écoute, c'est vrai que les Bassins des Lumières comprennent quatre énormes bassins fermés de 110 m de long sur 22 m de large et 12 m de hauteur. C'est gigantesque. D'ailleurs ce lieu avait été abandonné après 1945. Puis en 1990, le site a accueilli le Conservatoire international de la navigation de plaisance de Bordeaux, où on trouvait déjà un mélange de musée et de centre de recherche.

– Et ça a eu du succès ?

– Non, en 1997, le site a fermé ses portes et il a fallu attendre 2020 pour que le projet des Bassins des Lumières voie enfin le jour. Aujourd'hui, tu peux voir de magnifiques expositions numériques, inspirées des plus grands musées du monde, avec 90 vidéoprojecteurs et 80 enceintes pour le son et la musique. Et des images fixes ou d'animation sont projetées sur 12 000 m² de murs. Je vous invite tous à aller sur le site Internet des Bassins des Lumières de Bordeaux pour découvrir la programmation !

Extrait 4 PISTE 10

– Si on regarde les statistiques actuelles, les femmes sont moins nombreuses que les hommes à s'inscrire pour des études dans les domaines des sciences, de la technologie, de l'ingénierie et des mathématiques, à l'exception des sciences de la vie. En fait, les femmes ne représentent encore que 28 % des diplômés en sciences de l'ingénieur et 40 % des diplômés en informatique. Dans le domaine de l'intelligence artificielle, seul un professionnel sur cinq est une femme.

– Disons que dès le plus jeune âge, il est important de disposer d'une variété de modèles et de représentations. Les recherches montrent également que le fait de renforcer les programmes d'enseignement scientifique en utilisant des expériences interactives, ou des projets à monter, attire davantage les filles.

– Depuis 2015, la Journée internationale des femmes et des filles de science se déroule chaque 11 février afin de favoriser et accélérer l'égal accès des femmes et des filles à la science. Oui, changer les mentalités et créer un écosystème plus favorable dans les écoles, les universités et sur les lieux de travail est un processus complexe. Et une combinaison de mesures immédiates et à long terme est nécessaire. Mais les sociétés modernes ne pourront pas continuer à exclure la participation de millions de filles et de femmes si elles veulent innover et développer leurs technologies.

Extrait 5 PISTE 11

– Quelles sont aujourd'hui les boutiques préférées des jeunes Français ? Et si c'étaient Facebook, Instagram, TikTok et les autres réseaux sociaux ? Une récente étude réalisée par l'institut d'études de marché YouGov s'intéresse à l'essor actuel du commerce sur les réseaux sociaux en France. Ces dernières années, de plus en plus de consommateurs achètent directement sur les réseaux sociaux, et c'est surtout la jeune génération des 18-34 ans qui s'enthousiasme pour cette nouvelle forme de consommation.

– D'ailleurs, une autre étude récente a montré que 40 % des jeunes interrogés avaient déjà acheté un produit ou un service alors qu'ils étaient en train de regarder une vidéo sur un réseau social. 60 % avaient déjà réalisé un achat avec leur mobile suite aux posts d'une marque ou d'un influenceur.

– Pour revenir aux résultats de l'étude menée par YouGov : 26 % des Français disent avoir déjà acheté un produit via un réseau social. Pour 47 % en revanche, il est hors de question de réaliser ce type d'achat un jour. Reste les autres qui ne l'ont pas encore fait mais qui pourraient se laisser tenter. Un dernier point : toujours selon cette étude, 46 % des 18-34 ans affirment avoir déjà acheté un produit sur Instagram. Et ce qui motive, c'est l'attrait d'une offre promotionnelle puis le processus d'achat rapide et pratique, ou encore le fait que le produit soit valorisé par un influenceur.

– En conclusion toutefois, l'étude note que 83 % des Français expriment leur méfiance à l'égard des publicités et des placements de produits sur les réseaux sociaux.

Activité 4, p. 14 PISTE 12

– Bonjour, bonjour à tous. Bonjour Julia Vignali.

– Bonjour Mélanie Gomez, bonjour à tous.

– Je suis très heureuse de vous retrouver dans « Bienfait pour vous », votre émission « feel good », mieux vivre. Comme chaque jour, c'est jusqu'à midi. Aujourd'hui, Julia, on va parler de quoi ?

– Eh bien aujourd'hui dans notre magazine, nous allons mettre à l'honneur la langue française et on vous pose d'ailleurs cette question : « À l'écrit, à l'oral, savez-vous vous exprimer avec style ? » Je vous rassure, on ne va pas retourner sur les bancs de l'école ce matin, mais on va simplement revoir certaines bases, vous aider à éviter certaines erreurs, les plus fréquentes, car quoi qu'on en dise, c'est toujours important en 2022 d'écrire correctement et de savoir s'exprimer avec aisance.

© Europe 1

Activité 5, p. 14 PISTE 13

– Pour poser les questions aujourd'hui :

– Bonjour, je m'appelle Aïna, et j'ai 10 ans et demi.

– Moi, c'est Dimitri et j'ai 11 ans. Et aujourd'hui, on va interviewer l'explorateur Matthieu Tordeur.

– Et vous êtes avec nous en studio aujourd'hui, bonjour Matthieu Tordeur.

– Bonjour.

– Parmi vos aventures, vous avez rejoint seul, sans assistance le pôle Sud à 27 ans, ce qui a fait de vous en 2019 le plus jeune à réaliser cet exploit. Vos expéditions intriguent nos jeunes interviewers.

– Comment vous avez fait pour réussir à rester vivant 51 jours au pôle Sud ?

– Est-ce qu'il faisait très froid ou vous ne sentiez pas le froid ?

– Pour rester vivant, en fait, il faut beaucoup s'entraîner. Moi je me suis beaucoup entraîné dans des mondes polaires comme le Groenland, comme le Spitzberg, comme la Norvège parce qu'en Antarctique évidemment, il fait très froid. C'est le continent quand même le plus froid, le plus sec et le plus venteux de la planète. Donc il faut beaucoup, beaucoup se préparer, et pour me préparer, moi, je me suis entraîné avec un guide polaire qui m'enseignait les bonnes pratiques, les bons réflexes à adopter dans cet univers très hostile. Est-ce qu'il faisait très froid ? Oui, l'Antarctique évidemment, c'est un grand congélateur, il fait tout le temps moins de zéro degré et les températures, elles peuvent chuter jusqu'à -50 degrés pendant l'été. L'hiver, il peut faire encore plus froid mais moi je suis allé là-bas pendant l'été. Et donc oui, j'ai eu froid, parfois j'ai eu moins froid parce que proche de la côte, proche du départ de mon expédition, il y a eu des températures qui étaient assez clémentes. Mais globalement j'ai eu assez froid, mais pour ça j'étais très bien habillé, très bien couvert avec plusieurs gants, plusieurs polaires et plusieurs doudounes.

© France Info

Activité 6, p. 15 PISTE 14

- Bonsoir à vous trois et merci beaucoup de participer à notre débat du soir : les transports en ville peuvent-ils devenir propres ? Ou comment rendre nos déplacements en ville écoresponsables ? J'aimerais déjà avoir votre réaction concernant notre invitation : pour quelle raison êtes-vous là ? Olivier ?
- Très bien, donc je dois commencer… D'abord je suis journaliste pour un grand quotidien national et cette question m'intéresse vraiment puisque je m'occupe particulièrement de la rubrique « Villes et transports ». Ma réflexion et mes articles se nourrissent de tous les débats sur cette question. À ce propos, je suis venu à vélo ce soir à votre émission !
- Bravo, je m'en réjouis d'autant plus que moi, je suis la directrice de l'association Vélos en ville. Nous avons beaucoup de travail à faire pour convaincre et motiver tous les habitants des villes à préférer le vélo à leur voiture adorée. Et pas seulement les habitants : il faudrait aussi que les élus et décideurs de nos villes organisent l'espace urbain pour que les vélos trouvent enfin une place prioritaire. On ne peut plus continuer à accepter les voitures au cœur de nos villes !
- Je connais très bien Olivier et Camille et leurs positions. Je rappelle qu'en tant que chercheur sur la transition énergétique des transports, je ne pense pas qu'un transport remplacera un autre. Ce sont d'abord les modes de transport qui doivent s'adapter à la crise de l'énergie et nous devons connaître leur impact sur l'environnement de tous les moyens de transport que nous utilisons.
- Et voilà, merci Aurélien, vous lancez déjà le débat ! Qui veut réagir ?

Activité 7, p. 15 PISTE 15

- Bonsoir à toutes et tous. En tant que proviseur, je vous remercie d'être là pour cette réunion déterminante. Vous le savez, la question que nous devons traiter aujourd'hui concerne l'intégration des futurs élèves qui entreront l'année prochaine au lycée. Rapidement je voudrais faire un tour de table pour que vous vous présentiez. S'il vous plaît, donnez en une phrase une première idée de projet d'intégration pour que nous puissions ensuite en discuter. Qui commence ?
- Bonjour, je suis Mathéo, le représentant des élèves au Conseil d'administration du lycée. Pour moi, la priorité pour le premier jour de la rentrée serait de suspendre tous les cours et d'organiser une véritable journée d'accueil pour tous les nouveaux élèves. Je pourrais vous expliquer mes idées.
- Bonjour, je m'appelle Morgane. Mon rôle actuel est de proposer des animations le soir ou le week-end et surtout de faire faire du théâtre toute l'année aux élèves volontaires. Comme je suis l'animatrice de ce club, je voudrais dès le premier mois de l'arrivée des nouveaux élèves qu'ils rencontrent notre troupe amateure de théâtre du lycée.
- Moi, c'est Lou-Anne, bonjour. J'ai été choisie pour gérer et prévenir les conflits entre élèves avant que la situation ne devienne trop grave. Il serait bien que les nouveaux élèves connaissent le rôle officiel que certains élèves ont au lycée pour qu'ils n'hésitent pas à venir nous voir si nécessaire. Je proposerais donc de distribuer le premier jour un document d'information générale sur la vie scolaire.
- Bonjour, moi je m'appelle Kylian et je me suis proposé pour être tuteur l'année prochaine d'un groupe d'élèves arrivants. Avant d'organiser de grandes journées collectives d'information ou de faire des papiers que personne ne lit, il faudrait vraiment à mon avis organiser la première journée avec des activités interactives qui permettront aux nouveaux de choisir leur tuteur ou leur tutrice pour toute l'année.

Activité 8, p. 16

Extrait 1 PISTE 16

- Aujourd'hui, je suis avec Jeanne, 13 ans, à qui, Isabelle, vous voulez donner des conseils de troc par exemple pour ses livres. Pourquoi ?
- Parce qu'un livre, ça peut être réutilisé des dizaines et des dizaines de fois par des dizaines et des dizaines de personnes. Donc c'est quand même idiot de le détruire une fois qu'on l'a lu une fois ou qu'il y a peut-être deux ou trois personnes maximum. Alors il y a plein de façons pour le faire : on peut le donner, il y a des associations, moi je pense à Emmaüs mais il y en a plein d'autres. Il y a de plus en plus maintenant des boîtes à livres. Moi j'en ai une tout près de chez moi et c'est incroyable, tu sais, le nombre de gens que je vois qui sont tout le temps en train d'ouvrir la boîte et d'en déposer, d'en reprendre. Tu peux les vendre évidemment d'occasion, ça te fera toujours un petit peu de sous. Tu peux aussi toi-même en faire une bibliothèque dans ton école parce que finalement, tu peux aussi échanger avec tes copains dans cette bibliothèque participative en fait. Puis le dernier truc qui peut être sympa aussi, c'est tout simplement le déposer sur un banc public et la première personne qui passera peut-être elle le ramassera.

© France TV Info

Extrait 2 PISTE 17

Je viens d'écouter votre échange sur le troc et le recyclage de nos livres. C'est une piste intéressante de remettre ses livres en circulation dans la rue, dans une boîte ou de les laisser sur un banc, car moi j'ai aussi une collection impressionnante de petits livres et de magazines que mes parents m'achetaient quand j'étais plus jeune. Maintenant pourtant, ils prennent toute la place dans ma chambre et c'est bizarre de garder ces livres qui ne sont plus de mon âge. En fait, je me demande à quoi ça sert d'acheter autant de livres aux enfants, de dépenser autant d'argent pour une et une seule activité de loisirs qui est la lecture. On nous conditionne à acheter et à consommer toujours plus alors qu'il existe dans la ville des bibliothèques. Dans certains villages, il y a même des bibliobus qui passent ! Cette habitude d'avoir ses propres livres est vraiment très égoïste, on veut avoir un livre exclusivement à soi. D'ailleurs, je ne vois pas le problème d'emprunter un livre pour une ou deux semaines et de le rendre à la bibliothèque pour que d'autres enfants l'empruntent à leur tour. Moi une fois que j'ai lu un livre, je le range et je ne l'ouvre plus jamais. Vous aussi, non ?

Extrait 3 PISTE 18

La question des livres qu'il faudrait donner ou échanger est passionnante, surtout aujourd'hui où je peux lire en ligne ! Quel « bonheur » de stocker tout ce papier, ces milliers de pages qui prennent la poussière et encombrent nos maisons. Je crois que mes parents adorent déplacer les meubles pleins de livres, ça leur fait une petite activité physique régulière de pousser les étagères. Et une bibliothèque chez soi, c'est une décoration tellement chic... Je vous rappelle que les forêts doivent être bien entretenues pour éviter les incendies et que les arbres doivent de temps en temps être coupés pour faire de la place au développement de nos villes. D'ailleurs j'ai appris grâce à notre prof de géographie que la production française de papier et de cartons est en 5e position de la production mondiale. Il faut continuer à acheter des livres, à les lire une seule fois, ou ne pas les lire si vous voulez, et surtout ne pas les échanger. Si vous voulez un livre, vous l'achetez en format papier, vous le gardez, vous participez ainsi à notre force économique. Et la planète dans tout ça, vous allez dire ? Eh bien, on peut planter de grandes forêts dans d'autres pays qui n'en ont pas, ce serait un avantage aussi pour d'autres continents ! Non vraiment, à l'ère du numérique, le sujet est franchement dépassé.

Activité 9, p. 16 PISTE 19

– Aujourd'hui, nous allons nous intéresser à l'écologie dans l'univers de la littérature jeunesse. Selon les statistiques officielles, rien qu'en France, 19 000 titres de littérature jeunesse sont publiés chaque année. Si on multiplie ce chiffre par le nombre d'exemplaires tirés, on a un peu le vertige... Quelles réflexions cela vous inspire-t-il, François Lecoin ?

– Je considère qu'on publie une quantité de livres beaucoup trop importante ! La transition écologique s'impose à tous et devrait nous obliger à revoir notre industrie culturelle. Nous sommes allés trop loin, dans le trop gros, le trop grand, et plus personne ne veut soutenir cette course au développement.

– Cela reste très compliqué. C'est compliqué et un peu utopique pour beaucoup de gens qui dépendent de ce vaste écosystème du livre. Car oui, c'est un écosystème où chaque partie interagit et dépend de

l'autre et changer un point, un aspect, un acteur, cela signifie qu'on change toute la chaîne du livre...

– Il faudrait donc publier moins pour publier mieux, c'est ça ?

– En effet, je pense qu'il faut publier moins pour publier mieux. Il faut essayer de mieux comprendre cet écosystème. Et décider à quel moment on agit sur le système en fabriquant mieux, en fabriquant moins – c'est-à-dire en arrêtant cette course à la production – et en cherchant une production de meilleure qualité. C'est une façon enfin efficace de lutter contre ce gaspillage sans frein de papier !

Activité 10, p. 17 PISTE 20

Extrait 1

– Les parents, en tant que parents, ils ont tout à fait le droit d'interdire le smartphone avant 15 ans.

– Passer plusieurs heures par jour sur les réseaux sociaux, ce n'est pas sans risque. Une consommation massive peut développer chez les ados du mal-être, un sentiment d'insatisfaction, de culpabilité et même des dépressions.

– Quand on est figé devant son écran, eh bien le corps reste immobile donc il n'y a pas d'évacuation du stress physique ou comportemental.

– Je me demande si on ne va pas vers le monde de la non-communication avec des appareils destinés à faire de la communication.

– Et voilà quelques propos d'adultes, de journalistes qui parlent de vous, adolescents, et de votre usage du numérique. Justement ce soir dans « Le meilleur des mondes », on a décidé de vous donner la parole parce que finalement c'est vous qui allez nous dire mieux que personne comment vous vivez tous ces nouveaux outils. J'ai présenté tout à l'heure votre enseignant, votre professeur d'éducation aux médias Franck Dubois. Est-ce que vous pouvez nous dire déjà, Franck, en quelques mots en quoi consiste votre enseignement hebdomadaire avec cette classe médias ?

– Oui, alors l'objet de la classe médias, c'est de faire découvrir la production médiatique aux élèves, et notamment par la réalisation de reportages, d'interviews tout au long de l'année. C'est-à-dire qu'ils vont être baignés dans un monde de productions médiatiques. Et ce que j'aime bien souvent reprendre dans la classe – donc c'est une classe qu'ils ont choisie, c'est une classe à option qu'ils ont choisie, et ce que j'aime bien leur dire, c'est : « *Enjoy*, prenez du plaisir quand vous venez dans la classe. »

© France Culture

Extrait 2

– Nous sommes à l'écoute de ta chronique, Yara. C'est parti.

– À la question « Monde réel ou monde virtuel ? Les écrans nous empêchent-ils de vivre correctement ? », nous allons répondre tout de suite. Depuis maintenant plus de vingt ans, le numérique et les médias font partie de notre vie. Aujourd'hui, il est assez rare de voir des personnes sans écran, sans téléphone, etc., ce qui fait donc que de nos jours les gens passent plus de temps sur leur écran que dans la vraie vie. Les personnes possédant des écrans passent en moyenne quatre heures dessus. Ces mêmes personnes voient le monde à travers leurs écrans et non pas dans la réalité. Ils se font une image de ce qui les entoure à travers Internet plutôt que de sortir apprendre, découvrir et observer le monde, ce qui est dommage pour les générations à venir.

Extrait 3
Les populations d'aujourd'hui se fient beaucoup plus à leur écran qu'à la réalité. Lorsqu'ils veulent acheter des vêtements par exemple ou même regarder des photos de paysage, plus personne ne prend la peine de sortir d'eux-mêmes pour voir quoi que ce soit, avec par exemple 85,5 % des internautes français qui font leurs achats sur Internet. Il y a également ceux qui se comparent aux mannequins sur Instagram et qui développent des complexes en oubliant que la majorité des photos sont retouchées. De plus, les gens et notamment les jeunes vont souvent préférer suivre la vie de leurs idoles, influenceurs, plutôt que la leur, ce qui est dommage. À cause des médias, des réseaux sociaux et autres, les jeunes ne prennent même plus la peine de passer du temps en famille. Certes tous ces objets numériques peuvent servir dans de nombreux moments mais il ne faut pas oublier également de vivre et de sortir. Toutes ces personnes sont allées s'inventer une vie presque fictive sur Internet, la plupart le font car elles ne s'estiment pas heureuses dans la vraie vie. Ce qui fait que les objets numériques ont une partie nocive sur notre cerveau. Passer des heures sur un écran à juste scroller et liker, ça ne sert à rien.

Activité 11, p. 17 PISTE 21

— Bonjour Capucine Rouault.
— Bonjour Éric.
— Très engagée vous aussi dans Interclass', et le travail cette saison a porté sur les jeux vidéo, mais pas sous l'aspect ludique, personne d'avachi dans les canapés, on est bien d'accord. Une véritable enquête sur l'industrie des jeux vidéo.
— Moi c'est Alfred, avec Abel, Ami, Bintou et Mohamed. On joue tous beaucoup aux jeux vidéo, parfois on se dit qu'on aimerait bien en faire notre métier. Alors on s'est demandé si c'était vraiment un plan de carrière ou seulement… Notre mini-enquête commence à la Cité des sciences et de l'industrie dans le 19e arrondissement de Paris.
— On est au e-Lab à la Villette et on va tester tous les jeux.
— On est allés au e-Lab un peu pour tester des jeux vidéo mais surtout pour rencontrer Patrick Baudin, le coordinateur de cet espace un peu particulier.
— L'e-Lab, c'est un espace qui a pour but en fait de présenter le jeu vidéo tel qu'il est actuellement. Quel est son impact sur la société, les nouveaux métiers qu'il génère, son poids sur l'économie, et puis aussi tous les aspects sociétaux, tous les aspects des nouveaux usages du numérique.
— Un lieu permanent consacré aux jeux vidéo dans un musée : ça me semble un peu fou. Si c'est possible, c'est parce qu'aujourd'hui cette pratique est un art mais aussi une industrie qui génère beaucoup de métiers.
— En fait, typiquement, quand le jeu vidéo est

apparu fin 70, début 80, c'étaient uniquement des programmeurs qui bricolaient sur leurs ordinateurs des petits jeux. Mais en fait, au fur et à mesure que les technologies ont évolué, au fur et à mesure que les besoins ont évolué pour créer des jeux de plus en plus immersifs, de plus en plus beaux, on a eu besoin d'avoir des gens qui s'y connaissaient dans l'artistique. On a eu besoin de recruter des gens qui s'y connaissent en musique. On a eu besoin de recruter des scénaristes pour écrire des histoires, et des histoires un peu particulières parce que le jeu vidéo est un média interactif et ne pouvait pas rester dans les mains d'amateurs seulement. Et forcément il y avait nécessité d'avoir des gens ultraspécialisés et donc il y a cette professionnalisation.
— Métiers du commerce, de l'art, du e-sport et de l'informatique. Mais l'industrie du jeu vidéo offre des perspectives de carrière sérieuses. Qui dit carrière, dit formation.

Activité 12, p. 18 PISTE 22

— Il y a des notes d'espoir dans la représentation de la femme dans la société, notamment dans le sport, avec l'essor du foot féminin. On l'a vu encore cette année avec l'Olympique Lyonnais, et les filles de l'Olympique Lyonnais qui ont été titrées pour la 8e fois championnes d'Europe en gagnant la Ligue des champions. Solène Leroux et les élèves vont nous rejoindre pour évoquer ce sujet du foot féminin qu'ils ont choisi de traiter.
— Il y en a pleins qui disent que le foot, c'est pour les garçons.
— Ce que vient de dire Asma, on l'a tous entendu au moins une fois, c'est même un cliché qui a la vie dure. Est-ce qu'il y a assez de football féminin dans les médias ? Cette question, et quelques autres, on les a posées à pas mal de monde, au Stade Vélodrome d'Aulnay-sous-Bois.
— Je ne sais si c'est assez représenté. On parle plus de football masculin que du football féminin.
— Dans les médias, ils mettent plus le foot masculin que le foot féminin et je crois que pour le foot féminin il n'y a personne dans le public, il n'y a personne qui s'intéresse à ça.
— Pourquoi d'après toi ?
— Parce qu'ils pensent que les garçons, ils sont plus performants au foot que les filles.
— On voit plus d'hommes aujourd'hui, que ce soit dans la télé pour regarder les matchs, les femmes on ne les voit pas trop.
— Et vous pensez à quelle solution pour y remédier ?
— Déjà les médias, avoir plus de matchs diffusés de femmes dans les télés, ça pourrait bien marcher, déjà.
— C'étaient Donia, Priscilla et Hanza. Ce que Hanza nous a dit à la fin, ça nous a intrigués : est-ce que ce ne serait pas ça la solution, plus de matchs à la télé ?
— Bonjour, on a demandé à Carole Gomez, doctorante en sociologie du sport à l'université de Lausanne en Suisse, ce qu'elle en pensait. Elle a d'abord donné quelques chiffres pour nous montrer la différence de traitement.
— Il y a plusieurs études qui ont été menées : une par le CSA, le Conseil supérieur de l'audiovisuel, de 2014, qui a montré que la médiatisation du sport féminin

représentait 7 % du temps d'antenne, donc ça veut dire que 93 % est consacré aux sports masculins, alors en sachant que c'est quelque chose qui a augmenté au fur et à mesure des années. Il va d'une part falloir augmenter quantitativement, c'est-à-dire faire plus de diffusion, mais aussi faire de la meilleure diffusion. On dit, il va falloir raconter une histoire, il va falloir prendre les gens par la main et leur raconter que, si, cette équipe est assez intéressante, ce parcours-là de telle sportive est hyper impressionnant parce qu'en réalité des champions dont on connaît par cœur l'histoire, il y a aussi leur équivalent féminin.

– Selon elle, il faut donc augmenter la diffusion des matchs, mais pas seulement. Il faudrait aussi que, lorsqu'on parle de football féminin, ça ne s'arrête pas seulement aux récits des matchs mais également aux histoires derrière les performances.

© France Inter

Activité 13, p. 19

Extrait 1 PISTE 23

– Chaque seconde, on en vend plus de 300 en France : le succès de la baguette de pain française ne se dément pas. Depuis novembre 2022, notre baguette est même inscrite au patrimoine immatériel de l'humanité. Le jury de l'UNESCO a récompensé autant le savoir-faire artisanal que la tradition culturelle. Actuellement, 6 milliards de baguettes sont produites chaque année.

– D'où la question du jour : c'est quoi une bonne baguette, Jean ?

– Excellente question à laquelle je vais répondre ceci : c'est avant tout une baguette préparée avec amour… et avec des matières premières de premier choix. Le résultat est qu'après cuisson nous avons une croûte qui croque parfaitement sous la dent !

– Oh oui, ça croque et ça croustille ! Cela faisait cinq ans que la confédération de la boulangerie-pâtisserie attendait cette récompense, il me semble ?

– Oui, et elle est largement méritée, cette reconnaissance mondiale. Il suffit de rappeler qu'il s'agit d'un savoir-faire artisanal ancestral unique, avec la lente fermentation de la pâte et son façonnage à la main. Farine, eau, sel et levure : voilà les quatre ingrédients essentiels, c'est tout ce qu'il faut. Sans oublier la cuisson, qui doit produire ce croustillant unique apprécié par tous.

– En quoi s'agit-il également d'une tradition culturelle ?

– Il existe une véritable mémoire culturelle autour de la baguette. C'est par exemple la première course qu'on donne à faire à un enfant. Sans oublier l'omniprésence des boulangeries en France : on en compte 33 000 sur tout le territoire. C'est aussi ce côté culturel qui a été récompensé. Avec son inscription au patrimoine immatériel de l'humanité, la baguette est internationalement reconnue comme un symbole de la gastronomie française. Sous ses différentes formes plus ou moins traditionnelles, elle est présente sur les cinq continents. La baguette n'a pas fini de nous accompagner au quotidien, en France et ailleurs.

Extrait 2 PISTE 24

– Revenons ce matin sur le succès phénoménal de la trottinette électrique.

– Oui, Marc. Tout comme le vélo, puis le vélo électrique, la trottinette connaît à son tour un succès qui explose. C'est simple, selon les chiffres publiés par la Fédération des professionnels de la micromobilité, les ventes de trottinettes électriques auraient augmenté de 42 % l'année passée. Ce n'est pas étonnant quand on sait aussi que 41 % des trajets effectués en voiture sont inférieurs à 5 km, d'après une étude du ministère de la Transition écologique. C'est pourquoi le vélo électrique et la trottinette électrique représentent désormais une alternative très intéressante aux habituels déplacements automobiles.

– Alors pourquoi cette trottinette moderne si différente des trottinettes d'avant rencontre-t-elle un tel succès ?

– Il faut souligner, Christelle, que la trottinette d'aujourd'hui n'a plus rien à voir avec sa sœur aînée : elle est électrique et elle va vite, mais elle est moins pratique qu'un vélo. Cela dit, le prix d'une trottinette reste évidemment plus raisonnable que celui d'un vélo électrique puisque le budget tourne autour de 400 €. L'utilisateur est donc dans l'ensemble plus jeune et essentiellement urbain.

– N'oublions pas cependant que le souci lié à ce phénomène, c'est que les jeunes urbains qui se déplacent en trottinette ont parfois du mal à respecter les règles de circulation et à adopter les équipements de sécurité nécessaires.

– Oui, la question de la sécurité et du respect de la législation est vraiment urgente à traiter. Un exemple : contrairement à ce qu'on observe souvent, il est interdit d'être à deux, voire trois sur une trottinette, et le port du casque est obligatoire. Sur un plan plus général, à l'heure actuelle, 71 % des Français ont l'intention de réduire leurs dépenses de transport. Mais ce ne sont peut-être pas tous des trottineurs potentiels… Le chiffre de 900 000 trottinettes électriques vendues l'année dernière prouve bien que la micromobilité devient un réel enjeu économique et sociétal, et ce sujet sera omniprésent dans les prochaines rencontres internationales sur l'avenir des villes.

Activité 14, p. 19 PISTE 25

– D'ailleurs, dans son appel à candidature, Aviation sans frontières avertit les postulants : en plus des 50 heures de vol sur nos appareils Cesna, vous serez formés aux conditions du terrain africain, feux de forêt, fumées avec atterrissage-décollage sur des pistes peu aménagées. Mais tout cela, explique Gérard Feldzer, président d'Aviation sans frontières, oui, cela reste l'exception. Parce que, qu'elles soient en Amérique latine, en Afrique ou en Asie, nos missions consistent à transporter des médicaments ou des médecins sur des compagnies plutôt régulières.

– J'ai fait des missions en Somalie, au Mozambique, dans des pays chauds, eh bien on prend un congé sans solde. Cela donne un sens à sa vie, c'est important ça, et je peux sauver des vies.

– Et là, en ce moment, Aviation sans frontières manque de pilotes.

– Oui, on va chercher dans le monde entier.

– C'est que le pilote donc d'une compagnie comme Air Qatar ou Air France vous téléphone en disant : « bah, voilà, j'ai envie d'être pilote bénévole ».

– Absolument. Je l'ai fait beaucoup de fois. C'est un

couteau suisse, nos avions. Ils se posent partout. On peut transporter à bord à peu près une tonne cinq de matériel.

– Maintenant à part le pilotage, aviation et humanitaire se conjuguent aussi avec industrie aéronautique. Ainsi en Afrique, notamment au Kenya ou au Malawi, aux USA ou au Moyen-Orient, la fondation Airbus soutient des écoles pour encourager les jeunes filles et les garçons aux carrières scientifiques. Le besoin existe, et peut-être des chroniques comme celle-ci accéléreront-elles les choses. Le rêve de l'aviation humanitaire est d'avoir un jour ses propres avions hôpitaux.

© RFI

Activité 15, p. 21 PISTE 26

– Pour notre flash sciences de ce matin, je voudrais parler d'une étude britannique qui fait le bilan de ce qu'on sait du pouvoir des mots, ou plus exactement du pouvoir des jurons. D'après les chercheurs à l'origine de l'étude, le fait de jurer soulagerait la douleur.

– Oui, pour les scientifiques, c'est un fait. Rappelez-vous, Frédéric : ce matin lorsque vous vous êtes cogné le pied contre la table de nuit en vous levant, vous avez poussé un cri tout en lâchant un juron que je ne peux décemment pas répéter à la radio. Plus tard, quand vous vous êtes renversé du café brûlant sur la main, vous avez à nouveau proféré un juron, guère plus joli que le précédent : avouez que ça vous a fait vraiment du bien. Oui, jurer semble bel et bien diminuer la perception de la douleur. Pourquoi ? L'étude britannique rapporte plusieurs expériences menées par les scientifiques. Entre autres, on demandait aux participants de garder les mains le plus longtemps possible dans un bain d'eau glacée. Répartis en deux groupes, les uns avaient le droit de prononcer toutes les insultes qui leur traversaient l'esprit tandis que les autres devaient se taire. Eh bien, le résultat est frappant : ceux qui ont gardé les mains le plus longtemps dans l'eau sont ceux qui ont juré, et ce sont eux aussi qui ont déclaré avoir ressenti le moins la douleur. Et pour ceux qui penseraient que cela ne marche qu'en anglais, sachez que la même expérience a été réalisée en japonais, avec le même résultat. Les chercheurs en déduisent qu'il existe un lien universel entre juron et réduction de la douleur.

– Mais comment explique-t-on ce phénomène ?

– Il existe différentes hypothèses. La première reposerait sur le fait de penser à ce qu'on dit au moment où on a mal. Lorsque votre marteau atterrit sur votre doigt plutôt que sur le clou que vous voulez planter, vous poussez un juron. Vous vous concentrez donc sur autre chose que la douleur, en gros vous l'oubliez. Pourtant cette hypothèse n'est pas tout à fait convaincante. Les chercheurs britanniques se demandent si l'effet de distraction est assez important pour diminuer ou faire oublier la douleur. Non, l'explication la plus vraisemblable est celle-ci : le fait de lancer des jurons provoque une excitation émotionnelle qui active le système nerveux autonome. Ce système, qui permet à notre corps de se défendre et de réagir en cas de danger, libère alors de l'adrénaline et augmente la fréquence cardiaque. Mais attention, les scientifiques n'ont pas encore découvert l'ensemble des mécanismes en jeu. Toutefois, c'est bien cette

« excitation émotionnelle » qui semble expliquer la réduction de la douleur ressentie.

Activité 16, p. 21 PISTE 27

– Bonjour Christophe Lécullée. vous êtes formateur d'enseignants. Alors pour un enfant, la BD, c'est la facilité de l'accès à l'histoire par l'image mais est-ce seulement pour cela que la BD plaît aux enfants ? Qu'en pensez-vous ?

– Non, vous avez tout à fait raison. Quand on demande et quand on observe les élèves, ils disent… ils parlent d'abord effectivement des images et, de manière surprenante, ils disent parce que c'est plus réaliste alors que quand on regarde la bande dessinée qu'ils sont en train de lire, elle n'est absolument pas réaliste et les dessins sont complètement caricaturistes, etc. Deuxième élément intéressant, c'est que de manière presque surprenante, quand on questionne les élèves, ils disent que c'est parce qu'ils comprennent mieux qui parle, ce qu'il pense, ce qu'ils peuvent imaginer. Et puis troisième élément, on s'en doute, c'est l'humour puisque les bandes dessinées sont souvent, pour les plus jeunes en tout cas, des livres miroir, des gags mais aussi avec des transgressions. Enfin, je dirais, trois éléments rapidement. Le premier, c'est que les artistes qui créent des BD ont des univers singuliers et proposent des mondes imaginaires puissants dans lesquels on a envie de plonger. Le phénomène des séries et puis de manière surprenante la fonction documentaire.

– Des bandes dessinées très austères évoquant des sujets graves trouvent facilement preneurs chez de jeunes enfants, des enfants de 10 ans, alors que bien entendu la même chose sous forme de livres non illustrés, autrement dit pas une bande dessinée, serait très compliqué à leur faire lire, Christophe Lécullée.

– Oui, exactement. En fait, mais pas si compliqué que cela. En fait, déjà je pense que l'erreur, ce serait de se dire que la BD serait une pré-littérature ou une sous-littérature, je pense que ça, c'est un discours qui est complètement dépassé à l'heure actuelle.

– Aïe, c'était un peu ce que j'étais en train de vous dire.

– Mais il est encore considéré comme cela, mais du point de vue des prescripteurs, du point de vue de l'Éducation nationale, du point de vue des enseignants, je pense que la plupart du temps il peut être encore considéré comme… C'est comme si on disait « aller au cinéma permet de poursuivre pour aller au théâtre ». Donc oui bien sûr…

© France Culture

Activité 17, p. 22 PISTE 28

On ne présente plus Marion Cotillard, véritable icône de la culture française.

Sa carrière d'actrice a connu une percée en 2008 lorsqu'elle obtient un César et l'Oscar de la meilleure actrice pour son rôle dans *La môme*, où elle incarne la chanteuse Édith Piaf. Depuis, elle mène une carrière internationale exceptionnelle.

Célèbre pour ses performances d'actrice, Marion Cotillard l'est aussi pour ses prises de position militantes en faveur de l'environnement. Dès la fin des années 1990, elle affiche ses convictions en refusant un contrat publicitaire avec L'Oréal afin de protester contre les tests sur les animaux réalisés par l'entreprise.

Militante écologiste pour l'organisation non-gouvernementale Greenpeace depuis 2001, elle est également membre du WWF, le Fonds mondial pour la vie sauvage, et marraine de la fondation Maud Fontenoy qui s'engage pour la préservation de la biodiversité des océans.

Les questions du dérèglement du climat font également partie de ses combats. En 2009, elle enregistre une chanson avec d'autres artistes sur un projet initié par Kofi Annan, alors secrétaire général de l'ONU, l'Organisation des Nations unies.

En 2011, elle soutient le chef indigène brésilien Raoni dans sa lutte contre la construction d'un barrage qui condamne à l'exil les populations de cette partie de la forêt amazonienne. L'actrice possède même un petit terrain appartenant à la forêt amazonienne, ce qui lui permet de surveiller les progrès de la reforestation.

L'actrice est présente lors de plusieurs marches pour le climat à Paris. En 2018, elle signe une tribune dans le journal *Le Monde* contre le réchauffement climatique intitulée « Le plus grand défi de l'histoire de l'humanité », avec une autre actrice française connue pour ses engagements en faveur de l'environnement, Juliette Binoche. En 2019, elle signe une autre tribune intitulée « Résister et créer » pour sensibiliser le monde du cinéma à la problématique du réchauffement climatique. Aujourd'hui, Marion Cotillard poursuit ses activités militantes pour différentes causes sociales et humanitaires.

Bref, son engagement est un bel exemple pour nous tous. Merci à Marion Cotillard de mettre sa notoriété au service de son engagement pour l'écologie !

Activité 18, p. 23 PISTE 29

– Comme chaque vendredi, notre rubrique « Comme personne ». La semaine prochaine aura lieu la Journée mondiale des personnes sourdes. À Nantes, le festival Hip'Opsession donnait carte blanche dimanche dernier aux chansigneurs, métier peu connu. Ces interprètes traduisent en langue des signes les concerts pour les rendre accessibles aux personnes sourdes ou malentendantes. Élodia Mottot fait partie des rares chansigneurs professionnels. Lise Lacombe l'a rencontrée lors de ses répétitions avant son entrée sur scène.

– Je me fais petite, j'ai le regard haut, j'ai les mains un peu levées et en fait je bouge les mains comme si je les balançais.

– Ces gestes, Élodia les répète depuis plusieurs jours. Dans quelques heures, elle sera sur scène à Nantes pour traduire le concert du rappeur Erremsi en langue des signes.

– Donc c'est toi, moi je ne bouge pas.

– Tu ne bouges pas. Tu te mets au centre de la scène et moi je vais à ta gauche et à ta droite tout au long du morceau.

– Quand je vais traduire une chanson, je vais utiliser mes mains, je vais utiliser mon corps, le haut du corps généralement car c'est avec le haut du corps qu'on communique, je vais orienter mes épaules selon le propos. Par exemple si dans la chanson je dois incarner un enfant qui s'adresse à un adulte, je vais prendre la place de l'enfant et je vais orienter mon regard vers le haut pour qu'on comprenne que je m'adresse à quelqu'un qui est plus grand. Tout ça, ça fait partie de la langue des signes.

– Un exercice que la jeune femme de 30 ans, brune aux cheveux bouclés et fille de parents sourds, pratique depuis son plus jeune âge.

– Je n'intellectualisais pas que je chansignais quand j'étais petite, c'est-à-dire que quand j'écoutais la radio, mes parents s'intéressaient à savoir quel type de musique j'écoutais. Des fois, c'était « ça dit quoi la chanson ? Attends, elle dit quoi exactement ? » À ces moments-là, je rendais des comptes et je commençais un petit peu à interpréter les chansons. Aussi, quand j'étais plus jeune, j'avais plein de potes, pareil, on allait en boîte, ils ne comprenaient pas forcément ce qui se disait sur les sons de la musique, bah du coup, pareil, en boîte on chansignait mais on ne se rendait pas compte qu'on chansignait quoi, pas du tout. C'était juste pour créer un pont entre les entendants et les sourds, quoi.

– Interprète depuis 12 ans, le chansigne devient une activité professionnelle il y a deux ans aux côtés du rappeur Erremsi, lui aussi enfant de parents sourds.

– C'est deux signes qui ne s'enchaînent pas bien.

– Et après, par contre pour les transitions là…

– En pleine répétition pour leur concert prévu pour le soir-même, le rappeur ne cache pas son admiration pour celle qui l'accompagne sur scène et dans la vie.

– Pour moi, Élodia, c'est une bosseuse, une activiste, mais elle n'est pas juste en colère, c'est quelqu'un qui se bouge, elle est professionnelle, elle est éthique, elle est altruiste. Et aussi c'est très important, elle a quand même, il faut le dire, une qualité de langue des signes vraiment haute, elle est douée là-dedans, elle a une vraie volonté de respecter des configurations, les sens, les phrases, c'est ça qui fait d'elle ce qu'elle est.

© France Culture

Activité 19, p. 24 PISTE 30

– « De Vive(s) voix », Pascal Paradou.

– De la hiérarchie des langues sur le Web et de la place des langues dites minoritaires ou majoritairement minorées comme le swahili ou le yorouba, une tribune dans le magazine *Jeune Afrique* m'a mis la puce à l'oreille, article signé Sinatou Saka. Bonjour Sinatou.

– Bonjour Pascal.

– Vous êtes journaliste à France Médias Monde dans le service des environnements numériques et vous êtes membre de IDEMI Africa, association qui fait la promotion des sites multi-langues intégrant au moins une langue africaine. Alors quoi de neuf sur le Web pour signer cette tribune ?

– Alors il y a eu une grande nouvelle, c'est-à-dire qu'en mai dernier, Google a annoncé intégrer, en tout cas dans Google Traduction, donc son outil de traduction, dix nouvelles langues africaines. A priori c'est une très, très bonne nouvelle. On compte l'ewe, on compte le bambara, donc des langues importantes mais cette introduction pose beaucoup, beaucoup de questions notamment parce qu'il existait dans Google Translate des langues africaines mais qui étaient malheureusement très mal traduites.

– Combien de locuteurs sont concernés ?

– Alors des millions d'auditeurs, je crois que c'est, selon

les estimations, c'est quand même plus de 50 millions de locuteurs.

– 50 millions pour dix langues africaines.

– Beaucoup, beaucoup, beaucoup plus.

– Cet intérêt de Google pour les langues africaines a commencé quand ?

– Il a commencé très, très rapidement. C'est un intérêt qui est avant tout commercial parce que, quand on développe des nouvelles langues, c'est aussi parce qu'on aimerait toucher de nouveaux publics qui achètent donc des produits. Donc cet intérêt a commencé dès que l'outil Google Traduction a été lancé, il existait déjà des langues africaines.

– Donc ils rajoutent au fur et à mesure.

– C'est ça, ils rajoutent au fur et à mesure. Ce qui pose question aussi, c'est que c'est un ajout essentiellement par des ingénieurs, et très peu par des linguistes. Donc on se pose des questions sur les choix, pourquoi ces langues puisqu'en Afrique, on sait qu'il y a près de 2 000 langues.

© RFI

S'ENTRAÎNER

Exercice 1, p. 25 **PISTE 31**

– Nouvelle saison pour « Le vrai du faux junior », pour répondre aux collégiens, aux lycéens, tous les vendredis après-midi avec Antoine Deiana de la cellule « Vrai du faux » de France Info. Bonjour Antoine.

– Bonjour.

– Et pour ce premier numéro, vous êtes allé à la rencontre des élèves qui avaient participé à ce rendez-vous l'année dernière.

– Oui, je suis allé les voir dans leur collège, le collège Jules Ferry à Sainte-Geneviève-des-Bois dans l'Essonne. J'ai aussi rencontré leurs parents et la directrice de l'école. On est revenus sur cette expérience qui a complètement changé leur façon de lire et analyser l'actualité. Et pour commencer je leur ai demandé de m'expliquer concrètement ce qu'ils avaient à faire chaque semaine pour France Info. On écoute Ludmilla, Ouiyame et Élise.

– On devait réfléchir tout au long de la semaine des actualités et ensuite on partageait en cours, on choisissait celles qui nous paraissaient les plus intéressantes.

– Et ensuite, ces thèmes, on devait un petit peu se renseigner dessus pour trouver quelques questions qu'on pourrait poser.

– Ensuite quand on rentrait chez nous, le week-end, même le lundi soir en fait, on s'enregistrait en posant une question sous la forme de « est-ce que c'est vrai ce que j'ai vu passer sur tel réseau, est-ce que c'est vrai que… ».

– Donc, ces collégiens, ces lycéens, Antoine, avec qui vous avez travaillé, ils se mettaient dans la peau de journalistes qui cherchent à vérifier des informations ?

– Oui, le principe c'était qu'ils cherchent, accompagnés de leurs professeurs, des informations, déclarations, images ou vidéos qui méritaient qu'on s'attarde un peu dessus pour les vérifier. Ensuite, on répondait à leurs questions dans l'émission. Mais ils ne se contentaient pas de poser des questions justement car, au fur et à mesure de l'année, ils proposaient aussi des idées pour

vérifier les informations repérées. On leur partageait aussi quelques techniques et outils qu'ils ont pris l'habitude d'utiliser. Et justement, Ludmilla et Élise nous en parlent.

– On peut utiliser Google Images. Ça va être un site de recherche inversée. Il suffit juste d'insérer l'image dans le site et en fait le site recherche du coup là où elle a été publiée en premier. Du coup, ça permet de voir le contexte où elle a été mise, ça permet aussi de voir si c'est un photomontage.

– Alors, personnellement, je regarde donc les commentaires et je me dis s'il y a plein de commentaires qui ne sont pas terribles, qui disent oui, non c'est faux, eh bien je pousse encore plus ma recherche, je vais croiser les sources, voir si c'est mis sur des sites d'information officiels et je vois aussi si c'est publié sur un site qui partage très souvent des fausses informations.

– Et vous avez aussi tendu votre micro à leurs parents, Antoine !

– Eux aussi ont participé plus ou moins directement à ce projet car, comme vous allez l'entendre, ils ont suivi ça de près. Par exemple Clarisse nous raconte comment sa fille Ludmilla a été investie tout au long de l'année, même à la maison.

– Ce que j'ai adoré en fait avec la préparation des émissions, c'est déjà qu'elle nous parlait de l'actualité. Elle s'y intéressait beaucoup plus et d'elle-même, elle nous apprenait des choses. En tout cas elle essayait de nous apprendre des choses en nous disant, voilà, comment est-ce qu'aujourd'hui, il faut croiser l'information, comment est-ce qu'il faut aller chercher ses sources, ses informations. Elle nous donnait plein de tips aussi, c'est ça qui était intéressant et rigolo.

© France Info

Exercice 2, p. 27 **PISTE 32**

– Vous avez sûrement vu, entendu ce spot à la télé, à la radio : « Faire bouger les ados, c'est pas évident, mais les encourager, c'est important. » Message de l'agence Santé publique France qui incite donc parents et adolescents à pratiquer une activité physique. Bonjour Ianis Mellerin.

– Bonjour.

– Vous êtes médecin à la Fédération française du Sport Santé, merci de participer à France Info Junior. Alors nous ne sommes pas avec des ados mais avec des enfants de l'école Etienne Dolet d'Alfortville dans le Val-de-Marne, et d'abord avec Gabriel.

– Moi je fais beaucoup de sport et j'aime bien le sport. Du foot, du tennis, de la piscine, du handball, du rugby. Je me sens bien. Je pense que je dépense mon énergie quand j'ai besoin de dépenser mon énergie, et ça m'aide bien de faire du sport.

– Eh bien bonjour Gabriel. Eh oui, tu as tout à fait raison, faire du sport, c'est excellent pour la santé. C'est ce qui va faire que tu vas rester en pleine forme, eh bien… maintenant pendant que tu es enfant, mais ce qui fait que tu vas rester en pleine forme aussi quand tu seras plus grand. Donc continue comme ça, et puis tu peux aussi en parler à tes copains qui éventuellement n'en feraient pas déjà ou pas assez.

– Et quand Gabriel dit : « J'ai besoin de dépenser mon énergie », qu'est-ce que ça vous inspire ?

– C'est sûr que nos petits enfants, nos petits bouts de chou, eux ils ont besoin de bouger, au moins une heure de sport intense tous les jours, même plus que ça d'ailleurs. Donc c'est un super outil pour se défouler, pour canaliser toute cette énergie qu'ont nos enfants tout au long de la journée, pour ensuite être plus concentré pour les apprentissages. Donc ça fait partie de leurs activités qu'ils doivent avoir pour bien se développer, et y compris pour bien travailler à l'école.

– Les enfants, il leur faut au moins une heure d'activité physique intense, c'est-à-dire où on va être au maximum à peu près de nos capacités. Mais on fait, on est fait pour bouger. Il suffit de voir un enfant dans une cour de récré. Ou le week-end, on lui donne un ballon, et il se met à courir. C'est quelque chose de naturel pour lui, et ça devrait rester quelque chose de naturel pour nous adultes. C'est juste qu'on a tendance, malheureusement, un peu trop à l'oublier. Mais… oui, oui, bouger, c'est bon pour la santé, et c'est normal de bouger.

– Et le besoin, il varie en fonction de l'âge ? De l'enfant, puis de l'adolescent, ou pas ?

– Alors l'enfant ou l'adolescent, les recommandations, c'est les mêmes. Chez l'adulte, les recommandations, c'est 150 minutes sur une semaine d'activité plutôt modérée. Et chez l'enfant, c'est 60 minutes par jour d'activités physiques intenses. Donc les besoins des enfants sont plus importants que ceux d'un adulte pour rester en bonne santé. Là on parle de ce que nous devrions tous faire pour rester en bonne santé et pour éviter les problèmes de santé plus tard.

© France TV Info

Exercice 3, p. 28 PISTE 33

– Bonjour Laurence, et bienvenue dans notre émission culinaire du jour !

– Bonjour Axel.

– Nous sommes ravis d'accueillir une cheffe de cuisine militante comme vous. Cela fait longtemps que vous vous engagez pour une alimentation saine, locale et bio de grande qualité. Vous avez notamment exercé des fonctions importantes au sein du mouvement Slow Food Suisse… Aujourd'hui, vous vous apprêtez à ouvrir votre propre restaurant zéro déchets. Alors, dites-nous, les choses changent-elles vraiment ?

– -Très bonne question. Je dirais que oui, les choses bougent à présent. Ces changements ont lieu à différents niveaux, sans qu'ils soient toujours faciles à identifier. Au sein du mouvement Slow Food, certains membres jouent un rôle très actif, d'autres interviennent de façon plus indirecte. Nous comptons un certain nombre de membres qui sont producteurs, tout comme il y a des membres chefs de cuisine. Tout le monde partage la même vision en matière d'alimentation, nous avons les mêmes valeurs.

– La présence des chefs de cuisine, c'est la clé du succès du projet ?

– Oui tout à fait, les chefs de cuisine jouent un rôle de première importance.

– Il n'empêche : malgré l'engagement des professionnels au sein du mouvement, on ne dirait pas qu'il y a un véritable recul de la restauration rapide avec son coût environnemental élevé… On n'a pas le sentiment que

les gens mangent mieux. Selon vous, peut-on vraiment parler de progrès ?

– Absolument. Tout au long de ces trente dernières années, les choses ont considérablement évolué, grâce à un meilleur accès à l'information. Et n'oublions pas que les possibilités de protéger les populations se sont nettement améliorées, grâce notamment à l'introduction de nouvelles normes et procédures fédérales qui s'imposent à tous les cantons.

– Pensez-vous que le consommateur a désormais le choix d'opter pour une alimentation plus saine et plus écologique ?

– Tout à fait. Nous pouvons aujourd'hui choisir le type d'alimentation que nous souhaitons privilégier, c'est un autre signe de l'évolution que nous pouvons observer depuis une trentaine d'années. Je dirais même que nous touchons là à un point essentiel. Que ce soit en faisant nos courses ou en nous rendant dans tel ou tel lieu de restauration, nous pouvons faire des choix.

– Ne pensez-vous pas en revanche qu'une alimentation saine et durable est réservée aux couches aisées de la population ?

– Ce n'est plus vraiment une question d'argent aujourd'hui. L'accès aux aliments bio, par exemple, se démocratise de plus en plus. Quant aux producteurs locaux, bio ou pas, ils sont davantage présents dans nos villes, sur les marchés et dans les épiceries spécialisées. Et quand on parle de production locale, on pense aussi à la réduction des coûts de transport.

– Revenons à votre nouvelle activité, votre restaurant zéro déchets !

– C'est un projet qui me tient beaucoup à cœur. Le zéro déchet est un objectif, ce n'est pas encore une réalité, mais nous nous en approchons tous les jours un peu plus !

– Pouvez-vous nous donnez quelques exemples concrets ?

– Pour l'achat des produits et des ingrédients, nous préférons le local, si possible bio, et le vrac. Pas d'eau en bouteilles, les fontaines à eau sont bien plus écologiques. Pour la vente à emporter, nous utilisons exclusivement des emballages recyclables, et nos clients nous suivent ! Nous valorisons également les déchets alimentaires comme le compostage, les recettes pour utiliser les fruits ou légumes abîmés afin de combattre le gaspillage. Il est vrai qu'il faut être inventif et trouver de nouvelles solutions tous les jours !

– Nous vous souhaitons pleine réussite dans cette belle aventure !

Exercice 4, p. 29 PISTE 34

– Bonjour. La question du jour est de savoir ce qu'on apprend en entreprise ? Quand on est élève de lycée professionnel ou apprenti en alternance, on passe par la case entreprise. Aujourd'hui on parle même d'une professionnalisation renforcée du lycée pro mais pas seulement. Cette question concerne les élèves des filières professionnelles, les apprentis qui préparent un Bac Pro ou les Masters Pro en enseignement supérieur, mais aussi les élèves de 3e en fin de collège qui font un stage d'une semaine en entreprise. Je reviens donc sur le thème du jour : qu'apprennent nos jeunes au sein des entreprises qui les accueillent ? Peut-être serait-il intéressant d'écouter d'abord Marie. Bonjour Marie. Peux-tu nous parler de ton parcours ?

– Bonjour. Après ma seconde générale au lycée, je me suis réorientée et j'ai préparé un certificat professionnel dans les métiers du bois. Dès le début cela m'a beaucoup plu et j'ai décidé de poursuivre vers un diplôme dans les métiers d'art. Je vais faire deux ans dans cette formation et l'année prochaine avec mon diplôme en poche, enfin je l'espère, je pense m'orienter vers le design, surtout celui des meubles. Je dois pouvoir acquérir des compétences complémentaires et savoir d'abord comment on fabrique un meuble de A à Z. Pendant ma formation dans les métiers d'art, j'apprends beaucoup, j'ai dessiné aussi sur ordinateur, et dans mon entreprise de stage j'ai vu qu'on pouvait faire beaucoup de choses avec le bois, comment on pouvait le transformer, l'assembler et en faire de beaux meubles. Là, j'apprends vraiment et j'ai compris qu'apprendre pouvait être aussi le plaisir de faire quelque chose de ses mains, essayer par soi-même de dessiner puis de réaliser quelque chose. Quand je vois le résultat, je sais que c'est moi qui suis capable de le faire.

– Et là, Marie, tu as trouvé le sens de ton futur métier ?

– C'est clair car au départ, les métiers du bois ne sont pas associés automatiquement aux métiers de l'art. J'ai eu la chance d'être accompagnée par mes professeurs et ils m'ont aidée à mieux définir ma trajectoire professionnelle.

– Ton métier de rêve se transforme en réalité, c'est ça ?

– C'est plutôt grâce aux différents stages en entreprise que j'ai pris conscience que je pouvais être capable de me faire plaisir dans un métier et même d'être créative. Bien sûr, j'ai beaucoup appris et j'apprends encore beaucoup au lycée et en classe mais là, j'ai des perspectives professionnelles très encourageantes et je découvre un métier auquel je n'avais jamais pensé.

– Tu penses que ton genre de profil est représentatif du lycée pro ? Je rappelle que vous êtes en France 651 000 élèves scolarisés dans l'enseignement professionnel.

– C'est vrai qu'autour de moi, ce n'est pas très courant. Mes amis, filles ou garçons, sont encore à chercher le métier de leurs rêves. Surtout, ils ont beaucoup de difficultés à trouver une entreprise qui les accueille. Moi j'ai vraiment eu de la chance parce que je ne connaissais absolument personne dans ce secteur professionnel ! Et même si je suis une élève de lycée, je travaille comme n'importe quel travailleur.

– Votre parcours, avec l'avenir qui se profile, est un bel exemple d'une formation à la fois scolaire et professionnalisante qui devrait aider beaucoup de jeunes à espérer.

Exercice 5, p. 30 PISTE 35

– Depuis plusieurs années, l'agence française de la transition écologique, l'ADEME, pilote en France la Semaine européenne de réduction des déchets. De quoi s'agit-il ? Durant cette semaine, on organise partout en Europe des actions pour sensibiliser à la réduction des déchets. La dernière édition de cet événement avait pour thème l'industrie de la mode, qui est la deuxième industrie la plus polluante après celle du pétrole. Ce secteur d'activité émet plus de gaz à effet de serre que les vols internationaux et le trafic maritime réunis. Cela n'est donc pas négligeable ! Les vêtements se vendent aujourd'hui à des prix très accessibles, ce qui a pour effet d'augmenter les achats. En plus, on garde ces vêtements de moins en moins longtemps. En 15 ans, la quantité de vêtements achetés a augmenté de 40 %. À l'échelle de la planète, nous produisons plus de 140 milliards de vêtements par an. 30 kilos de vêtements en moyenne sont jetés par an et par personne.

– Ces chiffres sont impressionnants !

– Eh oui, quand on raconte cela, le grand public est simplement horrifié par la situation mais pour l'instant, on ne voit pas vraiment de changement dans les habitudes. Pourtant, les problèmes provoqués par cette industrie sont gigantesques, notamment en matière de déchets : citons la fabrication des vêtements avec des produits qui nuisent parfois à l'environnement mais aussi aux personnes qui les fabriquent voire celles qui les portent. Il y a aussi leur transport et le fait que 80 % des vêtements jetés à la poubelle ne sont pas recyclés, sans oublier les produits utilisés pour les laver, et les quantités d'eau et d'énergie nécessaires.

– Dans ce contexte, à quoi sert la Semaine européenne de réduction des déchets qu'on organise une fois par an ?

– Cette semaine est un temps fort pour sensibiliser la population et l'ensemble des acteurs du secteur à cette question. L'idée est de mobiliser un maximum de personnes, d'identifier et de faire connaître les bonnes pratiques, c'est-à-dire des solutions pour la fabrication, la consommation, puis le tri et la gestion des vêtements en fin de vie. En 2021, en France, la Semaine européenne de réduction des déchets a donné l'occasion à près de 1 000 porteurs de projets d'organiser 5 000 animations. Cette semaine est donc un bon moyen pour aborder la problématique des déchets, un sujet dont on parle encore très peu quand il est question de changement climatique ou de biodiversité. Or il faut savoir que la réduction des déchets représente un enjeu majeur, pour notre environnement tout comme pour notre santé. Il faut amener le public à changer ses habitudes : pour consommer mieux, produire mieux, prolonger la durée de vie des produits. Il s'agit de jeter moins et, quand on jette, de jeter mieux !

– La semaine d'action aborde plusieurs grands thèmes : réduire les déchets grâce à l'éco-conception des produits, combattre le suremballage, éviter les produits jetables. Mais il faut également penser aux déchets dangereux, sachant que les colorants utilisés dans l'industrie textile provoquent une pollution massive des cours d'eau : ils sont à l'origine de 20 % de la pollution de nos rivières. Un autre thème clé de la semaine, c'est la prévention du gaspillage alimentaire, avec la promotion du compostage. Enfin, voici deux autres thèmes abordés lors de la Semaine de réduction des déchets : l'information sur le recyclage, la réparation et la réutilisation de certains types de produits, et la mise en place de journées de nettoyage de l'espace public comme les rivières, les plages ou les forêts.

Exercice 6, p. 31 PISTE 36

Document 1

– Aujourd'hui notre bureau d'animation des élèves est réuni car la direction du collège nous demande d'organiser la fête de fin d'année. Nous sommes déjà en octobre et la fête est prévue pour juin prochain. Alors, qui d'entre vous a quelque chose à proposer ?

– Bien sûr, c'est une tradition du collège donc oui, il faut le faire. L'année dernière, on avait monté une pièce de théâtre mais c'était trop long. Moi, je verrais bien cette année un spectacle où chaque classe pourrait monter sur scène et proposer soit une pièce de théâtre, soit de la danse ou un morceau de musique, etc. selon l'envie des classes.

– Je ne sais pas si c'est bien. Non, on recommence avec deux heures environ où des scènes s'enchaînent sans logique évidente. Je vous rappelle que les profs et les parents sont là pour fêter la fin de l'année aussi. À mon avis, si on veut s'amuser un peu, il faudrait un spectacle plus visuel, plus musical.

– Moi aussi, je trouve parfois ennuyeux d'avoir des scènes qui se succèdent, c'est monotone et parfois sans lien les unes avec les autres. Et surtout, certains élèves n'ont pas envie de se mettre en scène devant un public. Donc voilà ce que je propose : montons une comédie musicale avec les élèves de toutes les classes qui le souhaitent. On doit pouvoir y arriver, on a huit mois pour le faire. Qu'en pensez-vous ?

– Je suis d'accord. Ce genre de spectacle permettra de motiver les élèves volontaires, de se faire aider par les profs de sport, de musique et tous ceux qui le veulent. Et là nous aurons un souvenir commun inoubliable !

Document 2

– Ce que j'aime bien quand j'ai lu les interviews pour préparer cet entretien, vos interviews, vos portraits, c'est la façon dont vous parlez des maths. Vous utilisez les mots « beauté », « magnifique », « élégance », « esthétisme » : c'est ça aussi qui est important ? C'est la façon dont on parle des maths pour les faire aimer ?

– Oui, qui plus est, en fait, on s'en rend compte dans les études, que même au collège, donc pas que dans les petites classes, en fait les enfants ne détestent pas du tout les maths. C'est une matière qui arrive très haut, juste en dessous du sport en général, dans les matières préférées. Faire des mathématiques, c'est essayer de résoudre, essayer de comprendre. Je fais toujours un parallèle. Si vous regardez un match de foot, et vous n'avez jamais fait de foot, vous voyez une belle transversale qui va arriver pile poil dans les pieds du joueur ou de la joueuse, ça ne va rien vous faire si vous n'avez jamais essayé vous-même. Mais une fois que vous, vous avez joué au foot, vous vous rendez compte de la difficulté que c'est de faire cette transversale et vous trouvez finalement que le geste est magnifique. C'est la même chose pour les maths. Il faudrait que les gens les pratiquent un peu plus à l'école, en tant qu'exercice de résolution et d'énigme presque, et je pense que là on arriverait à faire passer, les clubs de maths par exemple sont une très bonne direction, enfin quelque chose qui va dans la bonne direction, si on arrivait à faire passer cette beauté, cette élégance des mathématiques que moi je ressens quand j'en fais.

© France Inter

Document 3

Je voudrais vous raconter comment notre association pour l'environnement a changé peu à peu d'objectif. Nous avons constaté d'abord que les jeunes qui venaient nous voir voulaient consommer autrement. Non seulement ils veulent changer les meubles ou la décoration de leur chambre mais ils cherchent aussi à transformer leur garde-robe. Évidemment, ces jeunes n'ont pas encore les moyens financiers de répondre à leurs besoins. Certains ont donc commencé à récupérer par exemple des meubles que les parents voulaient jeter. Et le marché des vêtements recyclés s'est développé. C'est pourquoi notre association au départ environnementale a mis en place une plateforme de vente d'objets, de produits tous usagés, qui ont tous servi. Et nous proposons même de venir collecter à domicile ce que les gens veulent jeter et de le revendre à très bas prix aux jeunes qui en ont besoin mais qui ne peuvent pas se les acheter au prix du marché. On peut dire aujourd'hui que le premier objectif de l'association qui visait l'environnement s'est orienté vers une association à but social évident tout en conservant son argument écologique. Enfin, nous pouvons rappeler le dernier sondage de l'institut statistique en France qui révèle que 9 jeunes sur 10 ont déjà acheté un produit de seconde main et que 30 % d'entre eux prévoient de poursuivre ce mode de consommation.

Exercice 7, p. 32 PISTE 37

Document 1

– Bonjour, Clara.

– Bonjour Ali, bonjour à tous !

– Alors, votre médaille du jour, vous la donnez à une chercheuse qui se bat pour rendre ses consœurs visibles dans l'espace public.

– Oui, mon héroïne du jour est britannique, elle s'appelle Jess Wade. C'est une jeune physicienne très engagée en faveur de l'égalité des sexes dans les sciences. Sa façon d'agir : elle rédige des biographies de femmes scientifiques publiées sur Wikipédia. Il s'agit de faire connaître des femmes épidémiologistes, biologistes, astrophysiciennes ou chimistes parfaitement inconnues du grand public malgré la qualité des travaux et des découvertes qu'on leur doit. Jess Wade a démarré son action de « visibilisation », pour employer ce terme un peu barbare, il y a 5 ans. Elle vient de publier sa 1 750e biographie. Il faut savoir que seulement 19 % des biographies présentes sur Wikipédia, tous secteurs confondus, concernent des femmes. C'est à ce déséquilibre consternant que Jess Wade a décidé de s'attaquer. Elle est elle-même physicienne chercheuse à l'Imperial College de Londres. Âgée de 35 ans aujourd'hui, son parcours professionnel était tout tracé. Dès l'enfance, elle a baigné dans un univers où la science était omniprésente, grâce à ses parents, tous deux physiciens. Au contact de ses amies femmes qui n'avaient pas le privilège d'évoluer dans un tel environnement familial, elle s'est vite rendu compte qu'il est très difficile pour une fille de suivre un cursus scientifique et, surtout, de se faire connaître : voilà ce qui explique son engagement actuel !

Document 2

– Bonjour, je vous présente Andréas, élève du lycée agricole et qui se spécialise dans la gestion et l'exploitation d'une ferme. Aujourd'hui nous sommes avec lui dans la ferme agricole du lycée. Tu peux nous dire ce que tu fais ?

– Ici on est dans la ferme du lycée. Mais cette ferme a une véritable activité agricole même si ce sont des élèves qui la font fonctionner. Le lycée poursuit ainsi la tradition agricole de la région et on fait pousser des céréales, des légumes selon des procédés anciens et traditionnels sans substances chimiques.

– C'est donc une ferme bio et expérimentale ?

– Non, c'est une ferme comme une autre et les élèves veulent vraiment devenir agriculteurs. Et ils sont conscients que l'agriculture est respectueuse de l'environnement. Comme on a le soutien financier de la région, on peut donc prendre plus de risques ou mener plus d'expériences. La moitié de la ferme est en agriculture biologique et l'autre moitié en agriculture ancienne. On a la chance de ne pas être soumis aux règles du marché et du commerce comme les agriculteurs d'aujourd'hui qui souffrent de la situation.

– Tout cela sera possible le jour où les consommateurs auront changé leurs habitudes alimentaires ?

– Oui, Il faut qu'on change le contenu de nos assiettes car pour que le système agricole évolue il faut que les acheteurs changent. C'est cette nouvelle aventure que je voudrais vivre quand j'aurai ma propre ferme.

Document 3

– Et si on parlait urbanisme ? Bienvenue dans notre émission, Alexis !

– Bonjour Hélène.

– Ce matin, nous nous intéressons à une question passionnante : comment transformer les rues dans nos villes ? Cette question est au centre d'une consultation publique en ligne, ouverte à tous et à toutes. Chacun est libre d'y exprimer son avis et de formuler des propositions concrètes. Alexis, pouvez-vous nous en dire un peu plus sur cette initiative ?

– « La rue commune », c'est le nom qui a été choisi pour le projet. Il s'agit d'une plateforme de prospective spécialisée dans l'innovation et la transformation urbaines. Ses créateurs proposent de réfléchir à de nouveaux modèles pour nos rues, car l'usage de cet espace public a changé, tout comme les formes de mobilité ont changé. L'initiative est née d'un appel d'offres de l'ADEME, l'Agence de la transition écologique : le projet a obtenu un financement pour créer un lieu d'échanges entre experts, initier des débats et solliciter l'avis de tous les citoyens intéressés.

– Si je comprends bien, les résultats de ces échanges sont d'ores et déjà accessibles en ligne ? On peut donc prendre connaissance des contributions des internautes, par exemple ?

– Oui, tout à fait. C'est justement l'intérêt de la plateforme : inviter à l'échange d'idées. On va par exemple découvrir que Pierrick souhaiterait qu'on élargisse les trottoirs pour faciliter la circulation des poussettes et des fauteuils roulants. Laura propose de sécuriser l'espace à proximité des écoles en interdisant l'accès des véhicules au moment de l'arrivée des élèves le matin et celui du départ l'après-midi. Manon suggère de repenser l'éclairage afin de réaliser des économies d'énergie. Les idées ne manquent pas, allez y faire un tour !

Exercice 8, p. 33 `PISTE 38`

Document 1

Bonjour à tous et à toutes. Je voudrais vous proposer de mettre en place des cours de conduite et de vélo au collège. En effet, vous avez peut-être déjà eu des cours de vélo à l'école primaire mais il faudrait que tous les élèves de collège sachent faire du vélo avant la fin de leur scolarité. Je connais bien entendu les quelques critiques de certains élèves qui ont eu une mauvaise expérience. Une élève me racontait qu'elle est tombée et s'est cassée le bras au moment de commencer à monter sur un vélo, un autre a eu un accident dans la rue avec une voiture. C'est donc dangereux si on ne connaît pas les règles de conduite. Je peux comprendre qu'on ait un peu peur si on a eu un problème. Mais nous accompagnerons les quelques élèves qui n'osent plus en faire. En plus, faire du vélo, c'est aussi une activité sportive et les cours de conduite remplaceront certains de vos cours de sport. Un bon vélo classique est aussi bien moins cher qu'un vélo électrique. Enfin, vous le savez, peu à peu les voitures seront supprimées dans des grandes villes et savoir circuler à vélo sera un avantage pour tous… et pour la planète. Voilà ma proposition ! Nous allons maintenant organiser un vote auprès de vous tous pour savoir qui est favorable et qui est contre ces cours au collège. Merci.

Document 2

Il fallait y penser ! Ou peut-être pas ?

Avec deux points pour symboliser les yeux, un petit tiret pour le nez et une parenthèse fermante pour le sourire, on obtient un dessin désormais universel, l'émoticône à la base de tous les autres. Ce visage souriant, « smiley » pour les intimes, a été rebaptisé « frimousse » par l'Académie française et s'appelle « binette » chez nos amis québécois.

Ce symbole est une astuce de communication devenue incontournable pour beaucoup parmi nous, mais considérée par d'autres comme trop familière.

Scott Fahlman est à l'origine du phénomène. Ce professeur d'informatique américain, qui enseigne à l'université de Carnegie Melonn en Pennsylvanie, n'aurait jamais imaginé le succès qu'allait rencontrer le premier émoticône qu'il a dessiné en 1982. Son objectif à l'époque était tout simple : pour éviter les malentendus dans les échanges avec ses étudiants, il proposait un visage souriant, avec la parenthèse fermante, pour exprimer l'humour et le second degré. À l'inverse, le visage avec la parenthèse ouvrante devait signaler que le message était sérieux. Il proposa ces deux symboles sur le journal en ligne de son université, une sorte d'ancêtre de notre intranet… et rencontra un succès foudroyant. Son idée fut développée, partagée, imitée bien au-delà de son université.

Aujourd'hui, avec l'omniprésence d'Internet et du téléphone portable, ces symboles sont très utiles pour préciser le sens de nos innombrables messages de texte très courts. On synthétise de plus en plus nos échanges écrits et en l'absence de langage corporel, il faut éviter à tout prix les mauvaises interprétations ou les quiproquos.

Le dessin initial inventé par Scott Fahlmann a été remplacé par ce célèbre visage jaune tout rond dont il existe aujourd'hui d'innombrables variantes pour exprimer plus ou moins tout et son contraire. De nos jours, il existe plus de 3 000 symboles différents… désormais très utilisés.

Document 3

– Bonjour, bienvenue. 7 milliards de voisins et de voisines. Aujourd'hui, je reçois Théo Curin, nageur de l'extrême à tous les points de vue. Bonjour, Théo Curin.

– Bonjour.

– On est ravis de vous accueillir chez « 7 milliards de voisins ». Face au handicap, faire de sa différence une force, c'est un peu votre devise. Champion de natation handisport, vous racontez votre histoire dans un livre au titre un peu provocant, « La chance de ma vie ». Vous avez été amputé des quatre membres à l'âge de 6 ans à la suite d'une méningite bactérienne foudroyante. Vous aviez par ailleurs la phobie de l'eau. Et vous avez aujourd'hui 21 ans, vous êtes devenu sportif de haut niveau dans l'équipe de France de natation, vice-champion d'Europe, double vice-champion du monde en 200 mètres et 100 mètres nage libre. Vous avez aussi traversé le lac Titicaca à la nage en novembre dernier. 122 km dans des conditions assez apocalyptiques, vous nous en parlerez. Votre histoire, c'est surtout celle d'une reconstruction. Et vous proposez un autre regard, totalement décomplexé, sur le handicap. Vous aimez renvoyer une image que tout est possible. Mais avec quatre membres en moins, avec vos 160 000 abonnés, même 161 000 sur Instagram, ne faites pas semblant, vous regardez tous les jours !

– Non, même pas, même pas.

– Et combien sur TikTok ?

– Je ne sais pas, franchement, je n'y suis pas souvent sur TikTok. Mais il y a beaucoup de monde, c'est vrai, c'est dingue.

© RFI

Exercice 9, p. 34 (PISTE 39)

Document 1

– Bonjour Julia Sedefdjian.

– Bonjour.

– Vous avez décroché votre première étoile Michelin à 21 ans. Plus jeune cheffe étoilée de l'histoire du Guide, vous ouvrez votre propre restaurant à 24 ans, le Baieta à Paris, et vous décrochez là encore une étoile. Aujourd'hui vous avez 27 ans mais déjà treize ans en cuisine. Vous vous considérez comme une ancienne chez les jeunes ou comme une jeune chez les séniors ?

– C'est drôle comme question. Un peu les deux.

– Vous avez l'impression d'avoir brûlé les étapes ?

– Brûlé les étapes, non. J'ai commencé jeune, j'ai fait des sacrifices pour, j'ai tout pris un peu au jour le jour, donc peut-être pas brûlé les étapes.

– 27 ans, vous avez 27 ans, je le disais, et vous êtes déjà dans la transmission. Je dis ça parce que je sais qu'il y a toujours des jeunes dans votre équipe et ça, vous y tenez.

– Oui, parce que moi, l'apprentissage, c'est quelque chose qui m'a marquée. J'ai commencé assez jeune, à 14 ans, et je pense que j'ai eu les bonnes personnes autour de moi qui ont su me transmettre l'amour du métier. Et aujourd'hui ça me tient à cœur de faire la même chose.

– Parce que la cuisine, ce n'est pas un don ? C'est quelque chose que vous répétez souvent, il faut travailler.

– Exactement. C'est du travail tous les jours, faire mieux, faire plus vite, et ça, c'est ce que je dis tout le temps, c'est la technique, ça se travaille et ce n'est pas un don qu'on a. On peut aimer la cuisine et avoir peut-être un instinct un peu plus fort mais on ne naît pas avec un don.

– Ce n'est pas quelque chose que vous aviez en vous depuis toute petite ?

– Si, mais c'étaient des choses très simples, beaucoup de pâtisserie, voilà des choses qu'on fait faire aux enfants à la maison.

– Des gâteaux au yaourt, de base.

– Voilà exactement.

© France Inter

Document 2

– Cette semaine, nous allons évoquer l'histoire du plus ancien des biscuits français ! Bonjour Karima.

– Bonjour Thibaut.

– Vous vous êtes intéressée à Mondelez France, l'un des grands noms de l'agro-alimentaire et numéro un sur le marché des biscuits français. Ce groupe mondial est propriétaire de la marque LU. LU, la célèbre marque nantaise, c'est bien évidemment le tout aussi célèbre Petit Beurre… connu de tous les enfants de France, ou presque. LU, ce sont les initiales de deux noms, Lefèvre et Utile. Qui étaient-ils ?

– C'est un couple qui s'est installé à Nantes en 1846 pour y reprendre une pâtisserie. Jean-Romain Lefèvre et Pauline Isabelle Utile se sont alors lancés dans la production de biscuits sur le sol français – chose surprenante à une époque où les biscuits étaient traditionnellement fabriqués en Angleterre. La décision a été prise de créer des gammes de biscuits plus riches, à base de beurre. C'est ainsi qu'est née la marque LU, initiales de Lefèvre-Utile.

– Et quel a été le rôle de leur fils Louis dans cette affaire ?

– C'est avec lui que les biscuits LU ont vraiment commencé à connaître le succès. Louis Lefèvre-Utile savait ce qu'il voulait, et comment l'obtenir. Il est à l'origine, en cette fin du 19e siècle, de l'une des premières campagnes d'affichage publicitaire, et c'est lui également qui a créé le Petit Beurre, avec le succès que l'on sait.

Document 3

– Bienvenue à tous et à toutes dans notre émission « À chacun ses loisirs » ! Notre thème aujourd'hui : le cirque. J'accueille ce matin Emmanuelle Frémont, spécialiste des arts circassiens. Bonjour Emmanuelle !

– Bonjour Pablo !

– Emmanuelle, d'ici quelques années, il n'y aura plus d'animaux sauvages dans les spectacles des cirques itinérants.

– Oui, c'est une grande avancée pour moi dans la lutte contre l'exploitation des animaux sauvages.

– Ce changement ne risque-t-il pas de frustrer et décevoir les jeunes spectateurs qui rêvent de voir des numéros avec des éléphants ou des tigres par exemple ?

– Je ne pense pas, non. Les mentalités ont évolué, et le cirque de nos grands-parents tend à disparaître.

– Mais rassurez-nous, le cirque n'est pas mort pour autant !
– Les spectacles contemporains ne présentent plus une succession de numéros sans liens entre eux comme c'était le cas auparavant. On observe souvent une trame narrative, qui crée une continuité du début jusqu'à la fin du spectacle.
– Donc le charme opère toujours !
– Bien sûr ! Chacune des compagnies contemporaines propose un univers particulier tout en s'ouvrant à des disciplines nouvelles : théâtre, arts de la rue, danse, marionnettes... Le spectacle est toujours l'œuvre d'un collectif d'artistes, avec la présence des mêmes personnages sur scène. Sans oublier l'ingrédient clé indispensable... vous voyez à quoi je pense ?
– Non, mais vous allez nous le dire !
– C'est l'humour, bien sûr.

Production orale

SE PRÉPARER

Activité 3, p. 119 PISTE 40

Personne 1 : Une question souvent évoquée est la solitude des individus. L'article parle des personnes qui se sentent seules et qui appellent SOS Amitié bien qu'elles soient familiarisées avec les outils informatiques et les réseaux sociaux pour se créer de nouvelles relations.

Personne 2 : Cet article a pour sujet l'isolement des individus, en particulier des jeunes qui, même s'ils sont connectés sur les réseaux sociaux, manquent de vrais contacts humains. La question qui se pose est la suivante : comment encadrer l'utilisation d'Internet et continuer à développer des relations sociales non fictives ?

Personne 3 : Dans ce texte, on parle du problème d'Internet qui, à la fois grâce aux réseaux sociaux et aux sites Internet, favorise les relations virtuelles pour trouver l'amour ou l'amitié, mais aussi crée un sentiment de solitude chez les utilisateurs. Nous allons voir comment le gouvernement veut contrôler l'accès à Internet, en particulier dans les collèges.

Activité 8, p. 124 PISTE 41

Personne 1 : Des statues dans la cour ? C'est ça ? OK, ça peut être beau si c'est bien fait, mais je crois que l'école n'est pas le lieu pour ça. On est 1 200 élèves dans mon collège : selon moi, les œuvres d'art ne resteraient pas debout longtemps si on les installait dans mon école !

Personne 2 : Je comprends tout à fait qu'on puisse trouver ça beau, et j'ai déjà vu au musée des œuvres incroyablement belles : Cependant, je me demande si la place de ces objets est bien dans une école. À mon avis, c'est plus adapté dans un centre d'exposition, non ?

Personne 3 : Cette initiative est rare mais la bienvenue. Mon sentiment est que l'art appartient à tout le monde, les élèves ont donc toute légitimité pour en profiter dans leur collège.

Personne 4 : On peut mettre des œuvres d'art au collège, c'est sûr, mais il me semble que ce ne sera pas très utile s'il n'y a pas un accompagnement des élèves, un apprentissage de la culture qui va avec.

Personne 5 : En ce qui me concerne, je trouve que notre collège est bien triste avec ses murs gris et sales. Un peu de couleur et de beauté est donc une excellente idée pour l'égayer un peu !

Activité 9, p. 125 PISTE 42

Dans ce court article qui parle d'un sujet très à la mode aujourd'hui – les selfies – est posée la question de l'image de la personne qui se prend en photo. On peut se demander si c'est une forme d'égoïsme ou non. Dans un premier temps, je présenterai les causes de ce phénomène qui n'est pas limité au monde francophone, puis dans un second temps, j'examinerai les conséquences de cette nouvelle façon de se photographier sur la société.

Activité 14, p. 130 PISTE 43

Personne 1 : Je partage l'avis de cette ancienne de HEC. Comment étudier pour entrer dans un tel système ? Qui pourrait changer ces règles ? À mon avis, les étudiants sont les mieux placés pour le faire.

Personne 2 : Avoir une prise de parole pour dénoncer le manque d'information pendant leur cursus universitaire est une belle preuve de courage !

Personne 3 : C'est vrai que personnellement, je me sens concerné par ces problèmes environnementaux. Les médias en parlent peu ou mal. Il faudrait faire beaucoup plus !

Personne 4 : Tout étudiant d'écoles supérieures devrait prendre conscience du fossé entre ce qu'il apprend et ce qu'il vivra. Autrement dit, il faut oser affronter la situation pour avoir un espoir de freiner le réchauffement climatique.

Personne 5 : Il me semble qu'il faudra plusieurs promotions pour avancer vraiment. Ce que je veux dire, c'est que même si ce geste est noble, la classe politique qui n'écoute pas les 20-25 ans a besoin d'être plus bousculée. À reproduire dans toutes les facs de France, donc !

ÉPREUVE BLANCHE

Compréhension de l'oral Piste 44

DELF niveau B2 du Cadre européen commun de référence pour les langues, version junior / scolaire, épreuve orale collective.

Vous allez écouter plusieurs documents. Avant chaque écoute, vous entendez le son suivant : (🔔). Pour répondre aux questions, cochez (☑) la bonne réponse.

Exercice 1, p. 154 PISTE 44

Vous allez écouter deux fois un document. Vous écoutez une émission à la radio. Lisez les questions, écoutez le document puis répondez.

– Les jeunes ne votent plus, ne s'impliquent plus, ils se désintéressent de la société... on entend souvent ce genre de propos. Y a-t-il une part de vérité ou s'agit-il d'idées reçues ? C'est ce que vous avez voulu vérifier, Martin Hirsch, bonjour.
– Bonjour.
– Ce matin on vous reçoit en tant que directeur de l'Institut de l'engagement, que vous avez créé il y a 10 ans. Vous publiez une étude sur l'engagement des

jeunes, enquête réalisée auprès de 800 jeunes âgés de 18 à 24 ans. Alors est-ce qu'aujourd'hui les jeunes s'engagent encore ?

– Alors les jeunes s'engagent : encore, toujours et très différemment. Je reviens deux secondes sur ce que vous disiez sur les clichés sur les jeunes. Ça me rappelle il y a une douzaine d'années quand on a créé le service civique volontaire et que tout le monde disait : « Mais les jeunes ne vont jamais faire un service civique volontaire, il faut commencer par le rendre obligatoire. » Et moi je disais : « Il faut commencer par leur trouver des missions intéressantes, leur ouvrir les portes, leur permettre de valoriser leur engagement, etc. » Et ça a marché, on avait au début de l'argent pour 20 000 places de service civique, on avait 200 000 jeunes qui s'étaient inscrits sur le site phare. Donc on arrive 10 ans après pour regarder ce que c'est devenu. Ce qui a déclenché l'envie de cette étude, c'était... nous on savait à peu près que les jeunes, ils avaient envie de s'engager. Mais on voulait savoir si... Le résultat, désolé pour ceux qui se réveillent tôt et qui nous écoutent, je vais vous décevoir : il n'y a pas de truc monolithique. Tous ceux qui se réveillent ce matin en pensant que les jeunes, c'est des standards qui se ressemblent tous, qui font pareil comme des petits moutons de Panurge, se gourent.

– Donc ce n'est pas un bloc uniforme ?

– Les jeunes, c'est aussi hétérogène que nous les vieux, même probablement plus qu'ils n'étaient auparavant.

– Mais est-ce qu'il y a quand même des grands traits, des grandes lignes qui ressortent de votre étude ?

– Oui. D'abord, je dirais qu'engagement ce n'est pas embrigadement. Contrairement aux générations précédentes pour lesquelles l'engagement est une structure reconnue, il y a longtemps c'étaient les partis politiques, les syndicats et ça a même été les grosses ONG, là c'est plutôt un engagement à la carte, qui est très personnel. Quand ils parlent d'engagement, alors il y a aussi des jeunes qui s'engagent sans savoir qu'ils s'engagent et parce qu'on leur pose des questions le révèlent en relayant des posts par leurs pratiques d'achat, de choix, d'emploi, je pense qu'on va y revenir, l'engagement ce n'est pas que vers l'extérieur, c'est dans la sphère privée.

– Mais du coup, quand ils font ça, ils se rendent compte, ils sont conscients que c'est une forme d'engagement ou pas ?

– Certains d'entre eux oui, certains d'entre eux non, voilà. Il y en a une moitié qui disent « moi pour m'engager je veux me mettre en dehors du système », et la moitié qui disent « pour m'engager je vais prendre un boulot, suivre des études, dans lequel je pourrais porter mon engagement ». Juste, nous, ça nous conforte aussi, ce qu'on essaie de faire aussi avec l'Institut de l'engagement, c'est de garder le choix pour les jeunes.

© France Inter

Exercice 2, p. 155 PISTE 45

Vous allez écouter deux fois un document. Vous écoutez une émission à la radio. Lisez les questions, écoutez le document puis répondez.

– Savez-vous que le 18 juin a été déclaré Journée mondiale de la gastronomie durable ? En décembre 2017, les Nations unies ont voté cette résolution afin de sensibiliser toute la planète et les nouvelles générations à la question du bien manger et du mieux manger. Aujourd'hui, pour notre émission précisément du 18 juin, nous sommes en présence de jeunes du lycée agricole de la région et nous avons invité Lucas, un chef cuisinier français qui a mis en place dans son restaurant une gastronomie durable. Avant d'échanger avec nos jeunes auditeurs, pouvez-vous nous dire, Lucas, quelles pratiques innovantes vous avez lancées dans votre manière de cuisiner, mais aussi quelles difficultés vous avez rencontrées ?

– D'abord, l'idée de la gastronomie durable n'est pas née en 2017. Depuis très longtemps, dans ma famille en grande majorité de paysans, nous suivions le rythme des saisons et nous nous nourrissions des produits du moment et de notre région. C'est vrai qu'ensuite, la vie moderne a fait que nous avons pu trouver de nouveaux produits, fruits ou légumes, qui venaient des quatre coins du monde et ça a été une vraie découverte et un plaisir nouveau de cuisiner avec des ingrédients différents et exotiques.

– Alors, qu'est-ce qui distingue votre restaurant de ceux de vos concurrents ? Les jeunes aiment de plus en plus des plats qui mélangent des goûts et des produits connus et moins connus.

– Bien sûr, moi aussi j'aime la cuisine fusion, une cuisine où l'on retrouve les goûts du monde entier ! Mais à un moment, je me suis dit que je voulais que mes assiettes expriment mon territoire sans pour autant manger nos tomates ou nos cerises en toute saison. Et puis dans cette question de gastronomie durable, je veux aussi jouer un rôle social et économique entre autres avec mes fournisseurs de la région. Ils ont besoin de travailler, de continuer une agriculture locale et respectueuse de l'environnement donc j'achète au prix le plus bénéfique pour eux et leur production. Bien sûr, si nous parlons de cela ensemble, c'est aussi pour vous donner envie, à vous futurs producteurs ou restaurateurs, de travailler dans un métier qui soit en accord avec les valeurs écologiques, environnementales et durables et combler nos problèmes de recrutement en cuisine. Nous avons besoin de séduire non seulement nos clients mais aussi notre personnel et les futurs employés.

– Il existe un label depuis 2020, l'étoile verte, qu'un célèbre guide culinaire attribue à tout restaurant engagé et qui a un impact positif sur l'environnement. Il y en a plus de 80 en France. Vous en faites partie ?

– Vous êtes bien renseignée... Oui, j'ai reçu une étoile verte mais mon but n'est pas d'avoir une étoile de plus ou un diplôme. L'étoile verte n'est pas un but en soi ! Je voudrais que, grâce à cette distinction, nous soyons encore plus fiers de ce que nous offrons. Et que les jeunes s'y intéressent et qu'ils exigent que tous les lieux dans lesquels ils mangent, cantines, restauration rapide ou à la maison, remettent en valeur les savoir-faire de l'agriculture, de l'élevage ou de la cuisine. Cet engagement devrait déboucher sur de nouveaux métiers dans ces domaines car il est urgent de penser à l'avenir de notre planète dans lequel la gastronomie durable a résolument son rôle à jouer.

Exercice 3, p. 156 PISTE 46

Vous allez écouter une fois trois documents.

Document 1

Lisez les questions. Écoutez le document puis répondez.

– Le cheval, cela m'apporte un bien-être profond. Quand je fais du cheval, je ne fais qu'un avec lui. Et je me sens très bien.

– Cela s'appelle donc hippothérapie, un exemple d'un centre de rééducation, c'était en Lozère. Le soin avec les chevaux, entre autres. Vous avez donc mené l'enquête, Laurence Paoli, sur « Ces animaux qui nous font du bien », c'est ce livre chez Buchet Chastel. Est-ce qu'on peut aborder ce sujet dans notre pays sans immédiatement susciter de l'ironie, voire de la suspicion ? Est-ce qu'on prend ça au sérieux en fait ?

– Vous avez raison, ce n'est pas si simple en fait. Mais en revanche, quand j'ai commencé à enquêter, je me suis rendu compte qu'il y avait des tas de gens extrêmement sérieux et très convaincus, comme Marine Grandgeorge, Jérôme Michalon, qui travaillent sur ce sujet depuis toujours et qui le prennent très au sérieux. Et quand j'ai interviewé tous ces gens qui m'ont parlé de leur animal de compagnie, c'était assez étonnant parce qu'on voyait que la parole se libérait et qu'ils étaient tellement contents de pouvoir me raconter sans être jugés les relations très fortes qu'ils entretenaient avec leur animal que c'était très réconfortant. Et c'est ça d'ailleurs qu'on retrouve dans le livre, c'est ces paroles fortes de ces gens qui témoignent sans honte. Et d'ailleurs quand j'ai demandé s'ils voulaient que je change leur prénom, ils m'ont tous dit non.

© France Inter

Document 2

Lisez les questions. Écoutez le document puis répondez.

– La Terre ne tourne plus rond, on a découvert un mammouth vivant, on rétablit la fermeture des écoles le jeudi, etc. : voilà ce qu'on a pu entendre certains 1er avril dans les médias français !

– Mais aujourd'hui, à l'heure d'Internet, des réseaux sociaux et des manipulations d'images et d'informations, les enfants, ou les adultes d'ailleurs, ne vont plus pouvoir croire aux blagues ce jour-là. Va-t-on continuer à faire des poissons d'avril ? Rien n'est moins sûr. Julie, vous êtes journaliste et avez été correspondante dans de nombreux pays du monde. Pensez-vous que cette tradition du 1er avril, assez répandue dans le monde, va se perdre en raison de la prolifération des fausses nouvelles tout au long de l'année ?

– Ça me paraît un peu exagéré. Nous avons notre poisson d'avril en France, oui, et vous savez que d'autres pays ont des traditions proches : c'est le jour de la tromperie, la journée des fous ou encore le jour des mensonges. Tout le monde s'en amuse, petits et grands, et plus une information est invraisemblable, plus elle nous fait rire. L'omniprésence d'Internet n'y change pas grand-chose, fort heureusement. En tout cas, avoir une journée où on s'amuse à raconter des blagues ou des mensonges, c'est un plaisir qui n'est pas près de disparaître.

Document 3

Lisez les questions. Écoutez le document puis répondez.

– Bonjour Elias.

– Bonjour Laure, bonjour tout le monde.

– Alors pour vous ce sera samedi à 10 h 30, il y a un atelier d'initiation à ne pas rater. Dites-nous tout !

– Oui, voilà, donc c'est dans le cadre des 48 heures BD qui démarrent demain, où il y a beaucoup d'animations qui ont lieu dans toute la France et en Belgique. Et en plus donc de la proposition qui est super intéressante d'une douzaine d'albums de bandes dessinées à petits prix, la librairie accueille également un atelier de bandes dessinées qui est destiné vraiment à tout public.

– Et justement quand on dit atelier de bandes dessinées, ça veut dire quoi ? Est-ce qu'on nous apprend comment on construit une bande dessinée, est-ce qu'on fait un petit peu de dessin, qu'est-ce qui va se passer ?

– Oui, c'est exactement ça. Moi j'ai vraiment l'habitude de proposer des ateliers de bandes dessinées vraiment à tout public. Donc ce que je dis, c'est qu'il faut être motivé pour avoir envie de raconter une histoire mais l'idée c'est que je vous accompagne pour, comme objectif en fait, réaliser une planche de bande dessinée. Donc il y a quelques techniques qui peuvent être apprises assez rapidement et l'idée, c'est surtout de s'amuser, ensuite c'est par la pratique qu'on pourra progresser. Mais en une heure et demie, l'idée, c'est vraiment d'arriver à un projet de bande dessinée sur un thème proposé.

© France Bleu

CORRIGÉS

SE PRÉPARER

Activité 1, p. 12

Document	Extrait	Justification
Une chronique littéraire	n° 1	Roman pour ados / couverture du livre / le titre et le dessin de couverture / L'histoire commence avec… / Le lecteur comprend vite… / Les « errantes » du titre du roman, ce sont peut-être bien ces trois adolescentes…
Un éditorial	n° 6	Une fois par an, nous passons à l'heure d'hiver. / Si je critique le changement d'heure annuel, c'est d'abord parce que… / Par ailleurs, les chronobiologistes ont raison quand ils critiquent…
Une discussion	n° 4	Vous êtes journaliste / Nous sommes aujourd'hui avec les élèves du collège … / … d'abord avec Joséphine.
Un micro-trottoir	n° 2	Bonjour Madame, vous visitez le salon e-sport aujourd'hui : que pensez-vous de cette nouvelle activité ? / Merci ! Et vous Monsieur, que vous inspire le e-sport ? / N'est-ce pas, Madame ? / Une nouvelle mode ?
Une analyse d'un fait culturel	n° 5	Le manga sauve la bande dessinée, la bande dessinée sauve le secteur du livre, donc merci les mangas ? / une baisse du lectorat… / la France est la deuxième patrie du manga / la France est le deuxième marché du manga… / une bande dessinée sur deux vendue en France est un manga…
Un reportage	n° 3	Conviés aujourd'hui à une sortie un peu spéciale / regardez, c'est magnifique pour les algues / Le plus grand champ d'algues d'Europe est devant vous… / La Bretagne est à la frontière d'eaux tempérées

Activité 2, p. 13

Domaine	Extrait	Lexique
Sport	n° 3	Jeux olympiques / disciplines sportives / sports supplémentaires / le surf, l'escalade, le breakdance et le skateboard / épreuves
Politique	n° 2	Parlement des jeunes / simulation parlementaire / débat démocratique
Environnement	n° 1	Organisation des Nations unies pour le Climat / changement climatique / lutte contre le réchauffement climatique
Météorologie	n° 4	Le temps / le soleil, les nuages / prévisions météorologiques

Activité 3, p. 13

Culture	n° 3	Espaces d'art numérique / lieu d'exposition / mélange de musée et de centre de recherche / magnifiques expositions numériques / inspirées des plus grands musées du monde
Education	n° 4	S'inscrire pour des études / diplômés en sciences de l'ingénieur / diplômés en informatique / programmes d'enseignement scientifique / écosytème plus favorable dans les écoles, les universités
Consommation	n° 5	Boutiques préférées / commerce et réseaux sociaux / consommateurs achètent / nouvelle forme de consommation / réalisé un achat / marque et influenceur / offre promotionnelle
Santé	n° 1	Évolution des habitudes alimentaires / régime alimentaire très pauvre en nutriments et riche en sucres et viandes / habitudes alimentaires dans la petite enfance
Psychologie	n° 2	Pourquoi vous levez-vous le matin ? / raconter le côté personnel et intime / motivation / donner du sens à sa vie / le temps de rêver / penser à l'idéal de ma future journée

Activité 4, p. 14

Thème : la langue française
Contenu : éviter les fautes à l'écrit et à l'oral

Activité 5, p. 14

Thème : exploration/expédition dans l'Antarctique
Exemple 1 : seul sans assistance dans le pôle Sud
Exemple 2 : entraînement intensif avec préparation et guide polaire
Exemple 3 : vêtements adaptés contre le froid

Activité 6, p. 15

1. b. – 2. c. – 3. a.

Activité 7, p. 15

Intervenants	Fonction au lycée	Propositions qui justifient leur fonction
Le proviseur	Proviseur du lycée	Proposer un tour de table des participants pour se présenter
Mathéo	Lycéen et représentant des lycéens au conseil d'administration	Suspendre les cours pour le premier jour de la rentrée et organiser une journée d'accueil pour les nouveaux élèves.
Morgane	Animatrice du club de théâtre du lycée	Présenter le programme des ateliers de théâtre aux nouveaux élèves

Intervenants	Fonction au lycée	Propositions qui justifient leur fonction
Lou-Anne	Lycéenne et médiatrice pour les conflits	Distribuer le premier jour un document d'information sur son rôle de gestion de conflits aux nouveaux élèves
Kylian	Lycéen et tuteur des nouveaux élèves	Organiser pour la première journée des activités de prise de contact entre les nouveaux élèves et les tuteurs

Activité 8, p. 16

Ton utilisé	Extrait	Justifications
Ironique	n° 3	Quel bonheur de stocker tout ce papier / mes parents adorent déplacer les meubles pleins de livres / décoration tellement chic / on peut planter de grandes forêts dans d'autres pays qui n'en ont pas
Didactique	n° 1	De plus en plus maintenant des boîtes à livres / toi-même en faire une bibliothèque dans ton école / échanger avec tes copains dans cette bibliothèque participative / déposer sur un banc public
Polémique	n° 2	À quoi ça sert d'acheter autant de livres aux enfants / de dépenser autant d'argent / consommer toujours plus alors qu'il existe dans la ville des bibliothèques / Cette habitude est vraiment très égoïste

Activité 9, p. 16

1. **c.** polémique
2. Quantité de livres beaucoup trop importante/ nous obliger à revoir notre industrie culturelle / nous sommes allés trop loin / en arrêtant cette course à la production / lutter contre ce gaspillage sans frein de papier

Activité 10, p. 17

Extrait 1

1.

	Point de vue négatif	Point de vue nuancé	Point de vue positif	Justifications
Intervenants adultes et journalistes	X			Ce n'est pas sans risque / sentiment d'insatisfaction, de culpabilité et même des dépressions / pas d'évacuation du stress physique ou comportemental / vers le monde de la non-communication
Professeur			X	Réalisation de reportages, d'interviews / être baignés dans un monde de productions médiatiques / j'aime bien leur dire / prenez du plaisir quand vous venez dans la classe

Extrait 2
2. **a.** Elle a un regard critique sur la consommation des écrans.
3. **b.** Les écrans empêchent de se confronter à la réalité.
Extrait 3
4. **a.** Dangereux.
5. **c.** Une absence de l'envie de sortir.

Activité 11, p. 17

1. **a.** Connaître les débouchés dans le secteur du jeu vidéo.
2. **c.** Les formations professionnelles.
3. **b.** Sont les concepteurs du reportage.
4. **a.** Enthousiaste. Justification : « On a eu besoin d'avoir des gens qui s'y connaissaient dans l'artistique » OU « On a eu besoin de recruter des gens qui s'y connaissent en musique. »

Activité 12, p. 18

1. **a.** Parce qu'il n'y a pas de public qui regarde.
2. **b.** Changer le regard du public sur ce sport.
3. **Sujet :** La faible médiatisation des matchs de football féminin. / **But :** Développer une meilleure diffusion.
4. Il ne suffit pas d'augmenter la diffusion ou de rapporter les résultats et performances des matchs, il faut aussi raconter le travail et la vie des sportives.

Activité 13, p. 19

	Extrait 1	Extrait 2
Contexte du document	Inscription de la baguette de pain française au patrimoine de l'humanité	Succès de la trottinette électrique
Arguments	Produits et matières premières de très, très bonne qualité / reconnaissance au niveau du monde / de ces savoir-faire artisanaux / côté culturel	Alternative intéressante à de nombreux déplacements automobiles / prix beaucoup plus raisonnable que la voiture voire le vélo électrique
Informations chiffrées	320 baguettes vendues par seconde en France / 6 milliards de baguettes dans le monde par an / 33 000 boulangeries en France	Ventes de trottinettes + 42 % / 41 % des trajets en voiture inférieurs à 5 km / 400 € / 71 % des Français envisagent de réduire leurs dépenses de transport / 900 000 trottinettes électriques vendues l'an dernier
Conclusion	Inscrite au patrimoine culturel immatériel de l'UNESCO	Micromobilité devient un véritable enjeu économique et sociétal

Activité 14, p. 19

1.

D'ailleurs, dans l'appel à candidature, vous serez formés à l'aviation aux conditions du terrain africain.
Mais tout cela reste l'exception *parce que* nos missions consistent à transporter des médicaments ou des médecins sur des compagnies plutôt régulières.

Maintenant, aviation et humanitaire se conjuguent aussi avec industrie aéronautique.

Ainsi la fondation Airbus soutient des écoles pour encourager les jeunes filles et les garçons aux carrières scientifiques.

2.

d'ailleurs : pour ajouter une conséquence logique

mais : pour expliquer l'opposition

parce que : pour exprimer une cause

maintenant : pour indiquer le temps

ainsi : pour marquer une conclusion

3. c. Recruter des pilotes pour l'aviation humanitaire

Activité 15, p. 21

a. Les scientifiques ont démontré que la possibilité d'exprimer des jurons permettait de diminuer la douleur car le cerveau se concentre sur les jurons formulés et détourne notre attention de la douleur.

Activité 16, p. 21

1. b. Sont plus fidèles à la réalité.

2. c. La plaisanterie.

3. b. La BD est un genre littéraire à part entière.

4. c. Lécullée conteste le fait que la BD serait une préparation à la littérature et non un genre à part entière de la littérature.

Activité 17, p. 22

1. WWF : Fonds mondial pour la vie sauvage

ONU : Organisation des Nations unies

2.

Date	Événement
Les années 1990	Refuse un contrat L'Oréal
2001	Militante chez Greenpeace, membre du WWF
2009	Enregistre une chanson engagée avec d'autres artistes à partir d'une proposition de l'ONU
2011	Soutient un chef brésilien contre la construction d'un barrage qui inondera une partie de la forêt amazonienne
2018	Signe une tribune dans *Le Monde* contre le réchauffement climatique

Activité 18, p. 23

1. c. Traduit en gestes les chansons pour les personnes sourdes et muettes.

2. c. En accordant les textes du rappeur avec ses gestes.

3. b. Avait des parents sourds.

4. b. 12 ans.

5. c. Son professionnalisme.

Activité 19, p. 24

1. b. L'enrichissement des sites Internet par l'intégration de langues africaines.

2. c. La qualité de traduction des langues choisies est inégale.

3. c. Le poids économique des usagers parlant ces langues.

S'ENTRAÎNER

Exercice 2, p. 27

1. a. De soutenir tous les ados à faire une activité sportive.

2. a. Des élèves de primaire.

3. c. Promouvoir le sport auprès de ses amis.

4. b. Plus d'une heure de sport intense par jour.

5. a. Le travail scolaire.

6. b. Oublier que la pratique sportive est indispensable à la santé.

7. c. Le rythme hebdomadaire de sa pratique.

Exercice 3, p. 28

1. b. D'un projet gastronomique innovant.

2. b. Partagent le même objectif quant au développement de l'alimentation.

3. c. Les restaurateurs.

4. c. S'emparent des nouvelles offres alimentaires.

5. a. Concerne tous les lieux de vente.

6. c. Le moins de déchets possibles.

7. b. Des recettes intégrant une démarche écoresponsable.

Exercice 4, p. 29

1. b. Le rôle de l'entreprise dans l'apprentissage des élèves.

2. a. L'évolution des stages pour tous les élèves.

3. c. Elle suit une formation dans la filière des métiers de l'art.

4. c. Découvrir qu'elle peut apprendre autrement.

5. b. Les enseignants de son lycée.

6. a. Cherchent encore un stage.

7. c. Encourageant.

Exercice 5, p. 30

1. c. Organiser des actions pratiques en Europe autour de la question des déchets.

2. a. Sa pollution rattrape bientôt celle du secteur du pétrole.

3. c. Alarmant.

4. b. Tout le monde.

5. b. De faire connaître les actions qui luttent contre les déchets.

6. c. Le problème des nombreux emballages.

7. a. La pollution des eaux.

Exercice 7, p. 32

1. b. Elle rend publique la carrière de grandes femmes scientifiques.

2. a. Ses amies.

3. b. Dans l'environnement d'un lycée agricole.

4. c. Sera la réponse aux nouvelles façons de se nourrir.

5. a. La collecte des avis de la population sur ce projet.

6. c. Les habitants souhaitent un autre espace urbain.

Exercice 8, p. 33

1. c. D'apprendre à faire du vélo.

2. b. Un bénéfice.

3. a. Les travaux des étudiants étaient accompagnés de cette note.

4. c. Les messages très courts sont nécessaires aux réseaux sociaux.

5. a. Pour la sortie de son livre.

6. b. Le handicap peut être considéré comme un avantage.

Exercice 9, p. 34

1. b. Son dévouement à la cuisine.

2. c. Beaucoup de volonté.

3. c. Elle occupe la première place dans le secteur des biscuits.

4. b. Qu'ils sont plus gras que les anciens biscuits traditionnels.

5. b. Elle se réjouit de leur suppression dans les spectacles.

6. c. Devient une scène pour les arts du spectacle.

Compréhension des écrits

SE PRÉPARER

Activité 1, p. 42

1. c. Sur un site Internet.

2. c. Professionnel.

3. a. Trouver un emploi.

4. b. Trouver de nouveaux partenaires.

Activité 2, p. 43

1. Éducation – **2.** Consommation – **3.** Agriculture – **4.** Climat – **5.** Éducation – **6.** Technologie – **7.** Société

Activité 3, p. 44

	Source 1	Source 2	Source 3
Il s'agit - d'un journal quotidien - d'un magazine - d'une page Internet	d'une page Internet	d'un magazine	d'un magazine
Le texte est - généraliste - spécialisé	généraliste	généraliste	spécialisé
L'article a été écrit par - une personne - plusieurs personnes	plusieurs personnes	une personne	une personne

Activité 4, p. 45

Extrait 1

1. a. La définition de la biodiversité.

2. diversité, nature, durabilité, génétique, écologique

3. Il existe plusieurs types de biodiversité.

Extrait 2

1. a. Les solutions pour améliorer le système éducatif.

2. politique, système éducatif, école, dialogue, cours plus interactifs, débats

3. Des changements en profondeur permettraient de rendre le système éducatif plus efficace.

Extrait 3

1. b. Le parcours exceptionnel d'une scientifique non reconnue.

2. femmes physiciennes, très masculin, fission nucléaire, électricité, en refusant, scientifique incroyable, injustement oubliée

3. Certaines femmes scientifiques ne sont pas reconnues à leur juste valeur.

Activité 5, p. 47

Pour commencer une formation certifiante en maçonnerie début février, j'ai fait le choix de ne pas attendre la rentrée suivante, prévue plusieurs mois plus tard ! Désormais, je me rends tous les jours au centre de formation, et je touche même un petit salaire. Je suis la seule sur le plateau, car la maçonnerie est un milieu très masculin. Au début, j'étais un peu réservée, mais aujourd'hui je rigole bien avec eux. Ils font souvent des blagues sur les femmes, mais ils n'ont jamais un comportement ou un geste déplacé. Je ne me suis pas trompée : il y une super ambiance en maçonnerie ! Au début de la formation, nous avons eu quelques cours théoriques mais, contrairement à ceux du collège, ils ne m'ont pas dérangée ; c'était pour apprendre les bases avant d'attaquer la pratique. Durant la première semaine, je n'ai d'ailleurs jamais autant révisé. Aujourd'hui, nous n'avons plus de cours : nous sommes toujours dehors, sur les chantiers du centre de formation, en train de bosser, bosser, bosser ! En plus de savoir monter un mur, je gère aussi les coffrages (qui consistent à couler du béton pour former un mur ou toute autre structure) et j'apprends à poser du crépi. Je termine ma formation dans quelques mois. Ensuite, je chercherai du travail, d'abord en tant que salariée, puis je compte reprendre une formation pour devenir cheffe de chantier. Il y a très peu de femmes qui exercent ce métier, mais je compte bien tenter ma chance.

Activité 6, p. 47

	Cause	Opposition	Concession	Insistance	Certitude	Doute
D'autant plus que				x		
Au lieu de		x				
Étant donné	x					
Il est peu probable						x
Certes aussi			x			
Il est fort probable que					x	
Toutefois			x			

Activité 7, p. 48

1. a. L'agriculture française n'est pas prête à disparaître.

2. a. Poursuivre leur production.

3. a. Bons pour la planète, la santé et l'économie, peinent à s'imposer dans certaines villes.

4. b. Les jeunes, peu motivés, quittent leur formation.

5. b. Des accidents domestiques peuvent toujours arriver.

Activité 8, p. 49

	Ton neutre	Ton engagé	Justification
1. Les animaux vivant dans les zoos : condamnés à passer une vie dans une cage ?		x	Utilisation du terme « condamnés »
2. Les zoos ont-ils vraiment leur place dans les grandes villes ?		x	Adresse au lecteur, adverbe « vraiment »
3. Faut-il fermer les zoos ? Les spécialistes du bien-être animal nous répondent.	x		Interrogation, pas de terme péjoratif
4. Les zoos n'ont plus leur place dans nos sociétés.		x	Affirmation de l'auteur
5. Le zoo reste-t-il encore un espace protégé par la loi contre la maltraitance animale ?	x		Interrogation Pas de terme péjoratif

Activité 9, p. 49

1. Polémique – **2.** Optimiste – **3.** Neutre – **4.** Sceptique

Activité 10, p. 51

1. Aisément disqualifiés en climatosceptiques ou en ennemis de la planète, des auteurs pondèrent les propos alarmistes portant, en particulier, sur l'urgence climatique. Propagande, rétorquent certains spécialistes !
– verbe – nom/groupe nominal – adverbe – exclamation – **N**

2. « Ce qui est choquant dans le discours de la première ministre, c'est la non-prise en compte des difficultés du quotidien, notamment pour ceux qui vivent dans des passoires thermiques », explique le président du groupe GDR à l'Assemblée nationale, André Chassaigne.
– adjectif – nom/groupe nominal – adverbe – **N**

3. Les conditions de production des animaux élevés pour la consommation alimentaire des humains constituent un important sujet de controverse dans la société. Certains demandent l'arrêt de tout élevage quand d'autres revendiquent la satisfaction d'aspirations alimentaires qu'ils jugent légitimes.
– nom/groupe nominal – verbe – **N**

4. Crise de l'énergie : après l'électricité, des coupures de téléphonie envisagées cet hiver. Les opérateurs de téléphonie s'inquiètent d'éventuelles pannes de réseau cet hiver si des coupures d'électricité sont nécessaires. Tous les pays européens ne sont pas logés à la même enseigne.
– groupe nominal – verbe – expression idiomatique – **N**

5. Santé. « Il n'y a pas de déserts médicaux dans la Manche ! » : les explications des élus
Vendredi 30 septembre 2022, à Lessay (Manche), le congrès s'est achevé avec une table ronde sur les déserts médicaux. Chiffres à l'appui, les élus expliquent qu'il n'y en a pas.
– affirmation – exclamation – nom/groupe nominal – **P**

6. Tous unis contre le plastique : et si on réduisait nos déchets ?

[…] on te présente « Plastic Attack », la réponse originale à l'abus d'emballages, barquettes en polystyrène, films et autres sacs (cauchemars des océans), et une manière de prendre pleinement conscience des déchets que l'on produit.
– interrogation – nom/groupe nominal – adverbe – **P**

Activité 11, p. 52

Document 1 : a. Sa satisfaction d'un événement.
Document 2 : a. De donner son point de vue personnel concernant un de ses centres d'intérêt.
Document 3 : a. De donner une explication.
Document 4 : b. D'alerter les lecteurs sur un phénomène.
Document 5 : a. De montrer au lecteur l'importance de prendre en compte plusieurs paramètres.

Activité 12, p. 53

1. indicatif présent – nécessité
2. indicatif futur – volonté
3. conditionnel présent – désir
4. indicatif présent – conseil
5. conditionnel présent – volonté
6. subjonctif présent – incertitude
7. indicatif présent – regret

Activité 13, p. 54

1. c. La nécessité d'avoir des règles protégeant la mer.
En haute mer, ni règles ni frontières ?
Il est temps maintenant de sortir des zones économiques exclusives pour arriver en haute mer, dans les eaux internationales qui, rappelons-le, représentent environ deux tiers des eaux de notre planète, et qui n'appartiennent à personne… ou plutôt à tout le monde ! Même un pays sans côte peut y accéder, pour y pêcher par exemple. Dans ces eaux, c'est la liberté pour tous : liberté de naviguer, de survoler, de pêcher, de mener des recherches scientifiques…
Les fonds marins, au cœur de l'actualité
L'avenir des grands fonds marins, ces zones situées à plus de 200 m de profondeur, fait partie des grands enjeux mondiaux actuels. Pour l'instant, le droit international n'a pas beaucoup légiféré sur ces espaces encore peu explorés. Mais les protecteurs de l'océan, craignant une ruée industrielle, demandent des règles claires. Une alliance pour un moratoire sur l'exploitation des abysses s'est même constituée.
Ruée vers l'or sous-marin
Cela ne fait pas longtemps que l'on s'intéresse aux minerais des fonds marins, et notamment à ce que l'on appelle les nodules polymétalliques. Semblables à des sortes de grosses pommes de terre qui reposent sur le plancher océanique, ils sont composés de métaux précieux comme le nickel, le cuivre et le cobalt. Ces ressources sont convoitées aujourd'hui, pour fabriquer nos téléphones, les batteries des voitures électriques ou encore les éoliennes… Selon la plupart des scientifiques, y en a largement assez sur terre, ce qui n'empêche pas certains industriels d'aller en chercher en mer.

Histoire Junior, hors-série n°22, septembre 2022, Éditions Faton.

2.

Groupe 1 = MER Problématique 1	Groupe 2 = RÈGLES Problématique 2	Groupe 3 = RESSOURCES Problématique 3
mer / haute-mer / deux tiers des eaux / tout le monde / qui n'appartiennent à personne… / droit international	liberté / règles / frontières / protecteur / règles claires	or sous-marin / ressources / métaux précieux / minerais industriels
Le territoire maritime est immense, il est déclaré libre pour tous et n'appartient à personne.	Aujourd'hui, la situation de liberté pose des problèmes en raison des activités économiques et des problèmes environnementaux.	Les enjeux économiques actuels pourraient avoir des impacts désastreux sur les mers s'ils ne sont pas encadrés.

3.
Idées essentielles : 2, 3, 4, 7
Idées non essentielles : 1, 5, 6

Activité 14, p. 56

1. b. L'expérience positive du bénévolat dans un CV.
2. maturité, confiance en soi, prise de responsabilités, capacité à travailler en équipe, ouverture d'esprit, réactivité, sens de l'écoute, adaptation, développer son réseau de contacts.
3. Quand elle est n'est pas pertinente par rapport au poste visé.
4. a. Elle démontre l'investissement humain du candidat dans une démarche professionnelle.

Activité 15, p. 57

Extrait 1
1. a. Le réchauffement climatique.
2. b. Il existe d'autres causes aux incendies.
3. b. Des éléments factuels de scientifiques.
4. Expression idiomatique : « or on en est loin ».
5. b. Sensibiliser les lecteurs.
6. Elle existe mais certains particuliers ne la respectent pas.
7. Des entretiens avec des scientifiques.
Extrait 2
1. b. Neutre.
2. a. Explicatif.
3. Des définitions, des statistiques, des références aux experts.
4. L'effet de serre qui entraîne le réchauffement climatique.
5. De changer les pratiques.
6. L'énergie nucléaire ne produit pas de CO_2.
7. b. Elle encourage certains projets.

S'ENTRAÎNER

Exercice 2, p. 63

1. b. Les interactions entre les êtres vivants.
2. b. La fragilisation d'un écosystème.
3. a. Les cultures agricoles dépendent de ces liens.
4. a. Pour conserver un patrimoine local.

5. b. L'exploitation commerciale.
6. a. Ils sont nécessaires à notre respiration.
7. a. Elles sont dangereuses pour les écosystèmes.

Exercice 3, p. 65

1. c. Qui cherchent un stage.
2. b. Acquérir de l'expérience professionnelle.
3. c. Elle propose un encadrement.
4. a. Vous êtes placé au cœur du dispositif.
5. b. Des informations sur les formations.
6. a. Elle propose un grand nombre d'annonces.
7. b. En consultant les fiches de postes sur le site.

Exercice 5, p. 69

1. c. Les manières d'évaluer les élèves.
2. c. Le mal-être de certains enfants à l'école n'est pas causé seulement par les notes.
3. a. Les bulletins de notes.
4. a. Par l'échec.
5. a. Pour valoriser les progrès.
6. c. Elle ne prend pas en compte les compétences de chacun.
7. a. Accompagner la note d'un commentaire positif.

Exercice 6, p. 71

1. b. Empêcher la démobilisation scolaire.
2. a. Une association.
3. a. Résoudre un problème relationnel dans la vie quotidienne.
4. a. La discussion.
5. c. Il connaît mieux les problèmes des autres élèves.
6. a. Cela les rend autonomes.
7. a. Intervenir rapidement.

Exercice 8, p. 75

1. b. Marie.
2. c. Gabriel.
3. a. Paul.
4. c. Gabriel.
5. a. Paul.
6. b. Marie.

Exercice 9, p. 76

1. c. Mohamed.
2. a. Reem.
3. b. Egna.
4. c. Mohamed.
5. b. Egna.
6. a. Reem.

> **Production écrite**

SE PRÉPARER

Activité 1, p. 84

1. Sujet 1 : une lettre.
Vous écrivez à votre employeur pour exprimer une demande. Bien que le mot « lettre » ne figure pas dans le sujet, c'est le seul type de texte possible dans cette situation.

Sujet 2 : un essai.

La formulation du sujet est caractéristique de l'essai argumenté.

Sujet 3 : un article.

Vous écrivez à un journal pour donner votre avis. La consigne précise qu'il s'agit de « publier un texte » pour souligner l'importance des bibliothèques.

Sujet 4 : un rapport.

Le terme « compte rendu » renvoie au rapport. C'est un écrit professionnel afin de rendre compte d'une situation.

Activité 2, p. 85

1. En rouge (lettre formelle) :
2, 5, 6, 7, 9, 10, 11.
En bleu (article) :
1, 3, 4, 8.

2. Article (de haut en bas) :
8, 4, 1, 3.
Lettre formelle (de haut en bas) :
10, 2, 5, 11, 7, 6, 9.

3. Caractéristiques de l'article :
présence d'éléments tels que titre, chapeau, sous-titres, nom de l'auteur, organisation du corps du texte en paragraphes, informations chiffrées, citations, etc.
Caractéristiques de la lettre formelle :
adresse de destinateur, date, lieu, mention du destinataire, objet de la lettre, formule d'appel, formule de prise de congé, signature du destinateur, etc.

Activité 3, p. 86

1. a. Un(e) étudiant(e).
2. b. Le responsable de l'école refuse que votre classe fasse un voyage.
3. a. Écrire une lettre pour convaincre le proviseur.
4. c. Le maintien du voyage.
5. Éléments à souligner :
Vous étudiez / Le nouveau proviseur a décidé d'annuler le voyage scolaire / vous écrivez une lettre à l'attention du proviseur de l'établissement / défendre l'intérêt du voyage / le faire changer d'avis.
6. Exemple de production :

Sofia Ramos
Calle del Sol 18
Santander 39003
Espagne

Santander, le 18 avril 2023

Objet : Proposition de journée « portes ouvertes »

Monsieur le proviseur,

Élève en classe de terminale E3 au sein de votre établissement, je m'adresse à vous, au nom des élèves de ma classe, en réaction à votre décision d'annuler le voyage de fin d'année en France.

Je comprends votre inquiétude concernant le coût de ce voyage, mais sachez que notre classe s'organise depuis plusieurs mois pour récolter de l'argent. Nous avons ainsi organisé une tombola et un concours qui ont permis de recueillir plus de 4 500 euros et pour beaucoup de jeunes, ce voyage est en partie offert par les familles à la place des cadeaux de Noël et d'anniversaire. De plus, la vente d'objets d'occasion que nous avions prévu d'organiser le mois prochain était un moyen d'obtenir un peu plus d'argent. Nous estimons donc que l'aspect

financier ne devrait pas être une raison légitime d'annuler ce voyage. De plus, il est fort probable que l'annulation des billets et des réservations d'hôtel soit très coûteuse pour l'établissement.

Toutefois, ce qui nous étonne le plus, c'est que vous considériez que ce voyage est inutile. Comme vous le savez, ce type de projet est très motivant pour la classe et surtout, se rendre dans un pays étranger est le meilleur moyen de perfectionner sa connaissance de la langue et de la culture du pays. En outre, pour beaucoup, ce type de voyage n'est possible qu'à travers note scolarité car tout le monde ne vient pas d'une famille qui a la possibilité de voyager à l'étranger durant les vacances.

C'est pourquoi nous aimerions avoir la possibilité de vous rencontrer pour vous convaincre de maintenir le voyage de fin d'année en France.

Nous vous remercions par avance de votre attention et nous restons à votre disposition pour toute information complémentaire.

Très cordialement,

Sofia Ramos

Pour ce sujet, il est important de s'adresser au proviseur de manière formelle et de mettre en valeur les bénéfices du voyage scolaire pour la classe. Il faut également être capable de démontrer que le coût du voyage n'est pas si élevé au regard des avantages qu'il comporte. Donnez votre opinion en vous appuyant sur des faits précis et détaillés.

Activité 4, p. 87

A.

	Sujet 1	Sujet 2	Sujet 3
1	Un(e) étudiant(e)	Un(e) étudiant(e)	Un(e) étudiant(e)
2	En mon nom	En mon nom	En tant que représentant de la classe
3	Au président de l'association	Au proviseur de l'établissement	À mon professeur de français
4	Une lettre	Une lettre	Un courriel
5	Le séjour ne se passe pas bien.	L'établissement ne cherche pas à protéger l'environnement.	Je voudrais que la classe se rende à la « Journée des études supérieures en France ».
6	Le remboursement de mes frais de séjour.	La mise en place de solutions pour protéger l'environnement.	La participation à la « Journée des études supérieures en France ».

B. Exemple de production pour le sujet 1 :

Davide Furtino
Via della Pace, 76
41126 Modena

Lille, le 5 mars 2023

Monsieur le président de l'association,

Je m'adresse à vous aujourd'hui pour vous faire part de mon fort mécontentement suite à mon séjour au sein du logement de la famille Vrillou, famille que votre association avait sollicitée pour ma visite à Lille.

Tout d'abord, sachez que je m'étais tourné vers votre association car mes amis m'avaient fait part de leur expérience positive et des rencontres intéressantes qu'ils avaient faites chez les habitants membres de votre association et accueillant des étudiants étrangers. J'ai peut-être manqué de chance car pour ma part, le séjour fut désastreux.

En effet, dès mon arrivée, la famille Vrillou s'est montrée très distante. J'ai dû me débrouiller seul pour arriver à leur domicile, alors que l'accueil à la gare de Lille était prévu d'après le contrat que j'ai signé. J'ai pris mon premier repas seul dans la cuisine tandis que les parents regardaient la télévision dans le salon. De plus, la chambre dans laquelle ils m'ont installé était très sombre et bruyante. J'entendais le bruit de la circulation toute la nuit et je n'ai par conséquent pas bien dormi. Enfin, le manque de propreté dans le logement m'a beaucoup perturbé. Il y avait de la poussière partout, j'ai même vu des cafards dans la salle de bain !

Dans ces circonstances, vous comprendrez facilement que je ne suis pas du tout satisfait des conditions d'accueil et c'est la raison pour laquelle je souhaite obtenir une compensation des dommages subis. Je souhaiterais que mes frais de séjour soient entièrement remboursés.

Dans l'attente de vos nouvelles, je vous remercie par avance de votre attention et je reste à votre disposition pour toute information complémentaire.

Bien cordialement,

David Furtino

Pour bien traiter ce sujet, mettez en évidence votre mécontentement et fondez votre critique sur des faits concrets.
Sachez garder un ton poli pour effectuer votre demande de remboursement.

Activité 5, p. 88

1. Informelle (*J'*, négation absente, *boulot*, *on*).
2. 3. 6. Formelle (choix du lexique, structures syntaxiques complexes).
4. Informelle (*à côté de la plaque*, *y a*, *on*).
5. Informelle (*m'*, *dingue*, *trucs*, *abusé*).
Vous pouvez aller plus loin et transformer les phrases informelles en phrases formelles.
Par exemple :
1. Je pense qu'il n'est pas facile de faire ses études tout en travaillant. Un étudiant risque de ne pas être assez concentré sur ses études et d'être fatigué par le travail.
4. Vous allez dire que j'ai complètement tort, mais il y a trois ans, j'ai fait une grosse erreur. Lorsqu'une personne a vécu dans cette situation pendant aussi longtemps, il est difficile de revenir en arrière.
5. Tu sais, c'est pareil pour moi. Cela me rend fou lorsque les parents m'obligent à faire le ménage ou d'autres corvées à la maison. Tu ne trouves pas que c'est exagéré de leur part ?

Activité 6, p. 89

Les réponses sont libres. Pour chaque situation, assurez-vous de donner des informations en répondant à chaque question.
1. Samedi dernier, l'équipe junior du club de football de Saint-Martin-Terressus a gagné la coupe départementale des Jeunes Sportifs en remportant la finale avec un score de 4-3 contre le club de Limoges, gagnant du titre ces deux dernières années. Cette coupe est remise tous les ans au vainqueur de la finale du championnat des jeunes de 10 à 13 ans et permet la sélection en phase nationale.
2. En raison d'une forte grève qui perturbe le ramassage des ordures ménagères, la ville de Tulle fait face à de grosses difficultés depuis une semaine. En effet, les sacs-poubelle s'entassent sur les trottoirs, provoquant des difficultés de circulation des véhicules et des piétons et l'invasion de la ville par les rats et autres animaux errants. La municipalité cherche à résoudre le conflit avec les équipes en charge de la propreté mais devant la situation alarmante, le maire a décidé de dépenser plusieurs milliers d'euros pour faire appel à une société privée.
3. Comme chaque année, Haguenau organise son traditionnel marché de Noël dans le centre historique de la ville. Plusieurs dizaines d'artisans exposent leurs créations du 26 novembre au 6 janvier, de 14 h à 20 h. Chaque week-end et tous les jours des vacances de fin d'année, des animations et des spectacles sont proposés aux visiteurs et de nombreux stands alimentaires permettent de se restaurer sur place. Le marché de Haguenau attire des milliers de touristes.
4. Pour sa 3e édition, les Rencontres internationales du Tourisme, qui se tiennent du 10 au 13 mai au parc des expositions à Pau, proposent une programmation destinée au tourisme d'aventure. Durant les 4 jours d'exposition, outre la possibilité de rencontrer plus de 45 agences et sociétés professionnelles du tourisme, des conférences, des débats, mais aussi des jeux seront organisés et ouverts au grand public. L'entrée est gratuite pour les professionnels et les moins de 25 ans.

Activité 7, p. 90

2. Réponse libre (*cf.* 3 pour exemples).
3. Exemples :
Loisirs :
Le skateboard est pratiqué par plus de 2 millions de personnes en France. Les jeunes aiment beaucoup pratiquer ce loisir / sport. Le roller et le skateboard peuvent être utilisés pour des sorties en famille.
Coût :
C'est un loisir qui ne coûte pas cher.
Sécurité :
De nombreux accidents ont lieu chaque année à cause des engins à roulettes. Il faut acheter des protections pour ne pas se faire mal (genoux, coudes, poignets, tête).
Environnement :
Le roller permet de se déplacer à 12 km/h. Le roller et le skateboard permettent de se déplacer sans polluer.
Droit :
Il est interdit de rouler sur la route avec des rollers ou un skateboard.
Civisme :
Le skateboard fait beaucoup de bruit.
4. Réponse libre (*cf.* 5 pour exemple) .
5. Exemple de développement possible : « C'est un loisir qui ne coûte pas cher. »
Le roller est un loisir qui ne coûte pas cher et que tout le monde peut pratiquer. Enfants, adolescents et adultes ! Pour pratiquer ce sport, il suffit d'acheter une paire de rollers et des protections (casque, coudes, genoux et poignets). Pour à peine 70 euros (ou moins si l'on décide d'acheter du matériel d'occasion), il est possible de pratiquer un sport partout et toute l'année sans payer d'abonnement ou de licence. De plus, ce sport est aussi

un moyen de locomotion, ce qui peut permettre de faire des économies sur les dépenses de transport.

Activité 8, p. 91

2. Par exemple :
Les cours sont de qualité parce que les enseignants sont renommés, bien formés, parce qu'il existe un vrai travail d'équipe, parce que les élèves travaillent en petits groupes, etc. La diminution du nombre d'élèves peut avoir un impact négatif car des classes ou des projets peuvent être supprimés.

3. Réponse libre.
Activités éventuelles : visite des locaux, concours, jeux, découverte ludique des activités de l'établissement, cours d'initiation, spectacles, restauration gratuite, etc.

4. Par exemple :
Une journée « portes ouvertes » permet de faire connaître facilement le lycée, d'attirer de nouvelles personnes, d'augmenter le nombre d'inscriptions, de valoriser l'image de l'établissement, d'impliquer les élèves, de renforcer le travail en équipe, etc.

5. Exemple de production complétée :

Luís Henrique Oliveira
104, SRPN SQNW
Brasília

Madame Chloé Martin
Proviseure du lycée François-Mitterrand

Brasília, le 9 février 2023

Madame la proviseure,

Je suis élève dans votre établissement depuis deux ans et je sais que, depuis quelques années, le nombre d'inscriptions est en baisse constante. Cette année, il y a même eu une chute de 10 % des effectifs.

Je trouve que cette situation est injuste car notre lycée a un enseignement de très bon niveau. En effet, les professeurs sont bien préparés et à l'écoute des lycéens. Les classes n'accueillent pas de groupes trop volumineux (17 par classe en moyenne) et la réussite aux examens nationaux et internationaux est très élevée.

Je voudrais apporter mon aide pour améliorer la situation et c'est pourquoi je vous propose d'organiser prochainement une journée « portes ouvertes ». Pendant cette journée de rencontres, nous pourrions organiser des visites de l'établissement, proposer des cours d'initiation au français pour faire découvrir l'enseignement bilingue. Je pense qu'il faudrait prévoir un petit-déjeuner ou un buffet pour permettre aux familles de discuter dans un cadre convivial. Il pourrait aussi être intéressant de proposer des « cadeaux » à gagner à travers des concours ou des jeux.

Je suis convaincu du succès rencontré lors de l'événement car je pense que de nombreux jeunes seront intéressés par nos activités. De plus, ce sera l'occasion de faire connaître nos activités, de faire parler de l'établissement dans les médias et, de manière générale, auprès du grand public. D'un point de vue interne, je pense que ce type d'événement crée des liens forts au sein des équipes et des élèves.

J'espère que mon projet saura retenir votre attention, sachez que je reste à votre entière disposition pour en parler avec vous.

Veuillez recevoir, Madame la proviseure, mes meilleures salutations.

Luís Henrique Oliveira

Activité 9, p. 93

2.

Expression de l'opinion	Formulation synonyme (suggestions)
Je suis contre	Je m'oppose à
À mon avis	Je crois que
Je reconnais que	J'admets que
Je suis convaincu	Je suis persuadé
Je comprends	Je conçois, j'entends
Je ne le partage pas complètement	Je ne m'y associe pas complètement
Selon moi	D'après moi
Il faut se rendre à l'évidence	C'est indubitable
Je suis d'accord avec vous	Je pense comme vous
Il est peu probable que	Il n'est pas certain que
Je suis en faveur d'une interdiction	Je suis pour l'interdiction

Activité 10, p. 94

2. « **Je désapprouve** entièrement cette mesure qui va à l'encontre de la liberté individuelle. Il y a d'autres façons de procéder ! » (Soraya)

« **Je me suis élevé contre** cette décision au début, mais j'ai complètement changé d'avis. J'adhère **sans réserve** à ce qu'est en train de faire le maire. **Il va de soi** qu'on doit tous faire un effort pour protéger notre terre. » (Nicolas)

« L'idée est bonne, mais **en principe,** tout le monde devrait savoir que le plastique est à éviter à tout prix. Il y a suffisamment d'informations à ce sujet désormais. **C'est dommage que** le maire soit obligé d'intervenir pour que les gens commencent à changer leurs habitudes. » (Roberto)

« **Il a tort** d'agir aussi brutalement. Cela va décourager les touristes qui voudraient visiter la région. **En ce qui me concerne,** je vais acheter mes bouteilles dans la ville d'à côté. » (Jean-Marie)

Activité 11, p. 95

1. Je partage complètement ton avis. La télévision isole les gens et empêche de profiter des moments en famille ou entre amis.

2. Je ne comprends pas où tu veux en venir. Tu sais, il ne faut pas se fier aux apparences !

3. Ce que tu dis n'est pas faux. Ils prennent beaucoup de temps et ne permettent pas vraiment de progresser.

4. C'est un point de vue dépassé, il me semble. De nombreux artistes contemporains ont été révélés grâce à leur art de rue.

5. Cela existe dans quelques pays. Je ne sais pas dans quelle mesure le vote obligatoire influence positivement la démocratie.

6. Je n'irais pas aussi loin. Je crois au contraire que la publicité est un moyen d'être manipulé.

7. Je suis en total désaccord avec toi. L'armée ne provoque pas la peur, elle sert à protéger un pays.

8. J'aimerais que ce soit vrai, mais force est de constater que la voiture est de plus en plus utilisée dans le monde.

9. Tu dis cela parce que tu n'as pas d'animal. S'occuper d'un animal demande certes de l'organisation et du temps, mais je trouve que cela en vaut la peine.

10. Je pensais comme toi avant, mais je me suis rendu compte que c'était agréable de se retrouver en famille dans un environnement différent et de profiter ensemble des vacances.

Activité 12, p. 96

Argument d'autorité :
Des rapports de l'Organisation Mondiale de la Santé (OMS) montrent que les produits bio comportent moins de pesticides que les produits non bio.

Argument par la comparaison :
Cette démarche n'est pas impossible à réaliser. Dans mon pays, les cantines servent des repas composés d'aliments biologiques et locaux depuis le début des années 2000 pour un tarif raisonnable.

Argument par la conséquence :
Les produits issus de l'agriculture biologique sont plus savoureux. Servir des repas bio à la cantine permet donc de limiter le gaspillage.

Argument par les données chiffrées :
Selon certaines études, seuls 2 % des échantillons bios analysés par la France contenaient des traces de pesticides, contre 37,74 % des fruits et légumes issus de l'agriculture intensive.

Argument par les valeurs :
L'agriculture biologique protège les sols et la biodiversité. Manger bio, c'est aussi faire un geste pour la planète.

Activité 13, p. 97

Propositions de réponses :
1. Il est vrai que le fait d'utiliser des écouteurs peut conduire à une baisse de l'audition, **mais** ce ne sont pas les écouteurs qui posent un problème, c'est notre capacité à limiter l'usage des écouteurs. Je pense qu'il faut essayer d'utiliser les écouteurs moins fréquemment, moins longtemps et à un volume moins fort.
2. Je reconnais que c'est une solution qui peut aider ceux qui n'ont pas suffisamment d'argent pour faire des achats conséquents ou réaliser un projet, **cependant** il faut s'assurer d'être capable de pouvoir rembourser sereinement cet argent.
3. Je ne nie pas que financer ses études est une manière de devenir autonome, **toutefois** il me semble que le problème est ailleurs. Pour moi, il est fondamental que les études soient moins coûteuses et qu'elles soient accessibles au plus grand nombre.
4. Quand vous affirmez que les Jeux olympiques coûtent cher, **c'est juste, mais** c'est aussi un moyen de faire connaître un pays, une ville ou un sport. Cette visibilité peut avoir des conséquences économiques très positives.
5. Certes, le vote obligatoire oblige tous les citoyens à accomplir leur devoir civique. **Malgré cela,** le vote reste aussi un droit et il faut garantir à tous le libre choix de décider d'aller ou non voter.
6. Je comprends que vous ayez ce point de vue sur les réseaux sociaux, **néanmoins** ces derniers sont en train de s'organiser pour changer cette tendance.
Entraînez-vous en choisissant au hasard, sur Internet ou dans les journaux, des thèmes d'actualité pour exprimer votre point de vue avec nuance.

Activité 14, p. 98

1. et **2.**
a. Ce phénomène est de plus en plus important avec, **entre autres,** la généralisation des caisses automatiques.
b. Pour mieux me faire comprendre, je prendrai l'exemple suivant : à Annemasse, à 50 km d'ici, depuis l'ouverture de l'hypermarché, de nombreux commerçants du centre-ville ont dû fermer.
c. Rappelez-vous ce qui s'est passé il y a quelques années avec le scandale de la viande de cheval mélangée dans les préparations industrielles soi-disant « 100 % pur bœuf ».
d. Par exemple, dans la campagne près de mon village, il a fallu détruire une partie de la forêt pour construire une grande surface.
e. La grève des employés de l'hypermarché près de chez moi **illustre** bien le malaise qui existe. Leurs salaires sont bas et les horaires ne sont pas facilement compatibles avec une vie de famille.
Notez la manière dont sont introduits les exemples et de quelle façon ils enrichissent l'argument proposé.
3. Propositions d'exemples :
1. Je conseillerais, **par exemple,** de ne jamais s'endormir avec un casque sur les oreilles.
2. J'ai lu récemment un article qui **illustre** la situation de familles fragiles dont la vie est devenue un enfer à cause des crédits à rembourser.
3. Cela implique, **entre autres,** de limiter les frais de scolarité, mais aussi de développer les hébergements réservés aux étudiants à un prix peu élevé.
4. Ainsi, en 2012, à Londres, plus de 300 000 touristes ont été attirés par les Jeux olympiques.
5. Il ne faut pas oublier, **notamment,** que l'abstention peut être aussi considérée comme un choix politique.
6. Pour illustrer mon propos, je prendrai comme exemple Facebook qui s'est associé à plusieurs journaux nationaux de qualité afin de vérifier les informations qui sont diffusées sur le site.

Activité 15, p. 99

2.

1	2	3	4	5
c	e	b	d	a

3. a. Pour toutes ces raisons.
b. De plus.
c. Je vous écris à la suite de.
d. Enfin.
e. Avant tout.

Activité 16, p. 100

Madame, Monsieur,
À l'occasion de la consultation mondiale « Mon idée pour le français », je vous écris afin de vous transmettre mes propositions pour améliorer la diffusion de la langue française.

En premier lieu, je pense qu'il faudrait développer davantage de méthodes d'apprentissage destinées à un public étranger spécifique. **En effet,** trop de manuels actuels sont concentrés sur des réalités européennes. **Personnellement OU Pour ma part,** je ne m'y retrouve pas toujours lorsqu'on aborde certains problèmes de la société européenne, notamment l'utilisation de l'euro ou des transports ferroviaires.

En second lieu, j'aimerais que l'on développe une maîtrise en français des outils informatiques. J'ai remarqué que la langue française avait traduit de l'anglais beaucoup de termes informatiques et je pense que c'est une particularité qu'il faut valoriser. Pourquoi ne pas introduire des cours de programmation en français dans les écoles ? Cela permettrait de rendre la formation plus complète : il y aurait un aspect linguistique et un aspect informatique. **Cela m'amène à mon dernier point** : la formation bilingue.

Pour que de plus en plus de personnes soient capables de s'exprimer en français, je suis persuadé qu'il faut multiplier les classes bilingues francophones dans tous les pays du monde. Les avantages de l'enseignement bilingue sont nombreux : maîtrise évidente d'une autre langue, connaissance d'une nouvelle culture, ouverture sur le monde, développement de la citoyenneté, etc. Certaines études ont par ailleurs montré qu'il existait des bénéfices pour le cerveau. **Personnellement OU Pour ma part**, je fréquente un établissement bilingue depuis plusieurs années et je trouve que l'enseignement bilingue français-espagnol m'aide pour apprendre d'autres langues. Je passe plus facilement de l'une à l'autre.

Pour conclure, je souhaiterais ajouter que l'apprentissage des langues est un passeport pour l'avenir. J'espère que mes propositions sauront retenir votre attention.

Bien cordialement,

Alexander

Les connecteurs sont essentiels pour structurer et relier vos idées. Il facilite également la bonne compréhension de votre production. Pensez à vous constituer une liste de connecteurs logiques.

Activité 17, p. 101

Partie 1 (titre) : Développer les méthodes adaptées au public.

Argument 1 : Trop de méthodes se concentrent sur l'Europe.

Exemple : La problématique de l'euro ou des transports ferroviaires.

Partie 2 (titre) : Renforcer la maîtrise du français dans le domaine de l'informatique.

Argument 2 : La langue française a une spécificité qu'il faut mettre en valeur et permet un apprentissage complet.

Exemple : Cours de programmation en français.

Partie 3 (titre) : Proposer plus de classes bilingues francophones.

Argument 3 : L'enseignement bilingue comporte de nombreux avantages (linguistiques, culturels, etc.).

Exemple : Apprentissage plus facile d'autres langues étrangères.

Rappelez-vous ! Votre plan est un brouillon, il n'est pas évalué. Cependant, il vous aide à organiser votre texte et il vous sert de guide lors de la rédaction.

Activité 18, p. 101

2. **Proposition de plan :**

Partie 1 (titre) : Internet en classe : une manière de s'ouvrir au monde.

Argument 1 : Internet permet de se connecter aux sites (journaux, émission, forums, débats) du monde entier.

Exemple : TV5 Monde et ses émissions dédiées à la langue française.

Partie 2 (titre) : Internet : un atout pour les langues étrangères.

Argument 2 : Possibilité d'utiliser la langue en situation réelle.

Exemple : Tweeter pour écrire de vrais messages.

Partie 3 (titre) : Internet : un outil à encadrer.

Argument 3 : Il faut déterminer les règles d'utilisation de l'outil et une discipline en classe.

Exemple : Existence de sites illégaux ou inutiles pour la classe (jeux par exemple).

Quelles que soient les idées développées, veillez à la cohérence et à la progression du discours. Cherchez systématiquement au moins un exemple qui illustre votre idée.

Activité 19, p. 101

1. Une bonne introduction doit inviter votre lecteur à entrer progressivement dans le sujet. Proposez une formule d'accroche qui attire l'attention. Rappelez la situation dans laquelle vous écrivez par exemple. Puis reformulez le sujet afin de mettre en valeur la problématique. Vous pouvez également annoncer le plan des idées qui seront développées.

2. Dans une conclusion, on trouve en général une rapide synthèse des idées abordées afin de donner une position finale sur le sujet. Il peut être intéressant de proposer une ouverture lorsque c'est possible. Tous ces éléments vous permettent de gagner en clarté et en lisibilité.

3. **Proposition d'introduction** : Internet est partout dans nos vies aujourd'hui, pourquoi pas dans les classes ? Je vous écris à la suite de l'annonce entendue à la radio pour vous proposer mon point de vue sur l'utilisation d'Internet en classe. Tout d'abord, j'aimerais montrer que cet outil permet de s'ouvrir au monde. Puis j'insisterai sur les avantages d'Internet dans le domaine des langues étrangères. Enfin, je conclurai sur les règles à fixer pour que l'utilisation en classe d'Internet soit sécurisée et bénéfique.

Proposition de conclusion : Pour conclure, après avoir listé les avantages de l'utilisation d'Internet en classe tout en insistant sur les règles à mettre en place pour qu'Internet soit un vrai progrès dans l'apprentissage, j'aimerais réaffirmer mon enthousiasme pour cet outil en classe. C'est un moyen de relier ce qu'on apprend en cours avec ce qui se passe dans le monde. Et j'irais même plus loin, je pense qu'il faut intégrer l'utilisation des smartphones en cours car ils offrent beaucoup de possibilités.

S'ENTRAÎNER

Exercice 2, p. 104

Exemple de production :

> Monsieur le proviseur,
>
> Je suis actuellement en classe de terminale au sein de votre établissement. Comme vous le savez, mes camarades et moi sommes en pleine réflexion sur le choix de nos études. En tant que représentant des élèves de terminale, je vous écris afin de vous proposer d'organiser une journée de rencontre avec d'anciens élèves de l'établissement. Cette journée présenterait de nombreux avantages que je souhaiterais vous présenter ci-après.
>
> Tout d'abord, pour les élèves actuels de l'établissement, ce serait un excellent moyen de faire connaissance avec des personnes qui ont dû se poser les mêmes questions que nous. Quelle formation choisir ? Quelles sont les démarches à suivre ? Ce serait un échange rassurant et qui permettrait de recevoir des conseils intéressants. Ainsi, nous sommes nombreux à nous demander comment constituer les dossiers de candidature à l'université.
>
> De plus, ces témoignages seraient certainement l'occasion de découvrir des formations ou des métiers auxquels nous ne pensons pas. J'ai rencontré, il y a quelques semaines, par hasard, un ancien élève de notre lycée. Il m'a dit qu'il était aiguilleur du ciel. Je n'avais jamais entendu parler de ce métier et quand il m'a expliqué de quoi il s'agissait, j'ai trouvé que c'était passionnant. C'est pourquoi je suis convaincu qu'avoir des présentations de ce type pourrait inspirer les élèves qui ont encore des doutes sur leur avenir.
>
> Enfin, cette journée serait un moyen pour l'établissement de créer un réseau de personnes ayant des formations et des professions très variées et qui pourraient être utiles à la vie du lycée pour, entre autres, des partenariats ou des stages. Je crois par conséquent que nous avons tous à y gagner à organiser cette rencontre et je suis sûr que vous pouvez compter sur l'aide des élèves pour que cet événement soit une grande réussite.
>
> Nous vous remercions par avance de votre attention et nous restons à votre disposition pour toute information complémentaire.
>
> Très cordialement,
>
> John Burke, représentant des élèves de terminale

Pour ce sujet, il faut que vous soyez formel. En effet, vous vous adressez au proviseur de l'établissement. Vous devez le convaincre d'organiser la journée de rencontres avec les anciens élèves. Mettez en valeur le plus d'avantages possibles pour les élèves, mais aussi pour l'établissement. Donnez des exemples précis. Enfin, vous pouvez aussi proposer votre aide et montrer ainsi votre capacité à organiser un événement de ce type.

Exercice 3, p. 105

Proposition de corrigé :

> Objet : candidature à un stage d'un mois à l'école primaire
>
> Madame,
>
> Actuellement élève en seconde, j'ai lu votre annonce sur le site Internet de la ville et je souhaiterais présenter ma candidature. Je suis fortement intéressée par votre stage d'un mois car j'aimerais obtenir une expérience professionnelle complémentaire.
>
> Je pense présenter plusieurs qualités intéressantes pour le stage. Je suis passionnée par la langue française depuis que j'ai commencé à l'étudier au collège. J'ai d'excellentes notes dans cette matière et je cherche toujours à m'améliorer. Je lis beaucoup en français, j'écoute de la musique et j'ai de nombreux amis francophones sur les réseaux sociaux. De plus, je suis animatrice depuis 2 ans dans une association sportive.

> J'encadre des jeunes de 6 à 10 ans qui découvrent le sport (athlétisme et gymnastique). Les enfants m'apprécient beaucoup. Le stage que vous proposez me permettrait d'enrichir mon expérience d'animation avec les enfants, tout en mettant en valeur ma connaissance de la langue française.
>
> Je reste à votre disposition pour de plus amples informations. J'espère pouvoir vous présenter de vive voix ma motivation.
>
> Dans l'attente d'une réponse de votre part, je vous prie d'agréer, Madame, l'expression de mes sincères salutations.
>
> Penelope Alvarez

Ce sujet propose d'effectuer une tâche professionnelle. Vous pouvez vous entraîner en répondant (fictivement) à des annonces en ligne. Sachez parler de vous, mettez en valeur votre expérience et vos qualités. Il s'agit de convaincre le recruteur que vous êtes la personne idéale pour le stage. Faites attention au style formel et apportez des informations pertinentes et précises.

Exercice 5, p. 108

Proposition de corrigé :

> Un mois en entreprise
>
> Durant un mois, j'ai décidé de suivre un stage. Après de longues recherches, j'ai été acceptée pour participer à la vie de l'entreprise Leroy, une entreprise de taxis et de transport médical. J'ai ainsi travaillé comme assistante du directeur. C'était passionnant ! Dans cet article, je souhaiterais partager mon expérience et vous montrer les avantages d'une telle immersion dans le monde du travail.
>
> C'était la première fois que je découvrais la vie en entreprise. Pendant un mois, j'ai été chargée de nombreuses activités. J'ai distribué les plannings hebdomadaires, nettoyé les voitures, enregistré les courses dans le logiciel de gestion. J'ai beaucoup aimé cette variété de tâches à effectuer car de cette manière le temps passait très vite. Et puis, j'ai eu la chance d'avoir des collègues formidables, toujours prêts à me renseigner et à m'aider.
>
> Si je ne devais vous donner qu'un conseil, ce serait de tenter cette expérience ! J'ai appris beaucoup de choses lors de ce stage en entreprise : la vie avec les collègues, la découverte de certains outils (matériel de travail, logiciel), mais surtout, j'ai mieux compris ce que je souhaitais faire plus tard. Comme j'aime beaucoup aider les autres, je pense que je vais suivre une formation pour devenir ambulancière.
>
> Pour finir, je dirais que le point le plus important d'un stage, c'est que cela aide à mieux se connaître et à mieux choisir son orientation. Écrivez-moi si vous souhaitez plus de conseils ou d'informations !

Pour ce sujet, vous serez évalué sur votre capacité à expliquer avec précision ce que vous avez fait pendant le stage (activités, collègues, lieux), à donner votre opinion et à convaincre votre lecteur de l'importance d'effectuer un stage. Montrez votre sens de la persuasion et votre capacité à tenir compte du destinataire. N'oubliez pas de relier vos idées à l'aide de connecteurs logiques.

Exercice 6, p. 108

Proposition de corrigé :

> Bonjour,
>
> Je vous écris à la suite de l'article que j'ai lu dans votre journal au sujet de l'intérêt des études car je me sens particulièrement concerné par le sujet. En effet, je suis lycéen et je me prépare à faire de longues études de médecine. Dans mon courrier, je souhaiterais vous proposer un portrait de la situation des jeunes aujourd'hui afin de vous montrer pourquoi les

études sont indispensables pour l'avenir.

Tout d'abord, j'aimerais reprendre votre affirmation concernant la difficulté des jeunes à trouver un emploi. En effet, contrairement à il y a quelques dizaines d'années, avoir un diplôme ne suffit plus aujourd'hui pour être recruté. Pratiquement tout le monde fait des études de nos jours, ce n'est plus un moyen de se distinguer des autres comme cela a pu être le cas autrefois.

Or il ne faut pas oublier que si la situation est difficile pour un jeune diplômé, elle l'est encore plus pour un jeune qui ne possède aucun diplôme. Le fait que certains réussissent sans avoir fait d'études est davantage une exception qu'une règle. Et même lorsque cela arrive, on remarque que la personne cherche souvent à obtenir un diplôme par la suite. C'est le cas du fondateur de Facebook qui a reçu récemment son diplôme de fin d'études alors qu'il n'en avait pas besoin.

Cela m'amène à mon dernier point. Avoir la possibilité d'étudier, c'est une manière de s'ouvrir au monde, de découvrir de nouveaux savoirs, de nouvelles personnes et d'apprendre à se connaître. Obtenir un diplôme, c'est aussi une manière de dire qui on est. C'est pourquoi je suis convaincu que les études servent encore à quelque chose.

Je vous remercie de votre attention.

Très cordialement,

Dennis Ziemmermann

Reprenez la consigne. Avez-vous bien répondu à toutes les questions ? Prenez le temps de bien rédiger vos arguments et de présenter des faits et des exemples (de votre entourage ou connus du grand public) pour illustrer votre point de vue sur les études. Adoptez un style formel, adapté au style journalistique.

Production orale

SE PRÉPARER

Activité 1, p. 116

1. Réponse possible :
Il s'agit d'un article qui décrit les conséquences négatives du sport de haut niveau sur un adolescent en pleine croissance.

2. Réponse possible :
Le texte parle des difficultés à s'intégrer à l'école, peut-être même du harcèlement scolaire.

3. Réponse possible :
Dans cette infolettre, l'auteure analyse les préoccupations des adolescents qui doivent faire le bon choix d'orientation au lycée.
La source du texte, le titre et l'image donnent beaucoup d'informations sur le thème général. Il faut prendre le temps de les observer.

Activité 2, p. 117

Texte 1 :
1. La France.
C'est le gouvernement français qui a demandé à faire une étude.
2. Les enfants (écoliers et collégiens) puis les parents et les acteurs de l'école (infirmière).
Il s'agit de presque toutes les personnes citées dans le texte.
3. L'éducation.
Mots-clés sur le thème : *écoles, cartables, écolier, élève, collège, cahiers.*

4. a. Faux.
Justification : *une étude récemment réalisée à la demande du gouvernement.*
Comme l'État a demandé à faire l'étude, cela montre son engagement sur le sujet.
b. Vrai.
Justification : *c'est un phénomène très nouveau* ou *avant on n'y pensait pas.*
5. 8 à 9 kilos : le poids moyen d'un cartable d'un écolier français.
40 kilos : le poids moyen d'un écolier français.
96 pages : le nombre de pages d'un cahier aujourd'hui.
En repérant les chiffres dans le texte, on retrouve facilement le sujet associé.
6. Les cartables des élèves français sont trop lourds pour eux mais tant que le support papier sera utilisé, il n'y a pas de vraie solution.
La problématique n'est pas le thème : c'est le problème (ou la question) qui se dégage du texte.

Texte 2
1. a. Une heure d'obscurité pour y voir plus clair.
Le texte parle d'un événement mondial positif.
2. Elles sont toutes en contact avec le mouvement écologiste.
Anne-Claire est bénévole à WWF, René est militant écologiste et Nick est président d'Amis de la Terre, une association sur l'environnement.
3. L'environnement/l'écologie.
Mots-clés : *planète, réchauffement climatique, économies d'énergie, gaspillage d'énergie, centrales nucléaires, énergies fossiles, écologiste.*
4. a. Faux.
Justification : *à une date unique dans l'année.*
Si l'événement se déroule à une date unique dans l'année, cela signifie qu'il n'est pas répété.
b. Vrai.
Justification : *plus de 70 % des émissions de CO_2 proviennent de notre consommation urbaine quotidienne !*
L'adjectif « urbain » se rapporte à la ville.
5. Chaque année a lieu l'événement « Une heure pour la planète » qui rencontre beaucoup de succès mais cela ne change pas la situation de la pollution sur la Terre le reste de l'année.
Quand vous exprimez la problématique, faites apparaître l'opposition (par exemple avec « mais »).

Activité 3, p. 119

1. Le thème : la solitude.
Le débat : l'isolement des jeunes est-il lié à leur activité sur Internet, sur les réseaux sociaux ?
2. Expressions pour introduire : *une question souvent évoquée est… / cet article a pour sujet … / la question qui se pose est… / dans ce texte, on parle de… / nous allons voir comment…*
Ces expressions sont utiles pour faire une introduction.
3. Personne 1.
Faux.
La personne parle du thème mais fait un contre-sens : elle dit que c'est étrange que des personnes se sentent seules alors qu'elles savent utiliser Internet et les réseaux sociaux.

Personne 2.

Vrai.

La personne donne le thème (l'isolement des individus) et dégage le problème (la solitude est grande alors que ces personnes sont très connectées).

Personne 3.

Faux.

La personne parle du thème (l'isolement des personnes qui sont pourtant connectées) mais ne dégage pas le problème. Elle met plutôt l'accent sur l'action du gouvernement (contrôle d'Internet dans les collèges).

Activité 4, p. 120

Arguments pour :

Meilleur rythme pour l'enfant (dans le texte : « rythme moins fatigant pour l'enfant ») ; moins fatigué, l'enfant est plus réceptif à d'autres champs (« l'enfant est plus disponible ce qui l'ouvre ») ; l'enfant est plus vite autonome (« l'enfant peut organiser sa journée ») ; l'enfant n'est pas en compétition avec les autres (« l'enfant ne subit pas la compétition scolaire »).

Arguments contre :

Il peut être isolé par manque de contact avec les autres (« le désociabiliser ») ; faire école avec un parent peut modifier la relation familiale (« la relation affective se modifie ») ; pour faire l'école à la maison, un parent doit être disponible (« un des deux parents cesse de travailler »).

Pour retrouver les arguments d'un texte, il faut d'abord bien comprendre le thème et la problématique.

Activité 5, p. 121

1. Réponses possibles :

a. Pour : contacter qui on veut rapidement, se sentir autonome, etc.

Contre : être distrait en classe, dépenser plus rapidement son forfait téléphonique qui a un coût, etc.

b. Pour : avoir une maison originale/différente des autres enfants, pouvoir changer de ville facilement, etc.

Contre : vivre dans un espace réduit, subir les éléments météorologiques comme la pluie, l'orage, plus violemment que dans une maison/appartement, etc.

c. Pour : avoir une personne à qui se confier, apprendre à s'occuper d'un animal développe l'autonomie, etc.

Contre : l'animal manque de place, il faut le sortir plusieurs fois par jour, etc.

d. Pour : utile quand on a faim, un lieu pour se retrouver avec les amis, etc.

Contre : cela coûte de l'argent, les boissons et friandises sont sucrées et mauvaises pour la santé, etc.

e. Pour : identifier les voleurs, donner un sentiment de sécurité aux personnes, etc.

Contre : les caméras de surveillance ne respectent pas la vie privée des personnes, elles n'empêchent pas que les agressions se produisent, etc.

Activité 6, p. 122

1.

Exemple	a	b	c	d
Argument	6	3	1	4

Expressions pour donner un exemple : *on peut prendre l'exemple de… / GN illustre bien cette idée / je voudrais citer… / c'est le cas de…*

2. Argument n°2.

Exemple possible : Par exemple, dans les romans de science-fiction, la société va parfois mal à cause du mauvais fonctionnement des robots.

Argument n°5.

Exemple possible : Dans mon cours de langue, le professeur nous fait souvent étudier des chansons à la mode et je mémorise mieux le lexique que d'habitude.

Activité 7, p. 123

1. a. À mon avis.

b. De mon point de vue.

c. En ce qui me concerne.

d. Il me semble que .

e. Moi, je trouve que.

f. Je ne pense pas que.

Réponse : l'expression « je ne pense pas que » + subjonctif.

2. Réponses possibles :

a. Il me semble que le réchauffement climatique est très grave et que les êtres humains devraient modifier leur manière de vivre.

b. En ce qui me concerne, je ne vais pas souvent dans un fast food. Mais c'est vrai que j'adore manger ce type de nourriture bien qu'elle soit mauvaise pour ma santé.

c. Je ne pense pas que les bébés ou les jeunes enfants doivent utiliser les tablettes pour jouer : ils risquent de devenir dépendants très jeunes.

d. À mon avis, les mannequins et les défilés de mode sont en partie responsables de l'anorexie chez les filles car elles veulent ressembler aux modèles des magazines.

e. Moi, je trouve que vivre au milieu des caméras est rassurant pour la population, même si on risque de perdre notre liberté individuelle.

f. De mon point de vue, les vêtements sont un moyen de s'exprimer au collège, donc je suis contre l'uniforme pour tous à l'école.

On peut également utiliser les expressions « d'après moi », « je crois que » et « selon moi » pour donner son avis.

Activité 8, p. 124

1. Personne 1 : contre.

Personne 2 : contre.

Personne 3 : pour.

Personne 4 : contre.

Personne 5 : pour.

2. Personne 1 : Je crois que, selon moi.

Personne 2 : À mon avis.

Personne 3 : Mon sentiment est que.

Personne 4 : Il me semble que.

Personne 5 : En ce qui me concerne, je trouve que.

3. Réponse possible :

Mon opinion sur le sujet est la suivante : je suis tout à fait d'accord avec le fait d'amener la culture aux personnes car, aujourd'hui, beaucoup de gens n'ont pas envie ou ne pensent même pas à aller au musée. Mon sentiment est que le mieux serait qu'ils y aillent d'eux-mêmes mais comme ce n'est pas le cas, c'est bien de trouver des solutions pour ne pas les couper de la culture. En plus, je crois qu'introduire des œuvres dans des lieux publics comme l'école ou un parc montre que l'art et la vie quotidienne sont liées, que l'art fait partie de la vie. Je suis donc très favorable à cette idée.

Activité 9, p. 125

1. a. Un plan qui explique l'origine et décrit les conséquences du thème.
2. L'exposé sera composé de 2 parties, les causes (1re partie), les conséquences (2e partie).
3. Partie 1 :
Réponses possibles :
La qualité des portables pour prendre des photos s'est beaucoup améliorée. / La perche à selfie pour faciliter la photo a été créée. / Mettre une photo de soi sur les réseaux sociaux est une façon de montrer qu'on existe. / Faire des photos avec le portable est plus rapide qu'avec un appareil photo qu'on n'a pas toujours avec soi (contrairement au portable), etc.

Partie 2 :
Réponses possibles :
Les inconnus deviennent des modèles devant l'objectif. / La personne est mise en avant, au détriment du reste du paysage ou du monument, etc.
4. Réponses possibles :
Exemple pour l'idée « mettre une photo de soi sur les réseaux sociaux est une façon de montrer qu'on existe » : Je pense à l'exemple de cette personne timide dans ma classe. Je suis « ami » avec elle sur Facebook. Poster des photos d'elle est plus facile que prendre la parole en classe et cela lui donne de l'assurance.
Exemple pour l'idée « la personne est mise en avant, au détriment du reste du paysage ou du monument » : Pour préparer mon exposé en classe sur les merveilles du monde, j'ai cherché des photos sur Internet. Le problème est que j'ai surtout trouvé des photos de monuments avec des personnes devant. Selon moi, ils gâchaient le paysage, c'est bien dommage.

Activité 10, p. 126

1. Le vélo.
2. a. L'argument est utilisé en deuxième position car finir par l'argument le plus convaincant donne plus de force, permet de plus convaincre la personne qui écoute.
Pensez à hiérarchiser vos arguments et à donner les arguments les plus convaincants à la fin.
3. A. b.
Réponse possible :
J'apprends le français en partie parce que j'aime la culture française. Si le français n'était pas la langue de la culture qui m'intéresse, c'est sûr que je ne l'apprendrais pas. Cette affirmation montre bien à quel point la langue et la culture sont connectées et indissociables. Par exemple, je ne comprends pas l'intérêt qu'ont les apprenants de la langue espéranto, une langue artificielle qui n'a pas de pays, pas de culture. Ce n'est que mon point de vue et heureusement que d'autres personnes que moi trouvent un intérêt à cette langue. En tout cas, moi, je n'étudierai

jamais l'espéranto parce que je ne pourrai jamais lier cette langue à un peuple, à une histoire, à des traditions.
B. a.
Réponse possible :
Faire un stage dans une entreprise quand on a 14-15 ans me semble être une excellente idée pour la raison suivante : on peut ainsi voir de près un métier qui nous fait rêver. Mais entre le rêve et la réalité, il y a un monde ! Et le stage permet de vérifier si c'est vraiment la profession qu'on imagine. Je voudrais citer l'expérience de ma cousine comme exemple. Elle désirait travailler dans un salon de coiffure plus tard, mais elle n'a pas pu trouver un stage dans ce domaine. Elle est donc allée passer deux semaines dans un cabinet d'avocats pour réaliser son stage. Elle s'est découvert une passion et s'est ensuite orientée vers des études de droits. Cet exemple montre à quel point les stages sont fondamentaux !
C. a.
Réponse possible :
Même si je ne paye pas encore de factures, je devine, en voyant la tête de mes parents quand ils ouvrent la boîte aux lettres, que découvrir une carte postale d'un ami parmi le courrier habituel est un vrai plaisir. L'attention que représente la carte (quelqu'un a pensé à moi, a spécialement choisi une carte et a pris le temps de l'écrire) dépasse l'objet même. C'est pourquoi j'essaye de penser à envoyer une carte à ma grand-mère quand je voyage : ainsi, à la maison de retraite où elle vit maintenant, elle se sent moins seule. Cela lui fait plaisir et cela me fait plaisir de lui faire plaisir.

Activité 11, p. 127

1. Les verbes utiles pour introduire un plan : *aborder / traiter / conclure / voir / terminer / parler / analyser*.
Les verbes *savoir*, *penser* et *prendre* ne sont pas adaptés à une introduction. Le verbe *démarrer* indique le début d'une action mais il est rarement utilisé dans ce contexte.
2. Réponses possibles :
a. Dans un premier temps, je traiterai le sujet de…
b. En premier lieu, nous verrons comment…
c. Pour commencer, il faut analyser…
d. Par la suite, je vais parler de…
e. En dernier lieu, nous conclurons par…
f. Enfin, je terminerai par…
Autres verbes pour introduire : *commencer, vouloir, identifier, énoncer, examiner*, etc.
Pour votre introduction, utilisez des verbes différents pour éviter les répétitions.

Activité 12, p. 128

Exemple de réponse possible :
Pour de nombreux élèves, les mathématiques sont déjà une matière très compliquée. Ils rencontrent déjà des difficultés de compréhension alors que la langue utilisée par l'enseignant est la leur. Utiliser une langue étrangère risque de gêner encore plus leur compréhension de la matière.
Après avoir analysé la représentation négative de cette matière, parlons maintenant du niveau des élèves dans la langue étrangère. Celui-ci devrait être suffisamment élevé pour envisager un apprentissage des

mathématiques. Cela exclut donc les classes débutantes, voire les élèves faibles dans cette langue étrangère.

Activité 13, p. 129

1. 1. d. / 2. e. / 3. b. / 4. f. / 5. c. / 6. a.

2. a. Pour finir, pour terminer, pour résumer, etc.

b. En somme, en définitive, en conclusion, en un mot, etc.

3. La meilleure conclusion est la n°1 car les expressions utilisées sont formelles, la prise de position développée dans l'exposé est rappelée et appuyée par l'idée principale de l'argumentation, et une ouverture sous forme de question est présente. Au contraire, dans la conclusion n°2, le registre manque de formalisme, le rappel de tous les arguments développés dans l'argumentation est lourd et inutile ; enfin, ce n'est pas à la fin de la conclusion qu'il faut donner son opinion.

4. Réponse possible :

En conclusion, je terminerai par rappeler que les selfies sont, selon moi, un phénomène de mode qui passera comme toutes les modes. C'est dommage que des personnes, celles qui manquent de confiance en elles, trouvent du plaisir dans ce type de photos mais c'est impossible de l'empêcher. À mon avis, les personnes se fatigueront et se tourneront vers une autre mode encore plus égoïste.

Activité 14, p. 130

2. a. Personne 1 : non

b. Personne 2 : oui

c. Personne 3 : non

d. Personne 4 : oui

e. Personne 5 : oui

Activité 15, p. 130

1. Plus exactement, c'est parler au nom des autres jeunes adultes qui partagent les mêmes idées.

2. Selon moi, préparer le discours que j'ai lu lors de ma remise de diplôme m'a beaucoup aidé à développer mon sens critique ce qui signifie que j'ai acquis des compétences d'analyse et des connaissances sur le sujet.

3. Avec mes camarades de Polytechnique, on a beaucoup hésité avant de se lancer, on n'osait pas trop ; autrement dit, on craignait ne pas être autorisés à passer ce message, ou à être coupés avant la fin.

4. Au lycée, je n'avais pas d'idée arrêtée sur la question, je ne m'y intéressais pas du fait de mon âge. Je m'explique : je pense que la maturité sur ce sujet vient avec les années, ça fait grandit en fait !

5. Lorsqu'on pense qu'une cause fait l'unanimité, c'est-à-dire que tout le monde est impliqué, comme l'écologie, il ne faut pas hésiter à s'engager et si besoin, à casser les codes comme ces jeunes l'ont fait !

6. Enfant, je rêvais de changer le monde ! Je ne pensais pas le faire via un discours qui a tant fait parler les médias ! Finalement, cela veut dire que le rôle de l'humain est fort, et qu'on peut agir à plein de niveaux.

Activité 16, p. 131

2. Argument n°1 : « c'est parce qu'il n'a pas préparé son cours ».

Reformulation plus nuancée : Peut-être que le professeur fait un contrôle parce qu'il n'a pas préparé correctement son cours, c'est envisageable.

Argument n°2 : « c'est impossible d'avoir de bonnes notes avec ce type de contrôles ».

Reformulation plus nuancée : J'ai l'impression qu'il est très probable que les notes obtenues avec ce type de contrôles soient plus basses que celles obtenues lors d'un contrôle préparé.

Argument n°3 : « Cela nous fait perdre totalement confiance en nous ».

Reformulation plus nuancée : Les mauvaises notes obtenues pendant les contrôles surprises risquent de faire croire aux élèves qu'ils sont en échec dans cette matière ; c'est dommage.

Argument n°4 : « Et quand mes parents voient la note dans le bulletin, c'est automatiquement interdiction de sortir ».

Reformulation plus nuancée : Il y a des parents qui punissent leur enfant s'il obtient de mauvaises notes à un contrôle surprise.

Activité 17, p. 132

Réponses possibles :

1. Argument contre : ce n'est pas sympa pour celui/celle qui a fait le cadeau.

2. Argument pour : ma page « Facebook » m'appartient, je peux écrire ce que je veux !

3. Argument pour : les légumes biologiques ont un meilleur goût.

4. Argument contre : les animaux sauvages comme les lions ne sont pas faits pour vivre enfermés dans des cages.

5. Argument contre : si le cours en classe se passe mal, cela se passera mal aussi à la maison.

Activité 18, p. 133

2. Réponses possibles :

a. Dans mon pays, ce système existe et il est très bien accepté par la population : cela permet d'éviter le gaspillage.

b. Selon moi, c'est la première et principale raison car il y a trop de nourriture jetée par les restaurants.

c. Sans doute qu'en France, l'habitude est soit de tout manger au restaurant soit de laisser le reste du plat dans l'assiette sans l'emporter, de peur de passer pour une personne radine.

d. Mon opinion est qu'un client qui agit ainsi est un client responsabilisé au gaspillage de la nourriture, c'est donc une bonne image.

e. Je ne trouve pas que ce soit une bonne idée de condamner les restaurateurs à payer des amendes si les clients tombent malades en mangeant de la nourriture rapportée chez eux : ce n'est plus la responsabilité des professionnels, ils n'ont donc pas à payer. En plus, cela risque de décourager les clients à rapporter les restes chez eux.

Activité 19, p. 134

2. Réponses possibles :

a. Selon Charles, le parc a beaucoup apporté à la région : grâce à lui, les touristes viennent, les jeunes trouvent du travail sur place, ils n'ont plus à partir travailler en ville, et, enfin, les services touristiques (hôtels, restaurants) font gagner de l'argent aux habitants.

b. L'arrivée en masse de touristes est un danger pour l'écosystème, abîmé par la pollution des cars et l'augmentation des déchets.

c. Je pense qu'il est très important que l'État encadre par des lois et contrôle les flux de touristes, en imposant des quotas par exemple. C'est son devoir.

d. L'image véhiculée est négative : les touristes payent sans se poser de questions, ils polluent. Je trouve que c'est un peu exagéré mais en partie vrai : il y a des touristes qui sont comme ça.

e. Dans mon pays, il n'y a pas de réglementation, malheureusement. Les belles zones touristiques sont peu à peu devenues des poubelles à cause des déchets. La nature est moins propre qu'avant.

S'ENTRAÎNER

Exercice 2, p. 141

1. « Les ados et les marques », extrait du site internet *www.psycho-bien-etre.be*. Le texte parle de l'importance du look, et donc des marques, chez les jeunes. Les jeunes veulent à la fois trouver leur style personnel, car l'adolescence est un temps de construction, et suivre la mode pour être comme tout le monde.

La problématique est différente du thème : le thème est le sujet général du texte, alors que la problématique est le problème qui se pose pour ce thème.

2. Vocabulaire de l'adolescence : *enseignement secondaire, ados, jeunes, parents, crise d'adolescence,* etc.

Vocabulaire de la mode : *apparence, marques, normes, look, changer de peau, enveloppe, style vestimentaire,* etc.

3. Arguments « pour » présents dans le texte :
se sentir comme les autres ; se sentir appartenant à un groupe ; permet de s'intégrer au collège.

Arguments « contre » présents dans le texte :
ne permet pas au jeune de s'exprimer pleinement ; la mode exclut celui qui n'est pas dans la norme.

Autres arguments « pour » :
donne des sujets de discussion entre jeunes dont les parents sont exclus, etc.

Autres arguments « contre » :
la mode coûte cher (aux parents), etc.

Les autres arguments permettent de donner des idées différentes de celles du texte : pendant le temps de préparation, cherchez au moins un argument « pour » et un argument « contre » absents du texte.

4. Réponse possible pour le plan :
« Pour les marques chez les jeunes »

Idée 1 :
Les aspects positifs pour s'intégrer au collège.

Arguments :
L'adolescence est une période difficile de la vie pendant laquelle le jeune se sent souvent mal dans sa peau : appartenir à un groupe l'aide à se sentir bien.

Exemples :
« À 13-14 ans, j'ai beaucoup grandi : je dépassais vraiment tous les autres garçons de ma classe ! Mais au même moment, j'ai adopté un style vestimentaire sportif. L'équipe de basket m'a remarqué et grâce à ma taille, je suis rentré dans l'équipe et je me suis fait de nouveaux amis ».

Idée 2 :
Les avantages des marques pour prendre de l'autonomie.

Arguments :
Choisir un style est un moyen d'affirmer ses goûts, de se démarquer de ses parents, de prendre son indépendance.

Exemples :
« Depuis mon entrée au collège, je choisis mes vêtements. Ce sont mes parents qui me les payent mais c'est moi qui décide quelle couleur, quel style. J'ai enfin l'impression de porter ce que je suis vraiment ».

5. Introduction possible :
L'article que j'ai lu parle d'un sujet qui intéresse beaucoup les jeunes : les marques. Pour beaucoup d'entre nous, porter des vêtements de marque est absolument essentiel pour deux raisons principales : grâce à elles, on s'intègre mieux au collège. Par ailleurs, elles représentent le moyen de nous exprimer, de dire qui nous sommes, particulièrement à nos parents. Ce sont les deux aspects que je développerai dans mon exposé.

Conclusion possible :
Pour conclure, je voudrais rappeler qu'un adulte se construit beaucoup par les expériences qu'il a pendant son adolescence. L'empêcher de le faire risque de causer des problèmes qui arriveront plus tard. Il est donc très important de lui laisser la liberté de s'habiller comme il veut, avec des marques si c'est son souhait. S'opposer aux adultes à cet âge-là me semble normal et même bénéfique.

Exercice 3, p. 142

1. « Le bio en supermarché, vraiment bio ? », extrait du site internet Kezako Mundi. Le texte présente la situation des produits bio vendus en supermarché. Le fait qu'il y en ait de plus en plus n'est pas compatible avec le système de production qui ne peut pas être à grande échelle.

2. Le bio / le supermarché / la grande distribution / le créneau du bio / échelle de production industrielle / agriculture bio à taille humaine / lucratif / les consommateurs / le label bio / les agriculteur / les grandes surfaces / le rendement / la main-d'œuvre / les produits bio et locaux / être de saison / le bio intensif / les exploitations. Si vous connaissez d'autres mots sur ce thème, ajoutez-les à la liste : ils vous serviront pour votre exposé.

3. Arguments « pour » présents dans le texte :
Manger bio pour éviter de manger des produits qui connaissent des scandales alimentaires. / Bénéficier de label de qualité / label bio. / Manger des produits conçus dans des exploitations à taille humaine.

Autres arguments « pour » : Faire connaître le bio au grand public. / Démocratiser le bio.

Arguments « contre » présents dans le texte :
Augmenter les marges. / Ne pas respecter la planète et les saisonniers. / Augmenter le nombre de produits bio importés, et pas forcément de saison.

Autres arguments « contre » : Créer des scandales autour des produits bio. / Mentir aux consommateurs.

4. Réponse possible pour le plan :

Idée 1 : Les avantages du bio en supermarché

Arguments : La présence du bio en supermarché permet de faire connaître ce type de produits

Exemples : « Je n'ai pas l'idée d'entrer dans un magasin consacré aux produits issus de l'agriculture biologique. Trouver des produits plus naturels et plus respectueux de l'environnement me permet d'en acheter de temps en temps sans trop me ruiner. »

Idée 2 : Les inconvénients du bio en grande surface

Arguments : Répondre à la demande des consommateurs en important des produits dits bio mais pas forcément de qualité ni de saison.

Exemples : « La démarche des personnes qui achètent des produits bio porte sur la qualité du produit mais aussi sur le respect de la nature. Or, si on peut y acheter des fruits qui viennent du bout du monde, même s'ils sont bio, le déplacement en bateau a nécessité des conservateurs pour éviter qu'ils pourrissent avant d'arriver. »

5. Introduction possible : Dans cet article, le journaliste présente les inconvénients de vendre du bio en grande surface. C'est en effet de plus en plus fréquent du fait de la demande en hausse des consommateurs. Pour commencer mon exposé, je voudrais rappeler les avantages de cette exposition plus grande : de nouveaux consommateurs peuvent y accéder. Puis, dans un second temps, j'aborderai les risques qu'une généralisation du bio, incompatible avec les valeurs de cette agriculture, peut entraîner.

Conclusion possible : Pour terminer mon exposé, j'aimerais résumer mon propos en indiquant que les consommateurs doivent être éclairés pour acheter ce type de produit. Moi aussi, j'aime penser que je mange des aliments plus naturels. Les supermarchés doivent donc jouer leur rôle de communication pour informer les clients. Ainsi, les inconvénients pourraient être amoindris.

Exercice 5, p. 148

Réponses possibles :

1. Selon moi, c'est mieux de porter des marques pour être comme les autres jeunes du collège. Sinon, on est différent et c'est plus difficile de se faire des amis, d'intégrer un groupe. Je crois que c'est obligatoire pour se sentir bien à l'école.

La question porte sur l'opinion : utilisez des expressions qui expriment votre avis.

2. Dans mon pays, c'est exactement pareil : au collège, le plus important, ce n'est pas d'avoir de bonnes notes mais de porter le dernier tee-shirt de telle marque ou d'avoir les chaussures à la mode. Ça commence dès qu'on entre au collège et ça devient un sujet de plus en plus présent dans la vie des adolescents au fur et à mesure des années.

Les expressions « c'est mieux », « c'est meilleur » et l'utilisation de la comparaison (« plus... que » / « moins ... que ») permettent de comparer.

3. Je ne crois pas que la crise d'adolescence soit obligatoire. Personnellement, je ne suis pas en conflit avec mes parents, on s'entend bien, et je pense que ce n'est pas un problème. À mon avis, il n'y a pas de modèle, ça dépend du jeune.

Avec des expressions comme « je ne pense pas » et « je ne crois pas », on utilise le subjonctif.

4. C'est vrai que le sujet des vêtements de marques est une question d'argent mais cela ne veut pas dire que ça ne concerne que les riches. Avant, je vivais dans un quartier plus pauvre et les élèves avaient moins d'argent de poche : on était aussi très intéressés par les marques ! Peut-être qu'on en achetait moins, mais on en parlait beaucoup !

On peut être d'accord ou pas d'accord avec l'idée donnée dans la question, mais on peut également être nuancé, c'est-à-dire reconnaître les avantages et les inconvénients d'une même idée. On peut l'exprimer avec l'expression « c'est vrai que..., mais cela ne veut pas dire que... ».

5. D'après moi, le rôle des parents dans ce phénomène est important car en général, ce sont eux qui nous achètent nos vêtements. Donc, s'ils sont contre les marques, l'adolescent ne pourra pas être comme les autres. Moi, j'ai de la chance, mes parents m'achètent régulièrement des vêtements avec des marques. Sinon, ça me rendrait triste de ne pas être comme les copains.

Grâce à l'hypothèse irréelle (*si* + imparfait, conditionnel), on peut parler d'une situation qui n'existe pas mais qui pourrait exister.

6. Personnellement, je crois que même si on portait tous un uniforme dans mon école, on continuerait à trouver le moyen d'avoir des marques différentes des autres. Par exemple, je pourrais avoir des stylos ou des cahiers de marque pour montrer ma différence.

Quand on donne son opinion, il ne faut pas oublier de citer un exemple personnel pour donner plus de force à son idée.

Exercice 6, p. 149

1. Les médecins et les spécialistes des oreilles sont choqués parce que des enfants de plus en plus jeunes (entre 0 et 6 ans, mais surtout avant 2 ans) écoutent de la musique avec des écouteurs et un casque audio. Comme les adolescents ont également cette habitude, ils s'inquiètent que cette pratique commence de plus en plus tôt.

Cette question appelle une explication : répondez-y en utilisant des connecteurs exprimant la cause.

2. Personnellement, j'adore écouter de la musique, alors j'aime avoir mon casque sur les oreilles le plus souvent possible. C'est une passion, cela ne s'explique pas !

Cette question demande votre opinion : utilisez des expressions comme « personnellement » ou « à mon avis » pour répondre.

3. Comme les jeunes n'arrêteront pas d'écouter de la musique, selon moi, ce sont les écouteurs et les casques qui doivent être adaptés. Avec les technologies actuelles, je suis sûr qu'il est possible de créer des casques moins dangereux pour les oreilles ou qui s'adaptent à l'oreille de la personne qui écoute.

Les questions avec « comment » indiquent qu'un moyen ou une solution doivent être trouvés. Vous devez donc proposer une idée pour résoudre le problème.

4. Mon impression est que les jeunes se sentent en très bonne santé, donc ils n'imaginent pas pouvoir tomber malades. Personnellement, je ne suis jamais malade et quand j'écoute de la musique, j'ai tellement de plaisir que je ne pense pas à ça !

Lorsqu'on explique une situation, on présente souvent également les conséquences. N'oubliez pas d'utiliser des connecteurs exprimant la conséquence.

5. Je trouve que les entreprises de casques audio sont responsables des produits qu'elles vendent. Si elles les construisent, elles savent le mal que ça peut faire aux gens. Donc, elles devraient arrêter de créer de tels produits. D'un autre côté, l'acheteur est aussi responsable de son choix et s'il achète un casque audio de mauvaise qualité, c'est sa responsabilité. Par conséquent, je dirais que c'est une responsabilité partagée. Cependant, cette responsabilité est plus ou moins partagée : chez l'enfant et le tout-petit, ce sont les parents qui achètent et donc qui sont responsables ; chez l'adolescent, c'est lui-même.

Répondez aux différentes parties de la question, par exemple ici : les trois publics qui utilisent des écouteurs ou des casques audios.

6. Ma grand-mère m'a déjà raconté l'importance du poste de radio quand elle était petite : toute la famille se regroupait autour, le soir, et écoutait et commentait les nouvelles. Ça avait l'air sympa ! Mais avec les progrès technologiques, plein de nouveaux produits sont disponibles. Ce serait idiot de ne pas les utiliser.

Cette question fait référence au passé : utilisez les temps du passé (imparfait et passé composé) pour y répondre.

Références des images

9 ; JohnnyGreig - iStockphoto ; **10** ; olllikeballoon - stock.adobe.com ; **11** ; mariesacha - stock.adobe.com ; **16** ; Vladimir Melnikov - stock.adobe.com ; **18** ; Daniel Vaquero/SIPA ; **22** ; Laurent Benhamou/SIPA ; **23** ; 9parusnikov - stock.adobe.com ; **36** ; incomible - stock.adobe.com ; **38** ; incomible - stock.adobe.com ; **39** ; ottokalman - Istockphoto ; **40** ; olllikeballoon - stock.adobe.com ; **41** ; mariesacha - stock.adobe.com ; **42** ; Oleh Stefaniak - iStockphoto ; **46** ; AFP Photo ; **49** ; PackShot - stock.adobe.com ; **54** ; cinoby - iStockphoto ; **57** ; Sébastien Bozon/AFP Photo ; **58** ; Delpixart - iStockphoto ; **60** ; dusanpetkovic1 - stock.adobe.com ; **63** ; sarayut_sy - stock.adobe.com ; **75** ; thodonal - stock.adobe.com - Fotolia.com ; **76** ; Andrey Burmakin - stock.adobe.com ; **78** ; incomible - stock.adobe.com ; **80** ; incomible - stock.adobe.com ; **81** ; aldomurillo-Istock ; **82** ; olllikeballoon - stock.adobe.com ; **83** ; mariesacha - stock.adobe.com ; **86** ; vectorstory - stock.adobe.com ; **89** ; 1 matimix - stock.adobe.com ; **89** ; 2 syldestfranc - stock.adobe.com ; **89** ; 3 Alexi Tauzin - stock.adobe.com ; **89** ; 4 holgs - iStockphoto ; **90** ; oneinchpunch - stock.adobe.com ; **91** ; Brad Pict - stock.adobe.com ; **93** ; virinaflora - stock.adobe.com ; **94** ; yarochkins - stock.adobe.com ; **95** ; virinaflora - stock.adobe.com ; **96** ; lassedesignen - stock.adobe.com ; **97** ; 1 verkoka - stock.adobe.com ; **97** ; 2 Samuel Borges - stock.adobe.com ; **97** ; 3 verkoka - stock.adobe.com ; **97** ; 4 iPortret - stock.adobe.com ; **97** ; 5 Monkey Business - stock.adobe.com ; **97** ; 6 verkoka - stock.adobe.com ; **98** ; Julien Rousset - stock.adobe.com ; **99** ; yanlev - stock.adobe.com ; **100** ; Web Buttons Inc - stock.adobe.com ; **101** ; junce11 - stock.adobe.com ; **102** ; Sergey Nivens - stock.adobe.com ; **104** ; Kurhan - stock.adobe.com ; **105** ; Janista - stock.adobe.com ; **106** ; eclipse_images - iStockphoto ; **108** ; bd alphaspirit - stock.adobe.com ; **108** ; hd M.studio - stock.adobe.com ; **110** ; incomible - stock.adobe.com ; **112** ; incomible - stock.adobe.com ; **113** ; luismolinero - stock.adobe.com ; **114** ; pikselstock - stock.adobe.com ; **114** ; olllikeballoon - stock.adobe.com ; **115** ; mariesacha - stock.adobe.com ; **116** ; mg godfer - stock.adobe.com ; **116** ; bd Brian Jackson - stock.adobe.com ; **116** ; hd Tom Merton - iStockphoto ; **117** ; Digitalpress - stock.adobe.com ; **118** ; nomade - stock.adobe.com ; **119** ; Sabphoto - stock.adobe.com ; **120** ; Sergey Novikov - stock.adobe.com ; **121** ; 1 jojojo07 - stock.adobe.com ; **121** ; 2 synto - stock.adobe.com ; **121** ; 3 grafikplusfoto - stock.adobe.com ; **121** ; 4 TK Kurikawa/Shutterstock ; **121** ; 5 vichie81/Shutterstock ; **124** ; Les Deux Plateaux, sculpture in situ dans la cour d'honneur du Palais Royal, Paris, 1985-89 - stock.adobe.com - © DB - Adagp, Paris 2023 ; **125** ; Creativa Images - stock.adobe.com ; **126** ; Picture-Factory - stock.adobe.com ; **127** ; bd rh2010 - stock.adobe.com ; **127** ; hd Julien Tromeur - stock.adobe.com ; **127** ; mg Monkey Business - stock.adobe.com ; **129** ; Antonio Guillem/Shutterstock ; **131** ; Laz'e-Pete - stock.adobe.com ; **133** ; © CheickSaidou/Min.Agri.Fr ; **134** ; Jacques Loic/Photononstop ; **136** ; g Piotr Marcinski - stock.adobe.com ; **136** ; bd oka - stock.adobe.com ; **136** ; Lunamarina - iStockphoto ; **138** ; md taumist - stock.adobe.com ; **141** ; eclipse_images - iStockphoto ; **143** ; Riccardo Milani/Hans Lucas via AFP Photo ; **146** ; bm Piotr Marcinski - stock.adobe.com ; **146** ; hm taumist - stock.adobe.com ; **146** ; g Piotr Marcinski - stock.adobe.com ; **150** ; incomible - stock.adobe.com ; **152** ; Kzenon - stock.adobe.com.

Références des textes

42-43 La Cravate Solidaire, pour faciliter l'embauche !, le 22 mai 2020 © PresseLib ; **45** Qu'est-ce que la biodiversité ? - Publié dans Cosinus n° 250, juillet-août 2022, une revue Faton Jeunesse ; **45-46** "Je changerais l'école" - Le Monde des ados, n° 487, 5 janvier 2022 - Fleurus Presse ; **46** Lise Meitner - Yves Noat et Clémence de Giry, Publié dans Cosinus n° 252, octobre 2022, une revue Faton Jeunesse ; **47** « La maçonnerie m'a sauvée d'une phobie scolaire » Camille Jourdan, phosphore.com, 17/10/2022 ; **54** En haute mer, ni règles ni frontières ? - Histoire Junior, hors-série n°22, septembre 2022, Éditions Faton. ; **56** Le bénévolat, une expérience à valoriser dans le CV, par Rachida Soussi, le 12 mars 2022 - Studyrama.com ; **57** Forêts : Pourquoi elles brûlent, par Alexandra Da Rocha, Le Monde des ados, 24 août 2022 - Fleurus Presse ; **58-59** Qu'est-ce que la neutralité carbone ?, par Alexandra Da Rocha, Le Monde des ados, 6 décembre 2021 - Fleurus Presse ; **60-61** stuffgaming.fr ; **63** La biodiversité en 5 questions - Publié dans Cosinus n° 250, juillet-août 2022, une revue Faton Jeunesse ; **65-66** HelloWork, la plateforme qui vous aide à trouve un job - Phosphore.com, 24/06/2022 ; **67** Les ados déconnectés : Carole Billiout, Enrick B. Editions, Kezako mundi n° 50, septembre 2021 ; **69** Evaluation: Faut-il garder les notes à l'école ? de Flora Yacine, scienceshumaines.com, Mensuel N° 230 - Octobre 2011 ; **71** Les élèves médiateurs : Emma Roussel-Klemenczak, Enrick B. Editions, Kezako mundi n° 54, janvier 2022 ; **73** À fond la fripe de Violette Belloux et Juliette Sausse, Phosphore.com, 21/07/2022 ; **130** Des diplômés invitent l'écologie à la cérémonie - " L'éco: chaque vendredi, l'actualité économique vite et bien - Nathalie Perrigot /www.playbacpresse.fr ; **136** Voyage, voyage -Fondation Groupe EDF, Le Monde des ados, 19/10/2022 - Fleurus Presse ; **143** Le bio en supermarché : Carole Billiout, Enrick B. Editions, Kezako mundi n° 61, octobre 2022 ; **157** Kezako mundi 64 (janvier 2023), Enrick B. Editions, extrait du dossier « La Terre est-elle vivante ? », Carole Billiout ; **159** Les perturbateurs endocriniens © L'éléphant, n° 41, 10 janvier 2023 ; **163** « Un balado pour sensibiliser les ados à la vie privée en ligne », Radio Canada, 23 février 2023.

Références des audios

169 ; piste 2 ; extrait 3 Grand Reportage : La ruée vers l'algue, par Anne Verdaguer - 2 septembre 2022 - France Médias Monde - RFI - https://www.rfi.fr/fr/podcasts/grand-reportage/20220902-la-ru%C3%A9e-vers-l-algue ; **169** ; piste 2 ; extrait 4 franceinfo junior. Prix Nobel : ce que vous ne saviez peut-être pas - Radio France 06-10-2022/France Info/Marie Bernardeau /Estelle Faure - https://www.francetvinfo.fr/replay-radio/france-info-junior/franceinfo-junior-prix-nobel-ce-que-vous-ne-saviez-peut-etre-pas_5372557.html ; **169-170** ; piste 2 ; extrait 5 Succès des mangas : une bonne nouvelle pour la bande dessinée en France, vraiment ? - Provenant du podcast - Affinités culturelles - Radio France 12-03-2022/France Culture/Tewfik Hakem - https://www.radiofrance.fr/franceculture/podcasts/affinites-culturelles/angouleme-2022-le-succes-des-mangas-une-bonne-nouvelle-pour-la-bande-dessinee-en-france-vraiment-9849659 ; **171** ; piste 8 ; extrait 2 Autour de la question : Pourquoi vous levez-vous le matin ?, par Caroline Lachowsky - 12 septembre 2022 - France Médias Monde - RFI - https://www.rfi.fr/fr/podcasts/autour-de-la-question/20220912-pourquoi-vous-levez-vous-le-matin ; **172** ; piste 12 ; Julia Vignali & Mélanie Gomez La question du jour : Vous êtes meilleurs à l'écrit ou à l'oral ?, le 16 septembre 2022 - https://www.europe1.fr/emissions/vite-fait-tres-bien-fait/vous-etes-meilleurs-a-lecrit-ou-a-loral-4134660 ;

172-173 ; piste 13 ; franceinfo junior. « Est-ce facile de devenir aventurier ou aventurière ? », Radio France 11-07-2022/France Info/Estelle Faure - https://www.francetvinfo.fr/replay-radio/france-info-junior/franceinfo-junior-est-ce-facile-de-devenir-aventurier-ou-aventuriere_5211025.html ; **173** ; piste 16 ; extrait 1 C'est bon pour la planète. Le troc des livres, Radio France 22-08-2019/ France Info/Isabelle Autissier - https://www.francetvinfo.fr/replay-radio/c-est-bon-pour-la-planete/c-est-bon-pour-la-planete-le-troc-des-livres_3562953.html ; **174-175** ; piste 20 ; extrait 2 Le Meilleur des mondes - Page 3, Radio France 01-09-2022/France Culture/François Saltiel - https://www.radiofrance.fr/franceculture/podcasts/le-meilleur-des-mondes?p=3 ; **175** ; piste 21 ; Saint-Denis veut un monde d'amour, d'égalité, d'équité - Provenant du podcast - Interclass' - Radio France 24-07-2022/France Inter/Eric Valmir - https://www.radiofrance.fr/franceinter/podcasts/interclass/interclass-du-dimanche-24-juillet-2022-3231211 ; **175-176** ; piste 22 ; Aulnay-sous-Bois décortique les médias - Provenant du podcast Interclass' - Radio France 21-08-2022/France Inter/Eric Valmir - https://www.radiofrance.fr/franceinter/podcasts/interclass/interclass-du-dimanche-21-aout-2022-8192067 ; **176-177** ; piste 25 ; Chronique transports - Y a t-il un humanitaire dans l'avion ?, Par Marina Mielczarek, le 30 avril 2022 - France Médias Monde - RFI - https://www.rfi.fr/fr/podcasts/chronique-transports/20220430-y-a-t-il-un-humanitaire-dans-l-avion ; **177** ; piste 27 ; Quel rôle pour la BD dans l'apprentissage de la lecture ? - Provenant du podcast - La Question du jour - Radio France 18-03-2022/France Culture/Guillaume Erner - https://www.radiofrance.fr/franceculture/podcasts/la-question-du-jour/quel-role-pour-la-bd-dans-l-apprentissage-de-la-lecture-9801877 ; **178-179** ; piste 30 ; De Vive(s) voix - « Numérique : quelles places pour les langues africaines sur Internet ? », par Pascal Paradou, 11/07/2022 - France Médias Monde - RFI - https://www.rfi.fr/fr/podcasts/de-vive-s-voix/20220711-num%C3%A9rique-quelles-places-pour-les-langues-africaines-sur-internet ; **178** ; piste 29 ; Elodia Mottot, traductrice de concerts en langue des signes - Provenant du podcast - Comme personne - Radio France 16-09-2022/France culture/Lise Lacombe - https://www.radiofrance.fr/franceculture/podcasts/comme-personne/elodia-mottot-traductrice-de-concerts-en-langue-des-signes-2509663 ; **179** ; piste 31 ; « Maintenant je vérifie toujours avant de partager » : ils racontent leur expérience avec le vrai du faux junior - Provenant du podcast - Le vrai du faux junior - Radio France 02-09-2022/France Info/Emilie Gautreau - https://www.radiofrance.fr/franceinfo/podcasts/le-vrai-du-faux-junior/le-vrai-du-faux-junior-du-vendredi-02-septembre-2022-6669815 ; **179-180** ; piste 32 ; franceinfo junior. Santé des enfants : pourquoi faire du sport ?, Radio France 07-09-2022/France Info/Marie Bernardeau /Estelle Faure - https://www.francetvinfo.fr/replay-radio/france-info-junior/franceinfo-junior-sante-des-enfants-pourquoi-faire-du-sport_5321350.html ; **182** ; piste 36 ; doc 2 Hugo Duminil-Copin : « Autour de nous, rien ne fonctionnerait sans mathématiques » - L'invité de 6h20 - Radio France 15-092022/France Inter/Mathilde Munos - https://www.radiofrance.fr/franceinter/podcasts/l-invite-de-6h20/l-invite-de-6h20-du-mardi-15-novembre-2022-2594363 ; **184** ; piste 38 ; doc 3 8 milliards de voisins : Face au handicap: faire de sa différence une force, Par : Emmanuelle Bastide, le 28 octobre 2022 - France Médias Monde - RFI - https://www.rfi.fr/fr/podcasts/7-milliards-de-voisins/20221028-face-au-handicap-faire-de-sa-difference-une-force ; **184** ; piste 39 ; doc 1 Julia Sedefdjian : « Il faut faire confiance aux jeunes et comprendre qu'ils ont d'autres attentes et envies », L'invité de 6h20 - Radio France 16-11-2022/France Inter/Mathilde Munos - https://www.radiofrance.fr/franceinter/podcasts/l-invite-de-6h20/l-invite-de-6h20-du-mercredi-16-novembre-2022-3124403 ; **185-186** ; piste 44 ; exo 1 L'invité de 6h20 - Martin Hirsch : « 20 % des jeunes disent avoir renoncé à un emploi pour non-conformité à leur engagement », France Inter, 8 décembre 2022 - https://www.radiofrance.fr/franceinter/podcasts/l-invite-de-6h20/l-invite-de-6h20-du-jeudi-08-decembre-2022-4613572 ; **187** ; piste 46 ; doc 1 La terre au carré - « Les bienfaits du contact avec les animaux », France Inter, 20 janvier 2022 - https://www.radiofrance.fr/franceinter/podcasts/la-terre-au-carre/la-terre-au-carre-du-jeudi-20-janvier-2022-7874954 ; **187** ; piste 46 ; doc 3 Côté culture - 11e édition des 48h BD à Toulouse, France Bleu, 30 mars 2023 - https://www.francebleu.fr/emissions/cote-culture-france-bleu-occitanie/11eme-edition-des-48h-bd-a-toulouse-1754807

Références des textes dans les Epreuves blanches Web

Compréhension des ecrits

Exercice 1 Depuis 50 ans, l'Unesco préserve les merveilles du monde © L'éléphant, n° 40, 11 octobre 2022 ; Exercice 2 Kezako mundi 60 (septembre 2022), Enrick B. Editions, extrait du dossier « Mode : à contre-courant, ralentissons… », Carole Billiout.

Production ecrite

Sujet 1 La fabrique des faux avis en ligne, un texte de Christelle Gilabert - © CHUT, le 17 janvier 2023 ; Sujet 2 La ville dense et connectée est loin de faire rêver les Français, par Clémentine Maligorne, le 25/11/2017 - © Le Figaro

Références des audios dans les Epreuves blanches Web

piste 2 L'heure bleue - Jean-Claude Gallotta : « Les chorégraphes font vivre les corps sur scène quels qu'ils soient », France Inter, 18 janvier 2023 - https://www.radiofrance.fr/franceinter/podcasts/l-heure-bleue/l-heure-bleue-du-mercredi-18-janvier-2023-8469667 ; piste 3 L'invité - « Faire découvrir les métiers manuels aux enfants à l'époque du tout numérique », France Bleu La Rochelle, 20 janvier 2023 - de Gorka Blanco - https://www.francebleu.fr/emissions/l-invite-de-france-bleu-la-rochelle/faire-decouvrir-les-metiers-manuels-aux-enfants-a-l-epoque-du-tout-numerique-3486649.